講座 現代の教育経営 **2**

現代の教育課題と教育経営

日本教育経営学会〈編〉

The Japanese Association for
the Study of Educational Administration

学文社

刊行にあたって

日本教育経営学会創立60周年を記念して「講座 現代の教育経営」（全5巻）を，ここに上梓する。戦後教育改革で刷新された公教育の理念や制度がさまざまな点で重要な転機にあった1958（昭和33）年に，本学会は設立された。以後，国内外の政治・経済状況の大きな変動を幾度も経験し，日本の教育はいままさに重大な岐路に立っている。そのような時期に学会として全5巻の講座を上梓できることを素直に喜びたい。もちろん，読者の方々からどのような評価を受けるのか，少なからぬ不安もある。しかし，これからの教育経営学ひいては教育学の発展のため，忌憚のないご意見をいただきたい。

これまで，本学会は学術書籍を学会名で2度刊行してきた。1986～87（昭和61～62）年の「講座 日本の教育経営」（創立25周年，全10巻）と2000（平成12）年の「シリーズ 教育の経営」（創立40周年，全6巻）である。創立40周年の時期からの約20年間は，戦後教育システムの重大な転換期であり，その政策形成や実践過程に寄与した会員も少なくない。その間，学会として学術的議論の成果を刊行しようという提案は幾度かあったが，実現できなかった。創立60周年を機に実現した本講座の刊行は，約20年の間に教育経営学がどのような学術的発展をなしえたのか，さらに教育経営実践にいかなる貢献をなしえたのかを振り返り，今後の道筋を考えるうえで重要な意義をもつだろう。

2018年4月1日現在，本学会の会員数は620余名に至っている。大学等に勤務する研究者だけでなく，学校や教育委員会等で教育や教育行政などにたずさわる者，さらに現職教員の大学院生も増加傾向にある。教育実践から乖離した研究をよしとしていたかつての雰囲気とは対照的に，研究者が自ら実践に関与する機運も高まっている。そう考えると，学会の未来は明るいと映るかもしれない。しかし，その背景に大学改革と教師教育改革をはじめとするドラスティックな教育政策の展開があると考えると，事態はちがって見える。60年前の激動期，異なる領域の教育研究者が「教育経営」という冠のもとに集まったことに込められた思いは何だったのだろうか。本講座の編集過程で，その問いが幾度も脳裏をよぎった。学術団体である学会に所属する一員として，「外」から打ち寄せる波に呑み込まれるのではなく，常にそれらを相対化する姿勢を保ちつつ研究と実践に取り組みたいと自戒する。

編集にあたり，次のメンバーで編集委員会を組織した（○印は各巻代表）。

第1巻　○浜田博文・勝野正章・山下晃一

第2巻　○天笠　茂・玉井康之・南部初世

第3巻　○林　　孝・水本徳明・貞広斎子

第4巻　○牛渡　淳・佐古秀一・曽余田浩史

第5巻　○北神正行・元兼正浩・本図愛実

講座の全体構成は5名の代表編集委員で協議し，各巻の具体的な編集は各3名の委員を中心に進めた。執筆依頼や原稿整理などは，幹事である照屋翔大会員と朝倉雅史会員が的確かつ円滑に進めてくれた。両会員の献身的な仕事ぶりに感謝する。

本講座の刊行がこれからの教育経営の研究と実践の発展に貢献できることを願っている。

最後に，出版情勢の厳しいなかで刊行を引き受けてくださった学文社の田中千津子社長と，編集・校正等の作業を迅速に進めてくださった二村和樹氏にはこの場を借りて心から感謝する。

2018年4月

日本教育経営学会会長
創立60周年記念出版編集委員長
浜 田 博 文

第2巻緒言

21世紀に入っておよそ20年近くの時間が経過しようとしている。この間，戦後維持してきた制度や政策の転換が次々と図られ，教育経営の分野においても自律的学校経営が教育政策として位置づけられたことをはじめ，教育基本法の改正，教育委員会制度の改革，説明責任に応じる学校評価改革などさまざまな動きがみられた。

そのなかにあって，注目すべきは学校の変貌である。多様で複雑な教育課題がもち込まれるなかで，また，次々に提唱される教育改革のもとで，学校は自律的に問題に対処する活力を次第に失ってきたといっても過言でない。

これに対して，学校への支援が模索され，研究成果としての知の提供が求められ，理論と実践の往還が唱導されるなど，教育経営学をめぐり研究と実践についてさまざまなあり方が説かれてきた。しかし，教育課題への対応をめぐり，キー概念とされてきた「協働」にしても，「改善」にしても，有効に機能しない事態が生じており，改めて，そのあり方が問われており，教育経営学をとりまく環境は一段と厳しさを増しつつある。

このような状況をふまえ，本巻では『現代の教育課題と教育経営』のタイトルのもと，現代の教育課題に迫る教育経営の研究と実践について，そのあり方を明らかにすることをめざした。教育課題に教育経営のテーマは宿るとの認識のもと，教育経営をめぐる研究と実践の発展をはかる立場から，現代の教育課題にアプローチした論稿の集成をはかった。

本巻は，次のように3つの部によって構成されている。第1部「自律的学校のマネジメントをめぐる課題」は，5つの柱をもって，すなわち，教育の地方分権，教育基本法の改正などをもとに政治と教育（第1章），いじめ，若者支援，インクルーシブ教育などを取り上げ子どもの多様化と支援（第2章），教育課程と学力（第3章），人事評価や免許更新，多忙化などを取り上げ組織の健康（第4章），危機管理，学校評価，チーム学校などを取り上げ学校のガバナンス（第

5章）などが論じられている。そこでは現代の教育課題に迫る多様な方法論の展開が捉えられる。この多様性が教育経営学の活力の源であるとともに発展に欠かせないことを確認しておきたい。

第2部「地域創生と地域教育経営の課題」は，6つの柱をもって，すなわち，コミュニティ・スクール（第6章），学校の適正規模・適正配置（第7章），地方創生（第8章），学校間ネットワーク（第9章），開かれた教育課程（第10章），近隣住民とのトラブル（第11章）などをテーマにして地域教育経営が論じられている。人口減少の進行など地域教育経営をめぐる諸課題と向き合った各論者の提起は，これからの地域教育経営の研究と実践をめぐり，次への方向性を示す役割を果たすことになると思われる。

第3部「学校改善とスクールリーダーの育成」は，6つの柱をもって，すなわち，学校改善支援に関する国際比較研究（第12章），学校改善の研究と実践の展望（第13章），学校改善における支援（第14章），学校改善の推進事例（第15章），スクールリーダーの質保証（第16章），スクールリーダー教育（第17章）などを取り上げ，海外の実践や研究動向をふまえ，学校改善支援やスクールリーダーのあり方などが論じられている。学校改善やスクールリーダーに関する研究と実践をめぐり，新たな地平を切り拓く戦略的な試みとして捉えることができる。

これら諸論稿は，それぞれの領域や課題について研究あるいは実践を第一線に立ってリードする本学会員によって執筆されたものである。本巻の刊行が，次の時代に向けた教育経営学の発展に一石を投じるものとなることを願ってやまない。

2018年4月

編集委員　天笠　茂
玉井康之
南部初世

目　次

第1部
自律的学校のマネジメントをめぐる課題

第1章　教育政策の転換と形成にかかわる教育経営
—政治と教育をめぐるダイナミックス—

1．教育行政の地方分権化と学校経営の自律性確立
—1998年中教審答申から2013年中教審答申へ—

(1) 国民社会の変容と公教育課題の転換

本稿を執筆している2017年は，ロシア革命（1917）100年である。また日本についてみれば，明治維新（大政奉還，1867）150年でもある。後者が日本にとっての「近代」の幕開けを意味するものであったならば，前者はまちがいなく世界の「現代」を切り拓くものであった。

ロシア革命が帝国主義戦争たる第一次世界大戦下で起こり，ソビエト連邦（以下，ソ連）の成立によって資本主義－帝国主義の支配体制を，資本主義対「社会主義」の二極体制に転換させ，第二次世界大戦を経て資本主義圏とスターリン主義に染められた「社会主義圏」との「東西対立」が20世紀の国際社会の枠組みとなった。

現在までの日本の近代150年も，その後半はこの「現代」の枠組みにおいて展開され，公教育経営も含めた社会運営システムが構築されてきた。それが政治的には「55年体制」であり，公教育経営については「地教行法体制」であった。こうした「東西対立」を基盤とする日本の社会運営システムは，その基盤の揺らぎ，瓦解によって当然にも見直され，変容を求められることになる。1989年のポーランド，ハンガリーなどの東欧社会主義諸国における民主化運動はベルリンの壁の崩壊から1991年のソ連の解体に至る。

日本国内においても，「東西対立」を基盤とする保革の二元性が揺らぎ，労働運動や政党の再編を伴いながら1993年の自民党内閣の崩壊，非自民連立内閣の成立（宮沢内閣から細川内閣へ）に至り，1955年の日本社会党，自由民主党の成立による保守党の優位を維持した保革の二極体制（「55年体制」）が崩れ，現在に至る輻輳した政局を生み出してきた。日本は，1970年代前半の国際経済変動（「ドル・ショック」「オイル・ショック」）から経済システムの転換を成し遂げ，1980年代後半には合衆国，当時のECと並んで世界経済の一極を占めるに至るが，同時にこの過程において，「地方の時代」から地方分権，住民自治を求める動きが活発になっていく。

1989～1991年にかけての国際社会の変動は，東西二極体制を枠組みとした第二次世界大戦後の「現代社会」を突き崩し，「情報社会化」「知識基盤社会」「脱工業化」「ポスト・モダン」といった言葉で表される社会変化を一層顕著にしていく。こうしたなかで，産業構造の転換，資本輸出とその蓄積を促進してきた日本は，経済的な「豊かさ」と1990年代以降の地方分権化の促進や住民投票などの市民運動の展開にみられる国民社会の成熟化によって示される状況をもつに至る。それは絶対的な経済規模の拡大や，国民の価値規範の一元的収斂が国民の合意を得るものでなくなり，その対極で「多様性」「選択」「自律性」が国民社会運営の指標とされてきた。

「豊かさ」と「成熟性」を基盤とし，「多様性」「選択」「自律性」を基準とする社会運営システムのあり方が1990年代以降，問われてきたが，それまでの経済，財政，金融，行政統治，また公教育の運営システムにおける抜本的な転換に求められた機軸が次の4つである。つまり，地方分権，規制緩和，情報公開そして参加の4つである。

「公教育」が「国家（公権力）による国民形成」であるならば，それを生み出した産業社会と国民国家の変容は国家と国民の教育関係の転換を必然とする。「富国強兵」であれ，「経済成長」であれ，「国民国家」の維持，発展に向けた1つの「共通目的」の実現を図ることが公教育の役割であり，その効果的，効率的実現が国家，公権力の課題である。日本がこの点において，明治以降，きわめて優秀な公教育システム，公教育経営システムを構築し，機動させてきたことは確かであろう。だが1990年代から現在に至るソ連の瓦解，ソ連構成国家の独立，東欧諸国の民族国家への再編，そしてEUの成立とヨーロッパ社会の再編，また中国の市場経済化と「一国社会主義」維持の矛盾の露呈，破綻やアラブ諸国の民主化と混迷は，多くの国に東西対立の下での国民国家の維持発展から国際化した国民国家の構築へと課題転換を求めてきた。

このなかで日本は，地方分権や規制緩和，またその推進に求められる情報公開や参加を機軸とする社会運営システムの見直しがモザイク状ではあれ，公教育経営システムも含めて多元的，多面的に進められてきた。だが同時に目まぐるしい政権交代によって直線的ではないにせよ，教育基本法の改正を大きな枠組みとして，「ゆとり教育－学力向上」論議や義務教育費国庫負担の見直しなど，中央政府－文科省が選択した1つの価値，規範を国民に強いる方向性が維持されてきた。また「55年体制」を下敷きとした「地教行法体制」は教育行政の地方分権化の動向をくぐり抜けて残存してきている。

「東西体制」の瓦解が「現代」の終焉につながり，ポスト・モダンを展望する状況のなかで，また変容する国民国家，国民社会のなかで，公教育が課題とする「国民形成」のあり様は当然に転換を求められている。1989年からの30年間，またこの転換を不十分ながら課題視した1998年の中教審答申「今後の地方教育行政の在り方について」からの20年間，日本における公教育経営の展開は，この世界史的な課題にどのように応えるものであったのかの検討が必要とされている。より具体的には，1998年答申と1999年地方分権一括法，2013年の中教審答申「今後の地方教育行政の在り方について」と2014年地教行法改正がどのような意味をもってつながれるのかの検討が求められている。

(2) 分権改革と1998年中教審答申

戦後の教育政策の展開において，1998年の中教審答申「今後の地方教育行政の在り方について」が1つのエポックとなったことは確かであろう。それは現在に至る教育改革，公教育経営システムの改革にとって，地方分権，規制緩和，情報公開，参加を機軸とする枠組みを示すものとなったことにおいてである。

1993年の政権交代の直前に，衆参両院において「地方分権の推進に関する決議」が採択され，成立した細川非自民連立内閣の下で，衆参両院に「地方分権に関する特別委員会」が設置される。その後，政局は混乱，混迷を深めるが，短命に終わったいずれの内閣においても「地方分権推進」は共通の必須マターであり，1995年に村山連立内閣において「地方分権推進法」が制定される。この5年時限法たる分権推進法の規定に基づき，同年7月に地方分権推進委員会が発足し，以降3年あまりにわたって精力的に活動を展開し，村山内閣から橋本内閣，そして小渕内閣へと交代するなかで，5次に及ぶ勧告を提出する。

地方分権推進に求められる制度の見直しを関係省庁と直接協議し，その結果をもって勧告する，という方法から必ずしも当初に期待されていたとおりの内容にはならなかったが，「機関委任事務の廃止」(第1次勧告)，「必置規制の廃止，緩和」(第2次勧告) の具体化を図ることになる。

教育行政の地方分権化についても，この分権推進委員会の活動と並行して文部省 (2001年1月6日の「省庁統合」により，文部省と科学技術庁が合併し，文部科学省が誕生した。本節ではこの期日までは「文部省」，以降については「文科省」と表記する) が設置した協力者会議と中教審において論議され，1998年9月に答申が出される。この答申は，1980年代から論議，検討されてきた「住民の意思の反映」と「効率化」を課題とした教育委員会制度の見直しを受け継ぐものたることは確かであるが，同時に地方分権推進委員会が進める社会運営システム全体の地方分権化の流れのなかで，「教育行政」領域も否応なしに対応を迫られたことによる，という2面性を背景としていた。

協力者会議，中教審合わせて2年弱の圧縮された論議を経て出されたこの答申は，次の4章から構成される。

①教育行政における国，都道府県および市町村の役割分担のあり方について
②教育委員会制度のあり方について
③学校の自主性・自律性について
④地域の教育機能の向上と地域コミュニティの育成及び地域振興に教育委員会の果たすべき役割について

これら各章において，これまでの検討課題だけでなく，新たな制度導入も含めた教育の地方分権化に向けた提言が多くなされている。

特徴的なことにテーマが「地方教育行政の在り方」についてである本答申において，第3章「学校の自主性・自律性」が含まれ，紙数が最も多く割かれていることがあるが，それは教育行政のもつ独自性から当然の帰結といえる。つまり「地方分権」の意味，意義が，住民・国民に最も近いところで行政の意思決定がなされることがその利益に適うということにあり，国よりも都道府県，都道府県よりも市町村により大きな行政的意思決定権限を委ねることが求めら

れる。だが教育行政においては，国から地方，都道府県から市町村にその権限を委譲するだけでは，この地方分権の実際が完遂されない。学校行政に限ってみれば，子どもがその行政サービスを受けるのは教育委員会からではなく，教育機関たる学校からであり，個々の学校の提供する教育が地域，保護者，子どもの実態にかかわりなく教育委員会単位で画一であったなら，地方分権の趣旨が生かされることはない。したがって，教育における地方分権は市町村教育委員会の学校経営に関する権限を個々の学校に委譲し，個々の学校が自主的，自律的に経営されることをもって実際の意味をもつことになる。本答申が「学校の自主性・自律性」に大きな焦点を当てたのは，この当然の理をもってのことである。

本答申が提起した課題は，1999年7月にその中心部が地方自治法の改正である「分権一括法（451法改正）」において，地教行法，学校教育法など21の法律改正によって制度化された。この法改正や種々の施策をもって，その後現在までに具体化された主なものをあげれば次のとおりである。

第一の国と地方の権限関係については，学級編制基準，教職員定数の見直しがあり，その後の「少人数教育」の推進ともかかわって，定数標準法の改正を含め進捗してきた。都道府県の基準設定から政令市，中核市，一般市へと権限が下ろされ，また義務教育費国庫負担制度の見直しともかかわって，「総額裁量制」が導入されたが，逆に国庫負担制度を文科省が「省益」をかけて「死守」しようとしたように，公教育制度の中枢たる義務教育制度への国の関与，権限が聖域化されてきたことを示すことにもなった。また国の関与の縮減が教育課程基準の大綱化，弾力化として求められたが，その後の「ゆとり－学力向上」論議からむしろ逆行する動きも生じてきた。国と地方の基本的な「権限関係」で問われたのが，国から地方，都道府県から市町村への「指導助言」のあり方であった。本答申では地教行法第48条の「義務規定」の見直しを求め，「必要な指導，助言又は援助を行うものとする」との規定が「行うことができる」に改訂されたが，その及ぶ範囲が特定事項に関する限定的で「技術的」なものだけでなく，包括的なものたることについては変更されなかった。また確かにかつての「通達行政」のような手法がとられることはなくなったが，「地教行法体制」が維持されるなかで，国から地方への委託，依頼，調査研究などによって，実質的に国の施策が地方に貫徹される構造は解消されてこなかった。「教員評価」や「全国学力・学習状況調査」をその例として理解することができる。

第二の教育委員会制度の改革については，2014年の地教行法改正によって教育委員会制度が一新されたことから，「教育長任命承認制」の廃止についてのみふれておく。この制度は，給与負担を含め，各自治体の固有の職である教育長の「任命承認権」をほかの機関がもつことはきわめて特異であり，いち早く分権推進委員会からその廃止が求められてきた。だがこれは教育行政の中央集権，「地教行法体制」のシンボルというだけでなく，地方行政における教育行政への国－文部省の独自な関与，「教育村」の維持，構築を意味するものであった。教育長が，自治体における教育行政のキーパーソンであり，その任用に関するヒエラルキーは大きな意味をもっていた。だがこの「任命承認制」を維持することは教育行政の地方分権化の否定を意味することにもなり，認められるものではなかった。

第三の学校の自主性，自律性確立に関しては，上述したようにそれが教育行政の地方分権化を最終的に担保するものであり，具体的かつ多面的な検討がなされ，提案されている。法改正をもって措置されたものは，「民間人校長（教員免許不所持校長）」の導入，「職員会議の法制化」「学校評議員制度の創設」（学校教育法施規，2001），また「学校評価」の導入（小中学校設置基準，2002；学校教育法，2007）や以後に「新しい職（副校長，主幹教諭，指導教諭）」の設置（学校教育法，2007）として措置された「主任制の見直し」，「大学院修学休業制度」（教特法，2000），「指導改善研修」（指導力不足教員研修：教特法，2007）と多岐にわたる。地方自治法第2条の改正―地教行法第49条の削除によって，「学校管理規則」の都道府県教育委員会の「準則」措置がなくなったことも付け加えることができよう。加えて「学校裁量予算」の導入，拡大や学校事務の共同化など，学校経営の自律化や効率化に向けた提言がなされ，具体的な措置につなげられてきた。これら個々はいずれも学校経営の自律性確立に向けて大きな意味をもっているが，別途に検討されるであろう。ただこのなかで，「学校評議員制度」が，「参加制度」としてはきわめて不十分なものではあるが，日本における保護者，地域住民にとっての最初の「参加」の法制度であり，そしてその後の「学校運営協議会」制度（地教行法，2004）につなげられたことに留意したい。

最後の「地域コミュニティと教育委員会の関係」における提言は，現在に至る教育改革に多くの示唆を提示しているが，具体的な「制度改革」「制度設計」につながるものではなかった。

(3) 教育基本法改正と公教育構造の変容

村山連立内閣から橋本自民党内閣，そして小渕自民党内閣と受け継がれ，小渕内閣の途中に公明党が政権参加し，2009年9月～2012年12月の民主党内閣をまたいで自公連立内閣が続いている。小渕内閣下での1998年の中教審答申，1999年の分権一括法と，地方分権推進の流れは確かなものとなり，その後の森内閣，小泉内閣へとつなげられていく。とりわけ「郵政民営化」に示される規制緩和政策，新自由主義的政策に彩られた小泉内閣は，5年あまりの「長期政権」となったこともあって，それまで手がつけられなかった地方分権に向けた財政制度改革に着手しようとした。補助金の廃止削減，税源の移行，交付税制度改革を一体化する，いわゆる「三位一体改革」である。

2001年に総合規制改革会議が設置されて以降，現在の規制改革推進会議まで政府主導の規制緩和施策が展開され，情報公開についても法整備が進められた。（情報公開法，2001）また新潟県巻町の原発誘致に関する住民投票（1996年8月）に始まる新たな住民参加運動は，その後の沖縄県（基地問題，1996年9月），岐阜県御嵩町（産廃問題，1997年6月）などとつながり，2000年以降は市町村合併をめぐり全国的な広がりをみせてきた。このように1990年代以降，日本の社会運営システムの改革は地方分権，規制緩和，情報公開，参加を機軸に進捗をみせてきたといえるが，こと教育に関しては必ずしもそれに合致するものではなかった。

それは2000年以降の次の2つの「教育問題」と，それを集約する「国家主義的」教育観（国際化状況においての国民形成を，国民，市民の「多様性」「選択」「自律性」による「国民形成－市民形成」としてではなく，国家主導の価値規範を実現する国民形成とする）の構築を図るものとして展開されていく。この第一は，ピサ調査に喚起された「ゆとり教育の見直し」と「学力向上策」への転換であり，2002年の遠山文科相の「学びのすすめ」がそれを象徴するものとなった。第二は，すでに述べたところの，義務教育費国家負担制度の見直しをめぐる問題である。地方分権に向けた財政制度改革として，小泉内閣における「三位一体改革」が提起され，最も主要な国から地方への補助金として義務教育の教員給与負担の廃止が問われた。義務教育の質の保証，義務教育の地域格差の解消を掲げて，文科省から教育委員会関係団体，教職員組合まで，すべての教育関係団体が反対，抵抗し，国の負担率を当面，2分の1から3分の1とすることで決着をみた。この問題を審議した中教審がこの国庫負担制度の維持を強く求める答申（「新しい時代の義務教育を創造する」2005年10月）を出したが，そこには「義務教育こそ，外交や防衛とともに国がになうべき最重要政策」との驚くべき「認識」が示されている。教員給与が各都道府県の行政職職員の給与に連動し，それは各地域の民間給与に準拠する現状から，国庫負担がなければ義務教育水準が維持できないことではない。その割合の多寡にかかわらず，国が地方公務員たる教員の給与を負担することによって，国の教員政策が正当化され，教員制度が国によって画一的に維持されることは看過できない。

行財政改革，地方分権改革の潮流において，「教育改革」が異なった方向に動き始めたが，それを一気に推し進めたのが，小泉内閣を受け継いだ安倍内閣（第1次）であった。「戦後レジームからの脱却」を掲げ，「歴史と伝統を重んじる豊かな独立国の再構築」をめざす安倍内閣は，それまでの歴代自民党内閣が慎重であった教育基本法を全面改正し（2006年12月），「教育の目標」として「我が国と郷土を愛する」ことを明示した。改正法そのものについて検討する余裕はないが，この「愛国心」の記載ということだけでなく，国民の教育における国，国家の位置を明確にし，旧法で扱っていなかった家庭教育，幼児教育に対しても公権力のかかわりを求めるものとなっている。

この改正のねらいの中心が「愛国心」という狭義の道徳的価値規範を法的に位置づけることにあることは確かだとしても，それ以上に近代市民社会において本来，私的領域たる教育に対して，国家，公権力の関与を拡大することが全面展開されたことの問題性は大きい。1990年代以降の世界的，国際的な社会変動は，豊かで成熟しつつある日本において，その国民社会の運営指標として「多様性」「選択」「自律性」を求めるものであり，公教育経営システムを含めた社会運営システムを，「地方分権」「規制緩和」「情報公開」「参加」を機軸として転換することが広く認識されてきたはずであった。だがこの教育基本法の改正とそれに伴う地教行法など，教育4法改正をもって地方教育行政における国の権限，関与が増大され，教育改革はまったく逆のベクトルをもって展開され始めたのである。国民の価値規範を国家・公権力が1つに束ねる「愛国主義」をもって，地方分権を進めることはできない。

(4) 公教育経営の重層構造と2013年中教審答申

教育基本法の改正に限らず，性急にその「政策」を進めようとした第1次安倍内閣は1年で退陣し，衆参のねじれによる政権維持の困難さもあって，その後の福田内閣，麻生内閣も短命に終わる。そして2009年の総選挙に民主党が勝利し，政権交代を果たす。民主党は総選挙に向けて「中央教育委員会」「学校理事会」「教員養成6年制」「高校無償化」など，36項目の教育マニフェストを打ち出し，その3年余の政権期間に「高校無償化」や「35人学級（小1）」などの実現をみたものの，文科省の「解体」－「中央教育員会」の設置や教育委員会の「教育監査委員会」への改組など，教育統治に関する課題に着手することなく，普天間基地移転，消費税率引き上げなどをめぐって「崩壊」し，自民党に政権をわたすことになる（第2次安倍内閣，2012年12月）。

この間，大津いじめ自殺事件（2011年10月），大阪体罰自殺事件（2012年12月）と，いじめ，体罰，自殺をめぐる問題が社会的に大きく注目を集め，教育委員会の責任，能力にかかわって論議された。そして「いじめ防止対策推進法」の制定（2013年6月）といった対応とともに，教育委員会制度について，その「責任」「能力」のあり方から，「民意」の反映をどう図るのかが焦点となり，中教審での審議，答申（「今後の地方教育行政の在り方について」2013年12月）を受けて，2014年6月に教育委員会制度を大きく改訂する地教行法改正法が成立した。

改正された教育委員会制度は，「新教育委員会」制度と呼ばれるように，首長から「独立」する行政執行委員会という枠組みを残すものの，その組織構造を大きく変えるものとなった。新教育委員会は，これまでの「教育委員長職」が廃止され，首長に直接任命される「教育長」に代表，主宰されるものとなり，首長は「総合教育会議」を設置，主宰し，教育行政の総合的な施策の「大綱」を策定することとなった。この新教育委員会によって，各自治体における教育行政の構造は，首長－教育委員会，首長－教育長，教育長－教育委員という「ヨコ」の関係において大きく転換された。

それまでの教育委員会制度においては，旧教育委員会法（1948），地教行法（1956）および分権一括法としての改正（1999）と展開されるなかで，戦後教育行政改革の3原理とされた「民主性」「地方分権性」「専門性－一般行政からの独立」の関係が一貫して問われてきた。地教行法による教育委員の任命制によって「民主性」が担保されなくなり，その「民意」に代えて求められた「専門性」を担保すべく一般行政から独立した教育行政のヒエラルキー（重層構造）が構築され，地方分権性が排除されることとなった。分権改革としての地方教育行政改革（1999）では，この点が焦点となり，機関委任事務の廃止，指導助言の見直し，教育長の任命承認制の廃止などがなされたが，2013年改正においては，国－文科省と地方－首長，教育委員会の関係については，ほとんどふれられていない。進捗してきた地方教育行政の分権化は，安倍内閣における教育基本法改正と教育4法改正によって押し戻され，教育委員会の対応においても重層構造が大きく揺らいでこなかった。そして，この新教育委員会の法制度において国と地方の関係が大きく変えられたわけでもない。

だが注視すべきは，これまでの教育行政，公教育経営の重層構造，「タテ」の関係にこれまで位置づいていなかった首長が登場したことである。文科省－都道府県教育委員会－市町村教育委員会－学校の関係に首長が「介入」することは，教育行政の「政治的中立性」から問題とされ，教育行政の「専門性」の名の下に，国－文科省の「権限」が個々の学校にまで及び，教育行政における地方の「独自性」の発揮，地方分権性の発現を大きく制約してきた。だが教育の具体的問題への「関与」は想定されていないにしても，総合教育会議の主宰，大綱の設定などを通して，また直接，間接に教育委員会を主宰する教育長を通して，首長の教育行政関与は「正当化」され，大きくなっていく。この点を，教育行政の「地方分権性」と「専門性」の関係からみれば，重層構造の存立を正当化してきた「専門性」以上に，地域の実態，首長の政治的判断からする「地方分権性」が優先される「可能性」が認められる。その実態は，地域によって，首長によって当然にも多様になってこようが，少なくともこれまでの「タテ」の構造に変化をもたらすことは考えられよう。

地方教育行政において「責任」「民意」「政治的中立性」の実質を求めることは，直接的，具体的には個々の学校における教育においてそれを保障し，実現することである。今回の地方教育行政改革，新教育委員会制度が，これらを課題としてなされたとするなら，これまでの公教育経営の「タテ」の構造を揺るがし，親や地域住民の学校経営への参加を促進，高度化し，より直接的に学校教育に「民意」を反映させ，実質的な「政治的中立性」の確保を展望することが必要であり，可能であるといえる。（堀内 孜）

文献・参考資料

堀内孜「戦後社会の変容と公教育体制の再編」『日本教育行政学会年報』23，1997 年
――「教育行政の重層構造性と地方教育行政単位の広域化」『都市問題研究』570 号，1998 年
――「公教育経営における国，都道府県，市町村の関係と学校の自律性」『都市問題研究』586 号，1999 年
――「学校の自律性確立に向けた更なる改革の方向」『教育委員会月報』第 606 号，2000 年
――『シリーズ・地方分権と教育委員会・全３巻』ぎょうせい，2000 ～ 2001 年
――「社会変化と公教育の変容」『公教育の変容と教育経営システムの再構築』玉川大学出版部，2000 年
――「教育委員会・学校の権限関係の再編―学校の自律性の拡大に着目して」『日本教育経営学会紀要』第 43 号，第一法規，2001 年
――「義務教育費国庫負担制度の見直しがなぜ必要か」『教職研修』第 33 巻 1 号，2004 年

――「学校運営協議会の制度設計と地域運営学校の経営構造」『季刊教育法』第 142 号，2004 年
――「中教審答申『今後の地方教育行政の在り方について』(1998) と分権改革の展開」『学校経営研究』（大塚学校経営研究会）第 30 巻，2005 年
――「学校経営の構造転換にとっての評価と参加」『日本教育経営学会紀要』第 48 号，第一法規，2006 年
――「教育行政における分権改革の展開と課題」『自治フォーラム』第 562 号，2006 年
――「地教行法改正と教育委員会の再生」『季刊教育法』第 159 号，2008 年
――「日本の教育行政改革の動向と展望」『韓国日本教育学会紀要』第 13 巻 2 号，2009 年
――「学校経営の自律性確立と公教育経営学」『日本教育経営学会紀要』第 51 号，第一法規，2009 年
――編著『公教育経営の展開』東京書籍，2011 年
――「教育委員会制度改変と学校経営の自律性―公教育経営における教育行政と学校経営の新たな関係―」『日本教育経営学会紀要』第 57 号，第一法規，2015 年
――編『公教育経営概説・改訂版』学術図書出版，2016 年

2. 教育基本法の改正と教育振興基本計画

(1) 旧教育基本法と教育における直接責任制原理

本節では，2006年に行われた教育基本法改正によって，教育の自由と自主性ならびに学校経営の自律性をめぐって，どのような新しい課題が生じてきたかを，法改正の内容に即して検討する。そのために，まずは旧教育基本法における直接責任原理について確かめることとし，そのうえで新教育基本法の新しい特徴を摘出することとした。なお本節では，行論の便宜上，1947年3月に成立した教育基本法（昭和22年法律第25号）を「旧教育基本法」，2006年12月に改正された教育基本法（平成18年12月22日法律第120号）を「新教育基本法」を呼ぶ。

旧教育基本法は，周知のとおり，戦後改革の基本方針である「軍国主義と極端な国家主義の除去」（ポツダム宣言）をもとに，国民主権・基本的人権・平和主義・個人主義・国際主義・地方自治を諸原則とする日本国憲法と一体的な内容をもつものとして制定された。もともと旧教育基本法が日本国憲法の一部を構成すると考えられていた立法当初の構想からはじまり，やがて分離して別法とすることとなるもののほぼ同時並行的に法作成作業が進められ，結果として旧教育基本法が「前文」を有するという法形式上においても，また「日本国憲法の精神に則り」とする法内容上においても，日本国憲法と合致するものとなっている。[1)]

したがって旧教育基本法には，教育における国家主義，極端な国家介入を禁じる条項が盛り込まれ，上記の日本国憲法の諸原則が各所で位置づけられている。旧教育基本法第10条は第1項前段で「教育は，不当な支配に服することなく」（下線引用者，以下同じ）として教育における自由を規定し，後段では「国民全体に対して直接に責任を負う」ことを定めている。成嶋隆はこれをそれぞれ「教育の自主性原理」と「直接責任原理」と呼び，これらを10条の規範精神として位置づけている。[2)] 10条1項の主語が「教育」からはじまるのは，教育の実施主体である学校および教師・教師集団のことをさしており，また学校教育以外のすべての教育機関・専門主事をさしているからであると解される。

それゆえ,「不当な支配」の行為の名宛人には，一般行政はもちろんのこと，教育行政が含まれる[3)]。

この直接責任制原理について，公教育における教育主権の行使の場所と機会を議会・代表者制度を通じて行われるものであると同時に個別学校を通じて行う文字どおり直接的な関与として解するのが今日では通説となってきている。たとえば『コンメンタール　教育関係法』(1992年) において，今橋盛勝は旧教育基本法第10条を次のように説明している。

「10条の解釈論上の残された課題は，教育は『国民全体に対し直接に責任を負つて行われるべきものである』という一項後半の文言が父母・国民にとって，単なる教育的たてまえとしてではなく，学校・教師との教育 (法) 的関係を律する法規範としてもいかなる意味をもっているかを明らかにすることである」「問われていることは，国家による過剰な教育と教師の教育活動への規制—不当な支配—と緊張関係をもち，それらを排除しうる『教育の直接責任性の法理』の究明とそれを保障する制度化である」(傍点引用者)[4)]

こうした憲法学・教育法学研究における問題提起は，まさに教育経営学における学校経営の自律性をめぐる法的論拠とその制度化，あるいはそうした制度理念に基づく実践的課題へと接合することになるであろう。すなわち国家による過剰な教育支配・介入を限界づけ，地方自治の本旨に基づいて，保護者・住民と学校・教師集団による協働的な学校経営を確立することによって，文字どおりの自律的な学校経営を確立することを追究する課題そのものとして摂取する必要がある[5)]。

しかしながら，現実には，学校・教育に対する「不当な支配」をめぐる問題は，1950年代の半ば以降，旧教育委員会法の改正，学習指導要領の法的性格の変更，教科書検定問題，偏向教育問題，教育「正常化」運動，学力テスト問題，勤務評定問題，教育委員長不承認問題など，つねに顕在化しつづけてきた。それゆえ，1960～70年代には,「教育の自主性擁護的裁判」(市川須美子)と特徴づけられる一連の教育裁判が展開されてきたし[6)]，教育経営学研究においては,「学校経営の自律性」が常に研究課題の中心におかれてきた。今日に至っても，日の丸・君が代裁判や，桂高校事件，所沢高校事件など，検証すべき問題事例は少なくない。

戦後政治のダイナミズムのなか，「教育基本法改正」という政治的主張は，ときには水面下で，ときには表面化しながらも，一貫して存在しつづけてきた[7]。これらは日本国憲法改正の動きとほぼ連動するものであり，この点においても「日本国憲法と旧教育基本法の一体性」を確認しうるが，2006年の教育基本法改正まで，両法はともに改正されることはなかった。その一方，学校教育法や社会教育法，あるいは政令や省令といった下位の法令を改正することを通じて，教育基本法に示された理念は次第に「後退」「空洞化」してきたとみるものもある[8]。

こうした歴史的経緯を念頭に，2000年代以降，なぜ教育基本法の改正問題が浮上してきたのか，また教育基本法の改正によってどのような変更点が生じてきたのか，そのもとでの教育の自由・自主性の法理と学校経営の自律性論は，どのような新しい研究課題と向き合うこととなってきたのかを確かめることが重要である。

(2) 教育基本法改正の経緯と「不当な支配」をめぐる論点としての立憲主義

教育基本法改正をめぐる政治的動きが，具体的な法案を伴って現実化しはじめたのは，2000年代に入るころからであり，教育改革国民会議の最終報告「教育を変える17の提案」(2000年12月22日) に示されている。この最終報告は，「新しい時代にふさわしい教育基本法を」と題し，新たなグローバル社会への対応や，伝統・文化の尊重を唱えつつ，「教育に対する行財政措置を飛躍的に改善するため，他の多くの基本法と同様，教育振興基本計画策定に関する規定を設けることが必要である」とした。また，「その際，教育基本法の改正の議論が国家至上主義的考え方や全体主義的なものになってはならないことは言うまでもない」と付け加えている。

中央教育審議会は，中間報告 (2002年11月14日) につづき，最終答申「新しい時代にふさわしい教育基本法と教育振興基本計画の在り方について」(2003年3月20日) をまとめたが，「教育は不当な支配に服してはならないとする規定は，引き続き規定することが適当」「国と地方公共団体の適切な役割分担を踏まえて，教育における国と地方公共団体の責務について規定することが適当」「教育振興基本計画の策定の根拠を規定することが適当」とし，「不当な支配」の禁止による教育の自由・自主性規定への変更は示唆せず，また，この段階では具体的な改正案が提示されることもなかった。

一方，日本の教育改革有識者懇談会が「新教育基本法の大綱」(2004.6.11) を示したのに続き，与党教育基本法改正に関する検討会による，「教育基本法に盛り込むべき項目と内容について」(2004.6.17) が発表される[9]。後者は「与党教育基本法改正案中間報告要旨」として発表されたものであるが，旧教育基本法第 10 条にかかわって，「教育行政は不当な支配に服することなく国・地方公共団体の相互の役割分担と連携協力の下に行われる。国は教育の機会均等と水準の維持向上のための施策の策定と実施の責務を有する」とし，主語の転換を示唆する内容を提示した。

教育基本法改正の動きには，日本教育経営学会も加わった「教育学関連 15 学会共同公開シンポジウム」が連続的に開催され，教育学研究者らによる研究的な対応のなか，いくつもの論点が提示されている[10]。このシンポジウムは，教育基本法改正の具体的な政治日程が明らかにされつつあるなか，2002 年 12 月 7 日の第一回シンポジウムを出発点に，その後，法案審議中の 2006 年 8 月まで，計 6 回にわたって開催された[11]。

示された論点は多岐にわたるが，ここでは「不当な支配」をめぐる論点にのみ，焦点を絞って検討しておこう。「不当な支配に服してはならない」とする場合の主語を，「教育行政」と書き換えることは，教育の実施主体に委ねていた教育の自由と自主性，あるいは学校経営の自律性を脅かすものであると同時に，権力的行政機関を，「不当な支配」の当事者としては取り扱わないことを意味し，したがって教育行政による教育への無制限な権力的介入が引き起こされることが懸念されること，および日本国憲法の立憲主義原則からの離脱，あるいは違憲立法との批判が示された[12]。小島弘道は，「(直接責任規定の削除によって)『地域住民の学校運営への参画』の法的基盤が失われてしまったら問題であるどころか，大きな制度変更になり，そうした変更は受け入れがたい」と厳しく批判している[13]。

結局，2006年4月28日に国会提出された「教育基本法の全部を改正する法案」(以下，新教育基本法) は，「教育は，不当な支配に服することなく，この法律及び他の法律の定めるところにより行われるべきものであり，教育行政は，国と地方公共団体との適切な役割分担及び相互の協力の下，公正かつ適正に行われなければならない」とし，旧教育基本法そのままの主語が採用された。同法案は，国会提出のその日まで，その内容が国民の前に知らされることは，一度もなかった。そして，それからわずか半年余りの間に審議を終え，同年12月15日，与党多数によって可決成立された[14]。その間，内閣府が主催するタウンミーティングにおいて，「やらせ質問」を組織していたことが発覚し，たびたび審議が中断したほか，公聴会でも反対意見が相次ぐなど，審議は順調であったとはいえない。

新教育基本法は，旧法で使用された文言のほとんどを引き継いでおり，法案審議中も，政府は繰り返し「旧法の理念と価値は生きている」と明言せざるをえなかった。伊吹文科大臣 (当時) は，「現在の教育基本法 (旧教育基本法のこと―引用者注) というのはやはり普遍的な価値，理念が書かれていて，それはそれで私は高く評価すべきだと思います」「やはり普遍的な理念，たとえば個人の尊厳とか人格の完成とか，平和的な国家や社会の形成を行うとか，こういうことはそのまま理念として引継」ぐことを答弁している (2006年11月18日)。

とりわけ，政府案審議の最終過程において，憲法と教育基本法の「立憲主義的側面」に光が当てられ，これに関する論議がきわめて多様に展開されたことは重要な意味をもつ。安倍首相は，「近代憲法は，主権者たる国民がその意思に基づき国の権力の行使の在り方について定め，これにより国民の基本的人権を保障するという立憲主義に基づいており，日本国憲法も同様の考え方に立って制定されたものである」とし，「この教育基本法の改正案は現憲法にのっとって改正案ができている」と答弁している (2006年12月14日)。新教育基本法が現憲法のみならず，子どもの権利条約や過去の判例 (具体的には学テ判決) からも制約を受けるものであることが明確にされている。

したがって，教育基本法改正によって，「教育」への「教育行政」の関与は，立憲主義的解釈のものとでは，なおも相当に抑制的なものでなければならず，したがって，今日もなお，教育の自由と自主性，学校経営の自律性は，教育の実践主体に大きくは委ねられているということになる。そのことをまずは理論的前提としたうえで，新教育基本法において，新たに追加された「教育振興基本計画」(17条) の作成義務，および旧法10の1項後段に示された「直接責任原理」規定の削除を，それぞれどのように考えればよいかを検討することにしよう。

(3)「教育振興基本計画」と学校経営の自律性

1980～90年代にかけて進められた緊縮財政政策があり，そのもとで文教科学予算の削減が進むなか，教育基本法を改正し，新たに国と地方公共団体に「教育振興基本計画」の作成を義務づけることにより，教育予算確保をねらう動きがみられるようになる。その中心的な役割を果たしたのが，先にみたように教育改革国民会議であった[15]。

新教育基本法では，政府は，「教育の振興に関する施策の総合的かつ計画的な推進を図るため，教育の振興に関する施策についての基本的な方針及び講ずべき施策その他必要な事項について，基本的な計画を定め」なければならないこととされ (第17条1項)，地方公共団体は，この政策作成の教育振興基本計画を「参酌」して，「地域の実情に応じ，当該地方公共団体における教育の振興のための施策に関する基本的な計画」を定めることとされている (同2項)。現在までに，教育振興基本計画は，第1期 (2008～2012年) と第2期 (2013～2017年) が作成されている。

積極的な財政出動に転じようとした小渕政権でのねらいは，その後の「小泉構造改革＝新自由主義教育改革」のなかにあっては，思惑どおりのものとはなっていない。むしろこれを，新自由主義改革＝財政削減路線のツールとして活用されるとともに，教育評価を媒介とした新しい教育への国家関与・行政介入手法となりつつあるとの指摘もある[16]。

地方公共団体における教育振興基本計画の作成は，新教育基本法においては，あくまで努力義務にとどまるものであったが，2014 年の地方教育行政の組織及び運営に関する法律（以下，地教行法）の改正によって，「地方公共団体の長は，教育基本法第 17 条第 1 項に規定する基本的な方針を参酌し，その地域の実情に応じ，当該地方公共団体の教育，学術及び文化の振興に関する総合的な施策の大綱」（地教行法 1 条の 3）を定めるものとして，「大綱」の策定が義務づけられた。

地方自治体においては，地域の実情に応じた独自の条例制定が進む事例もあれば，政府の計画を過剰に「参酌」し，学力学習調査状況結果などの数値目標を計画や大綱に列記するような事例も少なくない。また，一般行政部局の長が，計画や大綱の策定に積極的にかかわろうとする事例も発生しているが，大綱の策定にあたっては，首長と教育委員会が同席する「総合教育会議において協議する」ことが義務づけられており（地教行法 1 条の 3 第 2 項），首長による一方的かつ独善的な大綱策定はできないし，すべきでない。

今日の，学校経営上の焦点となるひとつの問題は，「計画」や「大綱」に数値で示される教育目標設定に対し，各学校では，教育時間数や特別活動の設定，学習単元の設定や評価規準・基準など，次第にその形式化・形骸化が進みつつある事態をどうみるかということになろう。法形式上の問題として引き起こされている事態とみるのか，行政運営上のメカニズムのなかで引き起こされているとみるのか，今後の実態解明がまたれるところである。

(4) 教育における直接責任理念と教育経営研究の課題

前述した国会審議では，「直接責任理念」をめぐる問題は，不十分なかたちでしか展開されることはなかったが，この点にかかわっては，伊吹文科大臣（当時）による次のような国会答弁がある。「憲法 26 条は国民に教育を受ける権利を明記いたしております。そして，この権利保障のために教育が全国民に対して直接責任を負って行われるということは，憲法上明白なこと」，「この趣旨をより明確にするために国民全体の意思が表された国会で決められた法律によって行われるということを明記した」（2006 年 11 月 28 日），「民意を表現するのは国会で議決をした法律であるということ」(2006年12月5日）などである。しかしながら,「教育における直接責任」の理念的な意味は，次のような点で検討すべき課題が残されている。

第一に，憲法が「間接民主主義」を前提としているのか「直接民主主義」を前提としているのかは，相当に慎重に判断されなければならない研究的課題であろう。「一般国政においては，現実的に間接民主主義をとらざるをえないことは，可能性の問題として肯定しなければならない。しかし，それは現実的にやむをえない結果であって，直接民主主義が憲法の理念であるべきことを妨げるものではない」(有倉遼吉）との憲法学的見解も存在するところである。[17] 第二に，そもそも,「教育における直接責任理念」の理解はさらに「教育的な価値」「教育的な意味」に基づいて解釈されなければならないものであるということである。憲法には「直接民主主義」の規定がないのではなく，周知のように,「公務員の罷免権」(憲法第15条）や「憲法改正に関する国民投票」(憲法96条）のように，規定はあっても具体化されなかったものは数多くある。

だとすれば,「教育における直接民主主義＝直接責任理念」もまた具体的な制度として構想されてよく，学校を直接の舞台として保護者・地域住民との教育に関する協働的な意思決定の場面と捉えることも可能であろう。新教育基本法では,「直接責任」の文言は削除されたものの，従来どおり学校を「公の性質」を有するものと定め（第6条),「学校，家庭及び地域住民等の相互の連携協力」という条文を新たに規定している（第13条)。不変であった「不当な支配の禁止」と重ね合わせれば，教職員と保護者・地域住民との協力協働のもとで，なおも自律的に学校を経営することが，理念的には求められている。

そのためには，上記のような「教育における議会制民主主義論」を批判的に検討することからはじめ，憲法・旧教育基本法のなかにある理念的価値を検証するとともに，実践的に現実的可能性を示すことが課題となろう。戦後日本の「地域に根ざす学校づくり」「地域に根ざす教育運動」のなかに，そうした可能性を見いだすことはそれほどにむずかしいことではない。[18]　（石井拓児）

注

1) この一体性のゆえに，旧教育基本法に「準憲法的性格」をみる見解が，憲法学説には多数みられる。代表的には，有倉遼吉「教育基本法の準憲法的性格」(有倉編『教育と法律』新評論。1961 年) がある。

2) 成嶋隆「21 世紀型改正論の特徴」日本教育法学会編『法律時報増刊　教育基本法改正批判』日本評論社，2004 年。

3) 教育法例研究会『教育基本法の解説』国立書院，1947 年。

4) 今橋盛勝「教育基本法第 10 条」永井憲一編『基本法コンメンタール教育関係法』日本評論社，1992 年。

5) なお，旧教育基本法第 10 条をめぐっては，教育行政学分野における宗像誠也によって提唱された教育における内的事項外的事項区分論を，どのように接合的に理解し，理論摂取するのかという研究課題が残されているが，この点については石井拓児「地域教育経営における教育課程の位置と構造—内外事項区分論の教育経営論的発想」(日本教育経営学会編『日本教育経営学会紀要』第 52 号，第一法規，2010 年) を参照されたい。

6) 市川須美子『学校教育裁判と教育法』三省堂，2007 年。

7) 教育基本法改正の動きについては，堀尾輝久『いま，教育基本法を読む—歴史・争点・再発見』(岩波書店，2002 年)，市川昭午『教育基本法改正論争史—改正で教育はどうなる』(教育開発研究所，2009 年) など参照。教育基本法改正の政治主張が，教育勅語復活論と重なり合っている点に留意する必要がある。

8) たとえば，井深雄二『現代日本の教育改革』(自治体出版社，2000 年) がある。

9) 与党教育基本法改正に関する検討会「教育基本法に盛り込むべき項目と内容について」(2004.6.17) については『日本教育新聞 (2004.6.25 付)』。

10) 教育学関連 15 学会共同公開シンポジウム準備委員会によるシンポジウムの報告集『教育基本法改正問題を考える』が発行されているほか，出版社 (つなん出版／学文社) から『教育基本法改正問題を考える』と題するシリーズ本が刊行されている。

11) この延長線上に，日本教育学会歴代会長を発起人とする声明「教育基本法改正継続審議に向けての見解と要望」や教育学関連 25 学会の会長 (理事長) の連名による「教育基本法見直しに対する要望」と署名活動がある。このほか，日教組・全教・全大教といった教員組合組織も声明を発表しあるいは抗議行動を行っている。そのほか，元校長有志によるものや市民団体，研究団体によるものも含めれば，枚挙に暇がないほどのおびただしい量の声明が発表され，あわせて抗議行動も行われることとなった。

12) 日弁連声明「教育基本法改正案についての意見」(2006 年 9 月 5 日) は，法律家らしく憲法の立憲主義原則との関係から法案の問題点を指摘している。

13) 小島弘道「『学校づくりの力』と教育基本法改正案」教育学関連 15 学会共同公開シンポジウム準備委員会編『教育基本法改正案を問う—日本の教育はどうなる』学文社，2006 年，38 頁。

14) 法案審議中，法案審議の顛末については，石井拓児「新教育基本法の行方と教育法研究の課題—旧教育基本法の生命力と現代的再生の課題」(『日本の科学者』42 (12)，本の泉社，2007年）が詳しい。

15）同会議における教育振興基本計画という政策アイデアの形成過程については，井深雄二「教育振興基本計画と教育改革の手法」（教育学関連15学会共同公開シンポジウム準備委員会報告書『教育基本法改正問題を考える―中教審「中間報告」の検討』2003年）が詳しい。

16）勝野正章「新教育基本法制と教育経営―『評価国家』における成果経営のポリティクス」（『日本教育経営学会紀要』49，2007年），谷口聡「教育振興基本計画」（日本教育法学会編『教育法の現代的争点』法律文化社，2014年）。

17）有倉遼吉「憲法理念と教育基本法制」『法律時報6月号臨時増刊　憲法と教育』日本評論社，1972年。

18）「学校と地域」をめぐる概念的研究には，水本徳明「教育経営における地域概念の検討」（『日本教育経営学会紀要』第44号，第一法規，2002年），浜田博文「『地域学校経営』の概念とその今日的意義・課題―学校–地域関係の捉え方に焦点をあてて」（『日本教育経営学会紀要』第47号，第一法規，2005年）などがある。戦後日本の教育実践事例研究としては，石井拓児「戦後日本における学校づくり概念に関する歴史的考察」（『名古屋大学大学院教育発達科学研究科紀要（教育科学）』51（2），2005年）および富樫千紘「戦後日本における学校づくり実践の誕生」（『教育』2017年9月号，かもがわ出版）などがある。

第2章　子どもの多様化と支援にかかわる教育経営

1.　大津いじめ自殺事件といじめ防止対策推進法

(1) 大津いじめ自殺事件の概要

2011 年 10 月 11 日，滋賀県大津市の中学 2 年生男子が自宅マンションの 14 階から飛び降り自死するという痛ましい事件が起きた。この事件は，事前と事後において適切な対応に欠けるとの批判が学校および教育委員会に向けられることになり，かついじめの内容が過激に報じられ，いじめ防止対策推進法の制定と教育委員会制度の改正を導くこととなった。

生徒の自死後の主な動きは表 2.1 のとおりであった。この事件について報道が過熱するのは，生徒の死後から 10 カ月たった 2012 年 7 月上旬，調査アンケートに「自殺の練習をさせられていた」とする回答があったことを教育委員会が公表しなかったとする報道がなされたあとである。以後，インターネット上でも流言や罵詈雑言が拡散し，まったく関係のない人物がいやがらせを受けたり，大津市教育長が暴漢に殴打されるなどの事件も起きた。過熱報道を受け，当初遺族からの告訴を受けつけなかった県警もそれを受理し，学校などを強制捜査した。市長も事後対応について謝罪し，8 月末には第三者調査委員会が設置された。翌年 1 月末には調査報告書が提出され，そこでは同級生による 19 件の行為が「心理的・物理的攻撃」であるいじめと認定され，自死の原因と結論づけられた。

(2) 第三者委員会調査報告書が示す問題点と教育経営

調査報告書が提示している多数に及ぶ問題点は，いじめ防止対策推進法が施行され，教育委員会制度が変更された今日においても，さらには本書の鍵概念である教育経営という点においても示唆的である。関係者がいじめ防止にかかわって今後も意を注がなければならない点でもある。

報告書に記された項立てを再掲すると（カッコ内の注記は筆者），まず学校の事後対応について，①事実究明の不徹底，②教員間の教訓の共有化の不存在（教員たちによる生徒からの聴き取り情報は膨大で事件の全貌に迫れるものであったにもかかわらず，全体で共有され再発防止の教訓を得る努力がされなかった），③事態鎮静化の重視（事件をいじめ行為によるものと捉えている生徒たちがいたが，校長の事後の発言は彼らに学校はいじめを隠ぺいしていると感じさせるものであった)，④いじめ加害者への対応（いじめ加害者の言い分を聴くことがほとんどなされず，いじめと認識していない加害者の認識の修正や成長への働きかけがされていない)，⑤スクールカウンセラーのあり方（遺族との相談内容が管理職に伝えられ，管理職などには当該生徒の家庭問題が事件の主因にあるとの助言がなされた)，⑥学校の在り方（警察の介入により生徒からの信頼を失い，加害者も含め，子どもが成長する場であるとして機能不全になったままであった)，が指摘されている。

市教育委員会の事後対応については，①平時における危機管理体制整備の欠

表 2.1　大津市いじめ事件（2011）の経緯

2011	9～10月	当該男子生徒に対し、男子生徒2名を中心としていじめ行為がなされる	第三者調査委員会報告書
	10月11日	当該生徒が自死する	第三者調査委員会報告書
	10月13日	当該生徒父親が，いじめがあったことを聞いたとして学校にアンケート調査を要望	朝日新聞2011年11月3日
		当該生徒と同じクラスの生徒8名が，教員に聴き取りを要望	第三者調査委員会報告書
	10月28日	校長が調査結果を遺族に報告	朝日新聞2011年11月3日
	11月2日	教育委員会が「複数の生徒からいじめを受けていた」とする調査結果を発表，自死との因果関係は否定	朝日新聞2012年7月4日
2012	2月24日	遺族が大津市と加害生徒3名に損害賠償請求	朝日新聞2015年3月18日
	7月4日	公表されていない調査アンケートの一部に，自殺の練習をさせられていたとする記述があったと報道	朝日新聞2012年7月4・16日
	7月11日	遺族による3人の生徒の暴行，器物損害などを理由とする県警告訴を受け，県警が学校と市教育委員会を強制捜査	朝日新聞2012年7月16日
	7月27日	県警が2名を大津地検に書類送検，1名を児童相談所に送致，その後3名とも家裁送致	朝日新聞2014年3月19日
2013	1月31日	第三者委員会が19件のいじめを認定，自死の理由とする	第三者調査委員会報告書
2014	3月14日	生徒2名に保護観察処分，1名処分なし	朝日新聞2014年3月19日
	3月31日	保護観察処分を受けた生徒1名と処分なしとされた少年が決定を不服として大阪高裁に抗告	朝日新聞2014年4月1日
2015	3月17日	市と遺族において和解成立	朝日新聞2015年3月17日

出所：右端欄の記載記事をもとに筆者作成

如，②市教育委員会の主体性，指導力のなさ，③学校任せの事実解明，④市教育委員会から県教育委員会，県教育委員会から文部科学省への報告の遅れおよび内容の杜撰さ，⑤市教育委員会の委員の問題（自死といじめの関係が不明であるとの教育委員会の見解に教育委員が一切関与できていない）が問題であったとされている。

さらに事件当事者としての学校と市教育委員会共通の問題点は，以下 10 点に及ぶ。すなわち，①初期対応の拙さ，②事実調査より法的対応を意識した対応をとったこと，③調査の打ち切りが早いこと，④事態への対応に主体性がないこと（弁護士，臨床心理士らの意見に依存し，自分たちで問題を解決する意識がまったくなかった），⑤自死の原因を家庭問題へ逃げたこと，⑥学校，市教育委員会が自らの手で事実関係の解明をし，それを生徒，保護者に返すという意識に欠けていること，⑦地域関係者との連携の不備（管理職が緊急事態が発生しているなか，議員などの地域関係者への状況説明を重視し，しばしば学校を不在にしている），⑧調査の透明性を確保する必要性，⑨報道に対する対応のまずさ（事実究明に未着手である状態から，管理職や教育長が事態の重さを認識していないかのような不用意な発言した），⑩課題としての遺族への対応（公表資料では黒塗りされているため内容不明），である。これら以外にも，そのほかの問題として，「マスコミの倫理」についても言及されており，「センセーショナルな報道合戦」が繰り広げられたことから，真摯な報道姿勢が求められるとした。「社会の木鐸たる新聞をはじめとするマスコミが（略），学校や教育委員会さらには加害をした子どもたちを社会的に無軌道な憤りで包囲し追い詰めることは，将来に向かってのいじめ抑制には繋がらない」とも述べ，「若手記者のみなさんへ」と題し，報道の世界をめざしたときの初心に立ち返ってほしいとする自省を促す項も記載されている。

教育経営という捉えには，公教育にかかわる各主体がその責務に応じて，教育活動の展開と改善に主体的，協働的にかかわることのできる学校組織の創出や維持が規範としてある。調査報告書が示す問題点からは，各主体それぞれに重大な過失があったということになる。

学校は，協働的に教育活動を展開する，あるいは危機を管理し，対処していく組織ではなかったと解される。いじめがあり話をきいてほしいとする生徒たちの声を受け，事件発生後早々に学校自らによる聴き取り調査が行われ，それらの情報は第三者委員会による事実解明の主要な資料ともなる重要な内容を含むものであったにもかかわらず，その調査結果が教職員全体に知らされず共有や活用に付されなかったとされている。教育経営の要である管理職のリーダーシップにも大きな問題があったということになる。学校を支援し導くことが責務であるはずの市教育委員会においても，事態の対応を学校任せにし，また，調査報告書が明記すべきほどに，「社会の木鐸」には程遠いマスコミの取材や報道内容に当該学校の生徒たちをさらしてしまったことも重大な問題である。市教育委員会を統括する役割にあったはずの各教育委員もまた，この点も含め事態への対応について適切な意思決定を行わなかった。

これらの教育委員会にかかわる問題点から，教育委員会制度は変更となった。すなわち，危機管理に迅速に対応するためとして，教育委員長を廃止し，その役割は事務局を指揮監督する教育長に一元化し，さらには首長の下に教育委員から構成される総合教育会議を設置するという新たな仕組みが採用された。反省すべきは教育経営研究にもある。総合教育会議のような仕組みがそれらの研究成果から推奨されてきたとはいいがたい面があり，危機管理の点から教育委員会のあり方を探求するといった研究が必要であることが示唆される。

(3) 改善策としてのいじめ防止対策推進法の制定

2012 年 7 月上旬以降，本事件に関する対応への不信がうずまくなか，同年 12 月 26 日に誕生した安倍内閣は，2013 年 1 月 15 日に教育再生実行会議の設置を閣議決定した。翌月の 2 月 26 日，教育再生実行会議は，「いじめの定義を明らかにし，社会総がかりでいじめに対峙していく姿勢」を示した「いじめ問題等への対応について」を第一次提言としてまとめた。提言をもとに，4 月 11 日に民主党ほかによる「いじめ対策推進基本法案」，同年 5 月 16 日に自由民主党ほかによる「いじめの防止等のための対策の推進に関する法律案」が提出された（小林，2013）。両案について調整が進められ，6 月 18 日，「いじめ防止対策推進法案」がまとめられた。衆議院文部科学委員会ならびに参議院文教科学委員会における審議のあと，6月21日，同法案は，参議院本会議において賛成多数により可決され成立した。なお，両委員会の審議においては附帯決議が示され，両者とも第一項に，いじめに該当するかどうかを検討する際には，法律案で示す定義について限定的に解釈すべきでないとしている。

全35条から成る同法には以下5点のような特徴があり，それらには大津の事件の問題点改善をめざすものであることが表れている。第一の特徴として，いじめの定義が幅広くとられていることがある。第2条はいじめの定義について，いじめを受けた当該児童生徒が一定の人間関係にある者から，心理的または物理的な行為を受け，それについて苦痛に感じているものとした。衆参両委員会の附帯決議はそのうえで，さらにいじめの定義が狭く解釈されないことを念押ししているということになる。文部科学省による「児童生徒の問題行動等生徒指導上の諸問題に関する調査」における平成18年度までのいじめの定義は，「(1) 自分より弱い者に対して一方的に，(2) 身体的・心理的な攻撃を継続的に加え，(3) 相手が深刻な苦痛を感じているもの。なお，起こった場所は学校の内外を問わない」であった。同法による定義では，「一方的」「継続的」「深刻な」といった可視的に認知されやすい状態だけがいじめ行為ではないとした。

第二には，社会総ぐるみでいじめ防止に取り組むことが法の趣旨となっていることがある。第3条が示す基本理念では「いじめが全ての児童等に関係する問題である」とし，児童らに対してはいじめ行為の禁止，国，地方公共団体，学校設置者，学校および学校の教職員，保護者に対してはその責務を規定し，社会総ぐるみの対応を求めている（第5～9条）。この規定の下，国，地方，学校には，いじめ防止基本方針を策定し基本的施策を実施することが求められている。とりわけ，学校に対しては，基本的施策として，道徳，体験活動においてなど教育活動全体でいじめを防止していく（第15条1），保護者，地域住民そのほかの関係者と連携を図る（第15条2），いじめの早期発見として，定期的な調査，相談体制を整備する（第16条），いじめ防止のための組織を置く（第22条），いじめ行為について適切な措置をとる（第23条），いじめの早期発見や再発防止の取組評価のために学校評価を活用する（第34条），が指示されている。

第三として，関係者の連携が強調されていることがある。それは社会総ぐるみで取り組むことの要諦でもある。「国，地方公共団体，学校，地域住民，家庭その他の関係者の連携の下，いじめの問題を克服することを目指」すなかで（第3条3），学校は，第15条2（学校におけるいじめの防止）により，いじめ防止のために「当該学校に在籍する児童等の保護者，地域住民その他の関係者との連携を図」り，第16条4（いじめの早期発見のための措置）により「相談体制を整備するにあたっては，家庭，地域社会等との連携の下，いじめを受けた児童等の教育を受ける権利その他の権利利益が擁護されるよう配慮する」ことになる。さらに第22条（学校におけるいじめの防止等の対策のための組織）では，学校における未然防止の実効性をあげるために，「複数の教職員，心理，福祉等に関する専門的な知識を有する者その他の関係者により構成される」組織をおくことになる。スクールカウンセラー，スクールソーシャルワーカーなど，専門的知識をもつ者との連携が求められている。こうした組織構成を背景に，第23条（いじめに対する措置）では，いじめ行為が確認された場合，いじめ行為を受けた者と行った者ならびにその保護者に対し，「複数の教職員によって，心理，福祉等に関する専門的な知識を有する者の協力を得つつ」，指導または助言を継続的に行うことを要請している。第27条ではいじめ行為にかかわる児童らが同一の学校に所属していない場合を想定し，学校相互間の連携も明示している。これらが円滑に遂行されるように，第17条（関係機関との連携等）では，国および地方公共団体は，いじめを受けた者やいじめを行った者に対する指導ならびに未然防止において関係者の連携が適切に行われるように，関係省庁間そのほか関係機関，学校，家庭，地域社会および民間団体の間の連携強化や体制整備に努めることを求めている。

第四として，重大事態への対処が新たな仕組みとして明示されたことがある。第28条は重大事態について，①「生命，心身又は財産に重大な被害が生じた疑いがあるとき」または，②「相当の期間学校を欠席することを余儀なくされている疑いがあるとき」と定義している。同条1は，事態発生後，こうした事態の発生防止に資するため，速やかに，学校の設置者またはその設置する学校の下に組織を設け，質問票などを用い，事実関係を明確にするための調査を行うものとしている。また同条3では，「当該調査に係るいじめを受けた児童等及びその保護者に対し，調査に係る事実関係等その他の必要な情報を適切に提供するもの」としている。さらに公立の学校においては，重大事態が発生した場合，教育委員会を通じて地方公共団体の長に報告しなければならず，地方公共団体の長は，附属機関を設けて調査を行うことができるが，調査結果を議会に報告しなければならない（第30条）。国立大学法人の場合は文部科学大臣，私立学校の場合は都道府県知事が必要な措置をとることになる（第29条，第31条）。

第五には，これらの規定について見直しと改善をめざしていくものとなっていることがある。附則として法律施行後3年を目途に必要に応じていじめ防止などの対応策を再検討することが示されている。いじめ行為にかかわる児童らの心理は複雑であり表層的な動きだけではわからないことが多い。当該児童生徒にも自身の心理が危機的状況にあるとは覚知されず，状況を尋ねる周囲の大人に「大丈夫？」と聞かれ「大丈夫」とおうむ返しに答え，大人たちはそれを言葉どおりに受け取ってしまうということが繰り返し起きている。大津市の事件だけでなく，岩手県矢巾町の事件（2015年）において，また筆者が第三者調査委員会委員長であった仙台市の2014年の事件においてもそのような状況が存在した。こうした事実について学校は是正を求められることになるが，一方で認知と対応が容易ではないという面にも注意を要する。

法施行から3年が経過した2016年にはいじめ防止対策協議会が設置され，より実効的な措置について検討がなされている。それらを示す，11月2日付の「いじめ防止対策推進法の施行状況に関する議論のとりまとめ」（以下，「議論のとりまとめ」）においては，法施行後の種々の問題が列挙されている。主なものとして，以下の5点をあげておきたい。

①いじめの認知について，いじめの認知件数に係る都道府県格差は約30倍である，被害者がいじめを覚知していない場合には法の趣旨をふまえた対

応がなされていない，教職員にいじめの認知に抵抗感がある，

②学校のいじめ対策組織に関して，その存在や活動が児童生徒・保護者から十分に認識されていない，相談・通報の窓口として認識されていない，法第22条が求めるような組織構成になっていない，学級担任や教科担任が参画することになっておらず実効性などに問題がある，

③学校内の情報共有として，学校のいじめ対策組織に情報が共有されず，重大な結果を招いた事案が発生している，情報共有の事柄や方法があらかじめ定められていない学校がある，教職員の日常業務は膨大であり，いじめ対策組織への報告や対応協議の余裕がない，

④いじめへの対処として，保護者との信頼関係が築けず，被害・加害者への支援や指導が進まないケースがある，加害者がいじめ行為を否認しこう着状態になる，謝罪をもって解決とし見守りを怠るケースがある，加害者に対する出席停止がほとんど行われていない，ＳＮＳにおけるいじめ対応は従来のネットパトロールでは対応できない，

⑤重大事態への対応について，国公私立学校を通じて，いじめの被害者等が重大事態と申立てたにも関わらず重大事態と扱わないケースがある，重大事態発生前に調査委員会が設置されておらず調査開始が遅れる，重大事態の被害者らの意向がまったく反映されなかったり，適切に情報が提供されないケースがある。

(4) 連携・協働の実現に向けて

教育経営の前提は学校教育制度を基盤とする子どもの健全な成長の保障であり，重大事態となれば，教育経営の規範が実現していなかったことが当の子どもたちから示されたということになる。学校の危機管理，児童生徒理解，教職員の指導力，協働的な学校経営，関係者との連携・協働，子どもの成長に適した教育課程，と教育経営にかかわる研究が学校教育活動による子どもの成長にとって有効であるとしてきた事項が機能していなかったという問題でもある。

これらの事項のうちでも，関係者との連携・協働については，大津市の事件において問題視され，その改善がいじめ防止対策推進法の運用に託されてきた

わけであるが，なお徹底がむずかしく，「議論のとりまとめ」においても問題とされている。教育経営の実践と研究の双方にかかわる問題としてその実現を考えていく必要がある。そのことを前提としつつ，いじめ防止対策推進法の規程にも課題があることを指摘しておきたい。「国，地方公共団体，学校，地域住民，家庭その他の関係者の連携の下，いじめの問題を克服すること」(第3条)を真に実現しようとするならば，また本法によりいじめの定義が幅広くとられていることからすれば，未然防止や指導による是正の可能性がある場合と，子どもの命が失われるなどの重大事態が発生してしまったあとではもはやステージが異なるのであり，異なる連携・協働のあり方が検討されるべきである。すなわち，重大事態の定義2点について同様の対処になっていることは見直されるべきである。指導と対処の両方を当該地域の教職員のみに求めることは，ミスにつながり，遺族をさらに傷つけ，ひいては教育行政の社会的信頼を損なうことになる。

人命損失という重大事態への対処は，より一層の多面的な検討と慎重さを要する。公平性と中立性が確保されねばならない調査委員会の人選など，地域の人的資源の実状においては地方の一教育委員会だけで担いきれないこともある。報告受理だけでなく，都道府県教育委員会ならびに国からの人的物的支援が制度化されるべきである。いじめ行為の特定の前にまず子どもを失った親たちの心理的な支援が公的に保障されるべきでもある。そのような支援があって初めて子どもを失った悲しみをかかえながらも再発防止に協力できるのであって，再発防止に資する(第28条)という教育行政主体の目的であるのなら遺族には調査実施を拒否する権利が認められてしかるべきだと思う。

自死した児童生徒は，自身が危機的状況におかれていることを覚知しておらず，またそのプライドからも，自身の窮状について無意識的に認めようとせず，周囲に助けを求めないことがある。大津市の事件においても，見るに見かねた生徒がいじめ行為を受けた生徒に「あんたいじめられているんやで。先生に相談しい」と当該生徒に言い，担任にも聴いてあげてと言い，当該生徒に担任に相談したかを聴いたところ「先生，忙しそうやったから」とあいまいなことを言っていたとされている。先にふれた「大丈夫のおうむ返し」もこれに該当する。大津市の事件，仙台市の2014年に起きた事件において，トラブルの発生は，日頃いっしょに行動している自発的なグループ集団においてであった。可視的な敵対関係ではないため子どもがかかえる苦悩が見過ごされる危険をはらんでいる。

筆者とともにいじめ調査を担当した石井慎也弁護士は，調査内容を検討する過程において「一つ一つの行為はラクダにワラ一本を積んだだけかもしれないが，ワラの重みでラクダは倒れた」と述べていた。自死という決壊は，コップにあふれんばかりに溜まっていた水が一滴の水で溢れ出すさまに例えられることもある。一本一本のワラが何であったのか，コップにどのように水が溜まっていったのか，グループ集団内のトラブルもあれば，クラスや部活動などの子どもの間でよくあるからかいに類する行為，親たちがかかえる不安や不和への無力感，当該児童生徒がおかれていた生活環境や，学業および部活動の成績不振あるいは身体に関する悩みなどもワラやコップに溜まる水であった可能性がある。生活環境には，ゲームやSNSあるいはインターネットといった仮想空間のやりとりに没頭してしまい，その結果十分な睡眠をとることができていないような状態も入りうる。

さまざまな出来事のなかで，第三者調査委員会が複数の関係者から事情を聴取し精度の高い分析をしうるのは主として学校と教育委員会についての情報である。大津市の事件，仙台市の2014年に起きた事件，さらには仙台市で2016年に発生した事件においても，事件の発生には学校における連携・協働の不存在があった。再発防止にむけてどうしていけばいいか，学校や教育委員会とともに考えていく必要があることを社会的に示し，教育行政のあり方に警句を発することはできる。とはいえ，教職員のスキル向上が課題であると指摘しても，教職員の就労時間をはるかに超える作業量を要求することになり，人的物的補強がないかぎり，スキル向上の前に過労死を生じさせるか，次世代の教職への意欲や魅力を減じさせていくだけである。第3条が掲げるすべての関係者の連携を実現するには，安心して過ごせる健全な家庭環境であること，地域住民が学校を信頼し，子どもの成長にかかわる情報を学校に寄せるような関係にあること，それを健全に見守る議会の存在も必須である。多岐にわたる要因を含み，かつ安易な踏み込みは慎むべき領域でもあるからこそ，重大事態の未然防止には全国的な情報をもつ国主導の研究成果と仕組みから，関係者それぞれに在るべき姿を提示しつつ，社会総ぐるみの実現を促していくことが望まれる。

（本図愛実）

文献・参考資料

大津市立中学校におけるいじめに関する第三者調査委員会『調査報告書』2013（平成25）年1月31日（大津市教育委員会ウェブページ，2017年5月1日確認）

小林美津江「いじめ防止対策推進法の成立」参議院事務局企画調整室編集・発行『立法と調査』No.344，2013年（参議院ウェブページ，2017年5月1日確認）

仙台市いじめ問題専門委員会「第一次答申」2015年，「第二次答申」2016年（仙台市ホームページ），「答申」2017年（答申の概要は仙台市ウェブページ，2017年5月1日確認）

本図愛実監修『学校の危機管理について学ぼう』（宮城教育大学教職大学院テキスト）2017年（宮城教育大学ウェブページ，2017年5月1日確認）

文部科学省「いじめの定義」「いじめ防止対策協議会の設置について（平成28年度）」「いじめ防止対策推進法の施行状況に関する議論のとりまとめ」（文部科学省ウェブページ，2017年5月1日確認）

矢巾町いじめ問題対策委員会「調査報告書・概要版」2016年（矢巾町ウェブページ，2017年5月1日確認）

2. 子ども・若者支援としてのキャリア教育

本節では，子ども・若者支援としてのキャリア教育の推進にあたっての教育経営上の課題について検討し，キャリア教育の改善・充実に向けた今後を展望する。まず，生き方の教育としてのキャリア教育やそこで育む力，その推進施策の展開について検討する。それらをふまえて，一人ひとりが自分らしい生き方を発見・実現していくことを支援するキャリア教育の改善・充実に向けた示唆を得たい。なお，キャリア発達は生涯にわたって続くため，キャリア教育は，初等教育，中等教育の段階だけではなく就学前教育や高等教育，社会生活・職業生活などの段階でも行われるものである。また，対象も子ども・若者[1)]と広く，関連する行政領域も文部科学行政だけではなく厚生労働行政，経済産業行政と多岐にわたるため，すべてを網羅することは困難である。そこで，本節では主に児童生徒を対象とした小学校・中学校・高等学校を中心とした学校教育領域におけるキャリア教育を射程とする。

(1) 生き方の教育としてのキャリア教育

わが国でキャリア教育が文部科学行政関連の審議会報告などに初めて登場したのは，1999（平成11）年12月の中央教育審議会答申「初等中等教育と高等教育との接続の改善について」（以下，1999年中教審答申）である。キャリア教育の定義は，同答申で初出し，キャリア教育の推進に関する総合的調査研究協力者会議（文部科学省，2004）での見直しを経て，2011（平成23）年1月の中央教育審議会答申「今後の学校におけるキャリア教育・職業教育の在り方について」（以下，2011年中教審答申）において「一人一人の社会的・職業的自立に向け，必要な基盤となる能力や態度を育てることを通じて，キャリア発達を促す教育」と定義されている。同答申では，キャリア教育における「キャリア」を「人が，生涯の中で様々な役割を果たす過程で，自らの役割の価値や自分と役割との関係を見いだしていく連なりや積み重ね」とし，「キャリア発達」を「社会の中で自分の役割を果たしながら，自分らしい生き方を実現していく過程」と捉えている[2)]。

今日のキャリア教育に至るまでには，「職業指導（職業相談含む）」から「進路指導（進路相談含む）」へ，「進路指導」から「キャリア教育（キャリア・カウンセリング含む）」へという変遷を経ている（日本キャリア教育学会，2008）。とりわけ，進路指導は，1980（昭和55）年の文部省『中学校・高等学校進路指導の手引―個別指導編』において「卒業時の進路をどう選択するかを含めて，（中略）どういう人間になり，どう生きていくことが望ましいのかといった長期的展望に立っての人間形成をめざす教育活動」と定義され，「個々の生徒に，自分の将来をどう生きることが喜びであるかを感得させなければならないし，生徒各自が納得できる人生の生き方を指導することが大切である。」など，一人ひとりのあり方や生き方を指導する教育活動として位置づけられてきたように上述のキャリア教育の定義と近似している。しかし，これまでの進路指導は中学校・高等学校を主とし，進路選択・決定の指導に重点がおかれた「出口指導」に偏りがちであったとする指摘があった（同上）。キャリア教育への移行は，進路指導を職業教育[3)]とともにキャリア教育の中核に位置づけつつ，その対象を就学前教育から高等教育，社会生活・職業生活などまで広げ，一人ひとりの社会的・職業的自立に向けて必要な基盤となる能力・態度を明確化させ，生き方の教育というあるべき姿に近づけることを期したものと考えられる。

(2) 一人ひとりが自分らしい生き方を発見・実現する力を育む

キャリア教育では，「豊かな人間性」「健康体力」「確かな学力」から構成される「生きる力」を育むことが期待されている。その具体的な力として，国立教育政策研究所生徒指導研究センター（2002）は，キャリア発達を促す視点に立って，将来自立した人として生きていくために必要とされる具体的な能力や態度を構造化し，「職業観・勤労観を育む学習プログラムの枠組み（例）」を提示した。その枠組み（例）の基本的な軸として，4つの領域（「人間関係形成能力」「情報活用能力」「将来設計能力」「意思決定能力」）と8つの能力（「自他の理解能力」「コミュニケーション能力」「情報収集・探索能力」「職業理解能力」「役割把握・認識能力」「計画実行能力」「選択能力」「課題解決能力」）からなる職業的（進路）発達にかかわる諸能力（以下，「4領域8能力」）を示した。

さらに，2011年中教審答申では，「4領域8能力」をめぐる課題[4)]や，その後に関係省庁から提唱された類似性の高い各種の能力論[5]をふまえて，改めて分析を加え，「分野や職種にかかわらず，社会的・職業的自立に向けて必要な基盤となる能力」として再構成した「人間関係形成・社会形成能力」「自己理解・自己管理能力」「課題対応力」「キャリアプランニング能力」の4つの能力からなる「基礎的・汎用的能力」を提示した。同答申では，「基礎的・汎用的能力」に加え，社会的・職業的自立，学校から社会・職業への円滑な移行に必要な力の構成要素として「基礎的・基本的な知識・技能」「意欲・態度及び価値観（勤労観・職業観）」「論理的思考力，想像力」「専門的な知識・技能」などを示している。また，2016（平成28）年12月の中央教育審議会答申「幼稚園，小学校，中学校，高等学校及び特別支援学校の学習指導要領等の改善及び必要な方策等について」（以下，2016年中教審答申）では，育成をめざす資質・能力として，生きて働く「知識・技能」の習得，未知の状況にも対応できる「思考力・判断力・表現力等」の育成，「学びに向かう力・人間性等」の涵養という3つの柱が示され，キャリア教育で育成をめざす「基礎的・汎用的能力」の4つの能力を統合的に捉え，この資質・能力の3つの柱に沿って整理している。

このようにキャリア教育では育む力の見直しが絶えず行われているが，一貫しているのは「生きる力」や「基礎的・汎用的能力」などの育成を通じて，一人ひとりが自分らしい生き方を発見し，実現していくことをめざしていることである。

(3) 若年者雇用対策の限界と一人ひとりのキャリア発達支援への期待

1999年中教審答申では「新規学卒者のフリーター志向が広がり，高等学校卒業者では，進学も就職もしていないことが明らかな者の占める割合が約9%に達し，また，新規学卒者の就職後3年以内の離職も，労働省の調査によれば，新規高卒者で約47%，新規大卒者で約32%に達している。こうした現象は，経済的な状況や労働市場の変化なども深く関係するため，どう評価するかは難しい問題であるが，学校教育と職業生活との接続に課題がある」と指摘された。

子ども・若者に目を向けてみると，2011年中教審答申では，「働くことへの関心・意欲・態度，目的意識，責任感，意志等の未熟さ，コミュニケーション能力，対人関係能力，基本的マナー等，職業人としての基本的な能力の低下，職業意識，職業観の未熟さなど」が指摘された。子ども・若者の「学校から職業への移行」や「社会的・職業的自立」にかかわる課題が深刻なものとなっており，子ども・若者一人ひとりが「生きる力」を身につけ，勤労観・職業観を形成し，将来直面するさまざまな困難に対応する力を高めることが求められた。

これは，進学率の高い高等学校や就職に有利な偏差値の高い大学への進学，新卒採用や終身雇用といった雇用慣行を評価するなど，従来の価値観に沿った教育では対応できない課題であり，多様な価値観に基づいて一人ひとりが自分らしい生き方を発見し，実現していくことをめざす必要があった。そのため「進路決定に偏った指導」や「出口指導」といわれた過去の進路指導や就職支援などを含む若年者雇用対策だけで対応することはむずかしく，子ども・若者の社会的・職業的自立に向け，必要な基盤となる能力や態度を育てることを通して，生涯にわたって一人ひとりのキャリア発達を支援する新たな役割としてキャリア教育が提唱されたと考えられる[6)]。

(4) キャリア教育推進に関連する施策の展開

1999 年中教審答申の小学校段階から発達の段階に応じたキャリア教育実施の必要性の提言がキャリア教育推進の契機となった。2000 年代に入ると，2003 (平成 15) 年 6 月に若者自立・挑戦戦略会議によって，「若者自立・挑戦プラン」が策定された。その後，同プランの実効性・効率性を高めるため，2004 (平成 16) 年 12 月に「若者の自立・挑戦のためのアクションプラン」が取りまとめられ，2006 (平成 18) 年 1 月に改訂版が示された。

さらに，2006 年 12 月に教育基本法，2007 (平成 19) 年 6 月に学校教育法が改正され，職業や勤労，進路に関連する理解や態度，知識，技能，能力の育成が目標に掲げられ，学校教育においてキャリア教育を推進するうえで法的根拠となった。その間，政府内に設置された「多様な機会のある社会」推進会議 (再チャレンジ推進会議) が 2006 年 12 月に策定した「再チャレンジ支援総合プラン」において，キャリア教育等関連の施策が盛り込まれた。政府の青少年育成推進本部に設置されたキャリア教育等推進会議では，2007 年 5 月に各学校段階における組織的・系統的なキャリア教育などの推進や，教員の資質・能力の向上，学校・産業界・関係行政機関などの連携強化といった基盤整備などの方策を示した「キャリア教育等推進プラン―自分でつかもう自分の人生―」を策定した。

また，2008（平成20）年1月の中教審答申「幼稚園，小学校，中学校，高等学校及び特別支援学校の学習指導要領の改善について」では，社会の変化への対応の観点から教科などを横断して改善すべき事項としてキャリア教育の充実に取り組む必要性が提言された。同答申を受けて，2008年3月に小学校・中学校の学習指導要領が，2009（平成21）年3月に高等学校の学習指導要領がそれぞれ改訂・告示され，キャリア教育がめざす目標や内容が随所に示され，学校の教育課程にキャリア教育を位置づけ，教育活動全体を通じて実践していくこととなった。その間，政府により2008年7月に第1期教育振興基本計画が閣議決定され，今後5年間に総合的かつ計画的に取り組むべき施策として小学校段階からの推進を強く求めた。これをふまえて，2011年中教審答申では，キャリア教育の定義を新たに見直すとともに，これまでの実践を生かしたキャリア教育の新たな方向性について提言された。なお，2013（平成25）年6月に閣議決定された第2期教育振興基本計画においても，5年間における具体的な方策として社会的・職業的自立に向け必要な能力を育成するキャリア教育の推進などを求めた。

そして，2016年中教審答申では，子どもたち一人ひとりの豊かな学びの実現に向けた課題として，学校と社会との接続を意識し，子どもたち一人ひとりに，社会的・職業的自立に向けて必要な基盤となる能力や態度を育み，キャリア発達を促すキャリア教育の視点をもつことが改めて重視されている。同答申を受けて，2017（平成29）年3月に小学校・中学校の学習指導要領が改訂・告示され，第1章総則において特別活動を要としたキャリア教育の一層の充実が期待されている。

以上のようなキャリア教育の推進に関するさまざまな施策の動向をふまえ，政府，地方自治体，省庁によるキャリア教育事業[7)]が展開されている。また，文部科学省（2011a，2011b，2012）や国立教育政策研究所生徒指導研究センター

(2010，2011)，国立教育政策研究所生徒指導・進路指導研究センター (2012，2014，2015) が手引きや指導資料，パンフレットを作成し，実践事例などを発信するなど，キャリア教育の推進に資する具体的な方策を示している。

(5) キャリア教育をめぐる教育経営的課題と改善・充実に向けた今後の展望

このような施策などが展開されるなか，キャリア教育の推進をめぐって次のような教育経営上の課題を指摘できる。

① 教育課程への位置づけをめぐる課題

まず，国立教育政策研究所生徒指導・進路指導研究センター (2013a) の調査報告によれば，小学校・中学校・高等学校ともに，育てたい力の具体化，教育活動全体を通した系統的な実践，キャリア教育の評価などが課題とされている。このことはキャリア教育が一過性の活動となることへの危惧を意味していると考えられる。キャリア教育は，特定の活動や指導方法に限定することなく，学校の教育課程全体に位置づけ，学校の目標や特色に基づいた活動を計画的・組織的・継続的に推進する必要がある。

このような課題の解決に向けた方策としてキャリア教育における「Plan (計画)」→「Do (実施)」→「Check (評価)」→「Action (改善)」という一連の過程を循環させる PDCA サイクル[8)]，すなわちマネジメントサイクルの確立が求められる。この背景には，第 1 期教育振興基本計画において「これまで教育施策においては，目標を明確に設定し，成果を客観的に検証し，そこで明らかになった課題をフィードバックし，新たな取組に反映される PDCA (Plan-Do-Check-Action) サイクルの実践が必ずしも十分でなかった」との認識があった。そのため，「今後は施策によって達成する成果 (アウトカム) を指標とした評価方法へと改善を図っていく必要がある。こうした反省に立ち，今回の計画においては，各施策を通じて PDCA サイクルを重視し，より効率的で効果的な教育の実現を目指す」ことが必要とされ，第 2 期教育振興基本計画でもその定着が指摘されている。それを受けて，キャリア教育においてもマネジメントサイクルの確立が求められている。

また，2016 年中教審答申や次期学習指導要領で提言されたカリキュラム・

マネジメントの視点をもつことや，学校評価システムと連動させることも必要である[9)]。教育課程全体に位置づくキャリア教育の改善・充実は，学校の教育課程全体のあり方を幅広く見直すとともに，教育活動全体の改善・充実を促すことになる。

② 教員の力量形成と校内組織体制づくりをめぐる課題

続いて，キャリア教育における教員の力量形成と研修体制などの校内組織体制づくりをめぐる課題があげられる。国立教育政策研究所生徒指導・進路指導研究センター（2013a）は，小学校・中学校・高等学校を問わず教員がキャリア教育における評価の仕方や方法について困難を感じていること，小学校ではキャリア・カウンセリングの内容や方法について困惑していることを報告している。また，キャリア教育やその評価に関する研修があまり実施されていない実態も指摘されている（国立教育政策研究所生徒指導・進路指導研究センター，2013b）。

校長がリーダーシップを発揮し，校内にキャリア教育推進委員会（文部科学省，2011）などを設置し，キャリア教育に学校全体で組織的に取り組む体制を整え，研修などの企画・運営を通じて教員の意識の醸成や力量の形成を意図的・計画的に図っていくことが求められる。これにより，教員一人ひとりが個々の専門性や個性を生かしながら，各自の学級などにおける教育実践を学校全体のキャリア教育と連動させるなど，学校内を開いていく視点をもった校内組織体制の実質化を図ることができる。そのような校内組織体制の実質化は，教員組織を「学び続ける教員組織」へと変容させると考えられる。

③ 連携・協働をめぐる課題

また，キャリア教育における家庭，地域社会，産業界などとの連携・協働をめぐる課題もある。小山（2009）は，キャリア教育における家庭や地域社会，外部団体などとの連携・協働を「空間軸の連携」と捉え，その必要性を指摘している。2011年中教審答申のなかでも，キャリア形成にはさまざまな経験や人々とのふれ合いなどが必要であり，家庭，地域社会，産業界などとの連携・協働が不可欠とされている。

たとえば既述のキャリア教育推進委員会などが学校内の窓口，キャリア教育コーディネーター[10]が学校外の窓口となり，家庭，地域社会，産業界などのキャリア教育に対する理解を促すとともに，互いが担う役割を認識しつつ，パートナーシップを構築し，「今」「この学校で」「この子どもたちに」といった視点をもって連携・協働するなかで，学校内で行われるキャリア教育へのさまざまな人の参加や，学校外に出向いての職場体験活動，インターンシップなどの実施を促すことが期待される。このことは，2015（平成27）年12月の中央教育審議会答申「新しい時代の教育や地方創生の実現に向けた学校と地域の連携・協働の在り方と今後の推進方策について」が示した学校の目標やビジョンを共有し，学校，家庭，地域社会などが一体となって子どもたちを育む「地域とともにある学校づくり」への転換にもつながると考えられる。

④ キャリア教育の連続性を意識したグランドデザイン構築の課題

本節を終えるにあたって，キャリア教育の連続性を意識したグランドデザイン構築の課題について指摘しておきたい。

小山（2009）は，小学校・中学校・高等学校・大学間の接続が課題となっており，初等教育から高等教育を通じた組織的・系統的なキャリア教育を実践するという観点から，学校種間の「時間軸の接続」の必要性があることを指摘している。2011年中教審答申でも，発達段階をふまえ，幼児期の教育から高等教育に至るまでの体系的なキャリア教育の推進の必要性を指摘している。2016年中教審答申では，小学校から高等学校までのキャリア教育での学びの過程を振り返ることができるポートフォリオとしての機能をもつ「キャリア・パスポート（仮称）」の導入が提案されるなど，この課題への対応策が講じられつつある。

しかし，キャリア発達は生涯にわたって続くものであるため，キャリア教育は学校生活にとどまらず社会生活・職業生活へ移行した後も行われる。そのことをふまえ，生涯にわたって個人の学びをどのようにつなぎ，一人ひとりのキャリア発達を支援していくのかが課題となっている。上述の2011年中教審答申では，生涯学習の観点に立ったキャリア形成支援の必要性が提言されている。今後は，キャリア教育の連続性を意識したグランドデザインの構築について，学校・家庭・地域社会・産業界など，社会全体を巻き込んで議論をしていく必

要がある。（米沢 崇）

注

1) たとえば，内閣府『子供・若者白書』(2010年7月) にも用いられている子ども・若者育成支援推進本部「子ども・若者ビジョン」では0～29歳を子ども・若者としている。
2) キャリア教育は，スーパー (Super, D.E.) に代表されるようなキャリア発達理論など，心理学に理論的背景をおいているが，教育学や社会学などからのアプローチもされており，非常に学際的な領域である。キャリア教育の理論的背景については，日本キャリア教育学会 (2008) を参照。
3) 文部科学省 (2004) は「ともに将来の職業や仕事と深くかかわって行われる教育活動であることから，両者の活動内容や目標等に様々な共通点がある。その意味で，職業教育における取り組みは，進路指導とともにキャリア教育の中核をなす」としている。
4)「2011年中教審答申」では「4領域8能力」の課題として，①生涯を通じて育成される能力という観点が薄く，内容が社会人として実際に求められる能力との共通言語になっていないこと，②例示としての提示にもかかわらず学校現場では固定的に捉えられていること，③領域や能力について十分に解釈されないまま，能力などの名称の語感や印象に依拠した実践がみられることなどが指摘された。
5) 内閣府の「人間力」，経済産業省の「社会人基礎力」，厚生労働省の「就職基礎能力」などがある。
6) 藤田 (2014) は，1999～2006年頃までに提唱された「草創期のキャリア教育」においては若年者雇用対策に傾斜した側面があったと指摘している。
7) 文部科学省の事業として「キャリア教育推進地域指定事業」(2004年度)，「キャリア教育実践プロジェクト」(2006年度)，経済産業省の事業として文部科学省，厚生労働省との連携による「地域自律・民間活用型キャリア教育プロジェクト」(2005年度)，文部科学省・厚生労働省・経済産業省合同開催の「キャリア教育推進連携シンポジウム」(2012年度) などが展開されている。
8) キャリア教育におけるPDCAサイクルの実際については国立教育政策研究所生徒指導研究センター (2011a, 2011b) を参照。
9) 天笠 (1995) も，日本教育経営学会紀要第37号の課題研究報告において進路指導を展開するうえで学校経営のマネジメント能力が問われるとともに，カリキュラム・マネジメントが必要であると指摘している。
10) 2010年の経済産業省「キャリア教育コーディネーター育成ガイドライン」では，キャリア教育コーディネーターを「地域社会が持つ教育資源と学校を結びつけ，児童・生徒等の多様な能力を活用する『場』を提供することを通じ，キャリア教育の支援を行うプロフェッショナルである」としている。

文献・参考資料

天笠茂「課題研究報告　進路指導問題と教育経営研究の在り方―教育経営学の学的性格を

問う：教育経営学研究への示唆と課題―質疑応答の整理―」『日本教育経営学会紀要』第37号，第一法規．1995年，157-158頁
小泉令三・古川雅文・西川久子　編著『キーワード　キャリア教育―生涯にわたる生き方教育の理解と実践』北大路書房，2016年
国立教育政策研究所生徒指導研究センター『児童生徒の職業観・勤労観を育む教育の推進について（調査研究報告書）』2002年
――『すべての子どもたちの職業観・勤労観を育むために―児童生徒の成長に応じた学習プログラムの枠組み』2003年
――『キャリア教育のススメ―小学校・中学校・高等学校における系統的なキャリア教育の推進のために』東京書籍，2010年
――『キャリア発達にかかわる諸能力の育成に関する調査報告書』2011年a
――『キャリア教育を創る「学校の特色を生かして実践するキャリア教育」小・中・高等学校における基礎的・汎用的能力の育成のために』2011年b
国立教育政策研究所生徒指導・進路指導研究センター『キャリア教育をデザインする「今ある教育活動を生かしたキャリア教育」―小・中・高等学校における年間指導計画作成のために』2012年
――『キャリア教育・進路指導に関する総合的実態調査　第一次報告書』2013年a
――『キャリア教育・進路指導に関する総合的実態調査　第二次報告書』2013年b
――『「キャリア教育・進路指導に関する総合的実態調査」パンフレット―学習意欲の向上を促すキャリア教育について』2014年
――『「キャリア教育・進路指導に関する総合的実態調査」パンフレット―キャリア教育を一歩進める評価』2015年
――『再分析から見えるキャリア教育の可能性―将来のリスク対応や学習意欲，インターンシップ等を例として』2016年
小山悦司「キャリア教育の実践に向けて」岡東壽隆監修『教育経営学の視点から教師・組織・地域・実践を考える―子どものための教育の創造』北大路書房，2009年，133-142頁
下村英雄『キャリア教育の心理学―大人は，子どもと若者に何を伝えたいのか』東海教育研究所，2009年
仙崎武・池場望・宮崎冴子『新訂・21世紀のキャリア開発』文化書房博文社，2002年
寺田盛紀『キャリア教育論―若者のキャリアと職業観の形成』学文社，2014年
日本キャリア教育学会編『キャリア・カウンセリングハンドブック』中部日本教育文化会，2006年
――『キャリア教育概説』東洋出版社，2008年
林孝「学校経営と学校評価」河野和清編著『現代教育の制度と行政（改訂版）』福村出版，2017年，74-89頁
――「『特色ある開かれた学校づくり』に学校評価システムを生かす」岡東壽隆　監修『教育経営学の視点から教師・組織・地域・実践を考える―子どものための教育の創造』北大路書房，2009年，122-132頁

藤田晃之『キャリア教育基礎論―正しい理解と実践のために』実業之日本社, 2014年
三村隆男『新訂キャリア教育入門―その理論と実践のために』実業之日本社, 2008年
文部科学省『キャリア教育の推進に関する総合的調査研究協力者会議報告書―児童生徒一人一人の勤労観, 職業観を育てるために』2004年
――『キャリア教育における外部人材活用等に関する調査研究協力者会議報告書―学校が社会と協働して一日も早くすべての児童生徒に充実したキャリア教育を推進するために』2011年
――『小学校キャリア教育の手引き〈改訂版〉』教育出版, 2011年a
――『中学校キャリア教育の手引き』教育出版, 2011年b
――『高等学校キャリア教育の手引き』教育出版, 2012年

3. 特別支援教育とインクルーシブ教育

日本教育経営学会創設40周年を記念して刊行された「シリーズ 教育の経営」には，当時の特殊教育をメインテーマに据えるチャプターというのはみられない。他方，学会創設60周年記念事業として企画された本書においては，「特別支援教育とインクルーシブ教育」が現代の教育課題の1つに位置づけられることとなった。特殊教育から特別支援教育への転換が図られて以降，障害のある子どもをとりまく教育環境には大きな変化が生じているが，それは教育経営学にとっても無視できない問題であることを物語っている。

しかし，教育経営学のなかで特別支援教育の実態や課題を分析する論稿というのは必ずしも多くない。たとえば片山（2013，14-18頁）は「特別支援教育を要する子どもの増加」を「近年の社会変動に伴う子どもに係る課題」の1つにあげながら，「教育経営研究においては，子どもの姿が見える論稿が少なく，管理職や教員，保護者にウェイトが置かれがち」な傾向にあると指摘している。そこで，本節においてはまず，（1）特別支援教育がスタートしてからの障害のある子どもをとりまく教育環境の変化を整理し，インクルーシブ教育の実現に向けた課題を抽出する。そのうえで，（2）障害のある子どもをめぐって教育経営学として今後どのような研究に取り組む必要があるのか，考察を加えることにしたい。

(1) 障害のある子どもに対する教育の動向

① 特別支援教育のはじまりとその影響

2007年に本格実施となった特別支援教育においては，障害のある子ども一人ひとりの教育的ニーズを把握したうえで，自立や社会参加に向けた適切な支援を行うことがその理念として掲げられた。具体的な政策としては，障害種別を超えた学校制度である「特別支援学校」への転換や教員免許制度の改革（特別支援学校教諭免許状への一本化）などが行われたが，教育経営と関連の深いものをあげるとすれば，①「個別の指導計画」や「個別の教育支援計画」の作成，②特別支援教育コーディネーターの指名，③特別支援学校のセンター的機能の取り組みが，同年4月の初等中等教育局長通知（19文科初第125号）で求められることとなった。このうちたとえば，①「個別の指導計画」や「個別の教育支援計画」については，作成が必要だと判断されるケースのうち7～8割の子どもに計画がつくられるまでになっており，特別支援教育に対する理解が広がりつつあることをうかがわせる[1)]。

ただ，特殊教育から特別支援教育への転換が障害のある子どもをとりまく教育環境にもたらした影響を考えるうえで，もう1つ重要なポイントがあることを忘れてはならない。それは，LD，ADHD，高機能自閉症などのいわゆる発達障害に該当する児童生徒が特別の場での指導および支援の対象に加えられたという点である。2000年代後半から発達障害に関する研修の機会も格段に増加し，それまで特別な配慮を要するとは必ずしも考えられてこなかった子どもたちの教育的ニーズに教職員が目を向けるようになった。それは，通常の学級での学習や生活に困難をかかえていた子どもの包摂にとって確かに有益なことではあるのだが，同時に，障害を有すると判断される子どもの数が急増するという事態を招いている。

図2.1は，特別支援学校，特別支援学級に在籍する，あるいは通級による指

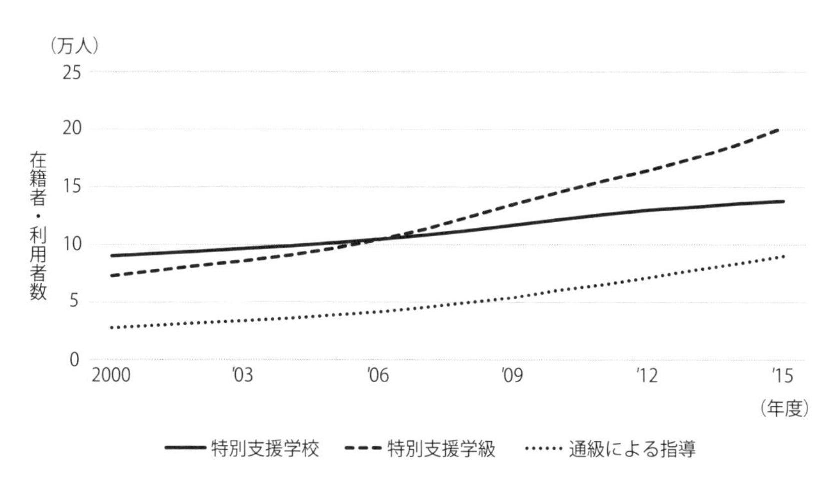

図2.1　特別支援学校等の在籍者数・利用者数の推移

出所：特別支援教育資料（平成27年度）より筆者作成

導を利用する子どもたちの数の推移を表したものである[2)]。2000年と2015年で比較すると，特別支援学校の在籍者数はおよそ1.5倍に，特別支援学級の在籍者数は2.8倍に，通級による指導の利用者数は3.3倍になった。発達障害の子どもたちが新たに特別支援教育の対象に加えられたことを考えれば当然の帰結ともいえるが，この状況は大きく次の2つの問題をはらんでいる。

1つは，教育環境の悪化という問題である。障害を有すると判断される子どもの増加に伴い，特別支援学校や特別支援学級の数も右肩上がりの状況が続いている。2000年と2015年で比較すると，特別支援学校は992校から1114校に，特別支援学級は2万5256学級から5万4586学級に増加した。しかし，とりわけ特別支援学校については校舎の増築や新設が追いつかず，過大化・過密化する傾向にあることが否めない。たとえば河合（2016）は，法令に基づき算出された必要面積に対する実際の保有面積の充足率を学校種別ごとに比較し，特別支援学校が他の校種よりも相当に低い充足率にとどまってきたことを明らかにしている。「教育行政としてしかるべき施設設備の改善をサボタージュし，特別支援学校の過大・過密化を放置しているといわざるをえない」（5頁）という指摘を重く受け止める必要があるだろう。

もう1つは，教員の専門性をめぐる問題である。学校数や学級数が増加すれば，その担当となる教員がこれまで以上に必要となる。しかし，特別支援学校や特別支援学級に配属された教員が，必ずしも特別支援学校教諭免許状を有しているわけではない。というのも，幼・小・中・高の教諭の免許状を有してさえいれば「当分の間」特別支援学校の相当する各部を担当できるという規定が設けられているからである（教育職員免許法附則第16項）。さらに，特別支援学級の担任や通級による指導を担当する教員に至っては，特別支援学校教諭免許状の所持を求める法令上の規定すら存在しない。そのため，免許状の所持率は特別支援学校であっても7割強，特別支援学級では3割ほどにとどまっている（図2.2）。障害を有すると判断される子どもの急増に，専門性をもった教員の供給が追いついていない状況を端的に表しているといえるだろう。

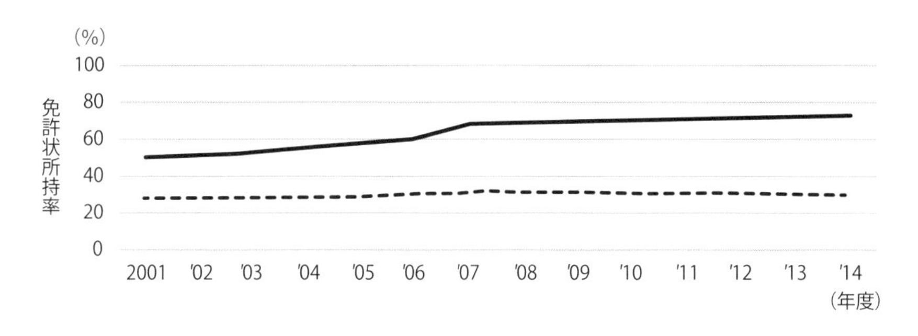

図 2.2　特別支援学校教諭免許状所持率の推移
出所：特別支援教育資料（平成 17 年度および平成 27 年度）より筆者作成

② インクルーシブ教育の理念と課題

特別支援学校，特別支援学級に在籍する，あるいは通級による指導を利用する子どもの数が増加の一途をたどるなか，2006 年 12 月に国連総会で採択された「障害者の権利に関する条約」の批准に向け，国内法の見直し作業が進められた。そのなかで，教育分野における論点の 1 つとなったのが，日本における「インクルーシブ教育」のあり方についてである。

見直し作業の中核を担った「障がい者制度改革推進本部」が 2010 年に出した第一次意見では，特別支援学校の存在が障害のある子どもを地域の子どもたちから分離させる要因になっているとして，「障害の有無にかかわらず，すべての子どもは地域の小・中学校に就学し，かつ通常の学級に在籍することを原則」とすることが提起された。すなわちそこでは，障害のある人と障害のない人がともに学ぶ仕組みこそが「インクルーシブ教育」であるという前提のもと，現行の特別支援教育の枠組みが必ずしも「インクルーシブ教育」を実現するものにはなっていないという認識が示されたといえる[3)]。他方，中央教育審議会（以下，中教審）初等中等教育分科会の下に設置された「特別支援教育の在り方に関する特別委員会」においては，「同じ場で共に学ぶことを追求するとともに，個別の教育的ニーズのある幼児児童生徒に対して，自立と社会参加を見据えて（中略）多様で柔軟な仕組みを整備することが重要である」と指摘がなされた。

そのうえで，通常の学級，通級による指導，特別支援学級，特別支援学校といった「多様な学びの場」を用意する特別支援教育の推進こそが，インクルーシブ教育システム構築のために不可欠であるという認識が示されている[4)]。

障害のある子と障害のない子が同じ場でともに学ぶことを原則とすべきか，それとも，障害のある子に対しては個々のニーズにあわせた手厚い教育を「多様な学びの場」で行うべきか。「インクルーシブ教育」をめぐるこれら2つの立場のちがいは，かつて養護学校の義務制実施（1979年）に前後して展開された運動において先鋭化した対立と通底する面があり（雪丸，2011；武井，2016），両者の溝を埋め合わせるのは容易ではない。しかし，特別支援学校や特別支援学級に在籍する，あるいは通級による指導を利用する子どもの数が急速に増える状況に対し，それを前向きに評価する声ばかりでないという点は，双方の立場に共通している。

では，同じ場でともに学ぶことを求める側のみならず「多様な学びの場」の必要性を認める側までもが，特別支援教育の現状に批判的なまなざしを向けるのは一体なぜなのか。その理由の1つにあげられるのは，通常の学校や学級から排除された末に特別支援学校や特別支援学級へとたどり着く子が少なからず存在するという問題である。たとえば清水（2011）は，インクルーシブ教育を推進するに足る十分な財政措置が講じられていないことや競争的な学力向上政策が推し進められていることにもふれながら，「特別支援学校の過密化等は，特別ニーズ児の通常教育からの排除が強まり，“共生の学校文化”が後退しているという側面をもつと理解するのが妥当」（9頁）だと指摘する。実際に，神奈川県で養護学校長などを務めた鈴木（2010）によれば，障害者手帳を持たない児童生徒が特別支援学校に就学・進学するケースが増加しており，とくに高等部においてこの傾向が著しいという。

2013年には学校教育法施行令が一部改正となり，就学基準に該当する障害のある子どもは原則として特別支援学校に就学するという仕組みから，障害の状態，保護者・専門家の意見，学校・地域の状況などをふまえた総合的な観点により個々の児童生徒の就学先を決定する仕組みへと改められた。これにより，就学先を最終的に決定する権限は教育委員会に残されたものの，保護者が望めば通常の学級をより選択しやすくなるはずであった。しかし，保護者の立場からすると，通常の学級で周囲の子どもたちとトラブルなく過ごすことができるかという点に不安を覚えざるをえず，やむなく特別支援学校や特別支援学級を選択するケースもみられるという（武井，2014a）。障害のある子どもが安心して過ごせる場となるよう，通常の学校や学級のあり方を変革することが不可欠だといえるだろう。

(2) 教育経営学としての研究課題

以上のように，特殊教育から特別支援教育への転換が図られて以降，特別支援学校や特別支援学級に在籍する，あるいは通級による指導を利用する子どもの数が急増し，教育環境の悪化や専門性を有した教員の不足といった問題が生じていること，その背景として，通常の学校や学級が障害のある子どもにとって必ずしも安心して過ごせる場になっていないという問題を認識しなければならないことが明らかとなった。それでは，これらの問題を解決するため，教育経営学としてどのような研究に取り組んでいく必要があるのか。ここでは，他領域の研究動向にもふれながら，大きく2つの課題をあげることとする。

① 排除に抗する学校づくりと学級づくり

第一に，障害のある子どもを排除しない学校づくりや学級づくりの方途を明らかにすることである。雪丸（2016）によれば，かつて文部省に設置された特殊教育総合研究調査協力者会議は，障害の種類や程度に応じた多様な学びの場を整備することの重要性とともに，障害のある子どもと障害のない子どもがともに学べるよう通常の教育を変化させていく必要があることを，1969年に出した報告のなかで提起していた。しかし，その後の答申や報告では，後者の「通常の教育が変わり，生活を共にするとの問題意識は矮小化され，交流や共同学習の推進に落とし込まれた」経緯があるという（29頁）。仮に，障害の種類や程度に応じた多様な学びの場を整備するという方針がこれまで一定の成果をあげてきたと評価するのだとしても，「インクルーシブ教育」が議論となっている今こそ，障害のある子どもが安心して過ごせる学校や学級のあり方を追求しなければならない。

では，障害のある子どもと障害のない子どもが通常の学級でともに学ぶために何が必要となるのか。その方策の１つとして考えられるのが，複数の教員で指導ができる体制をつくる，ないしは教員以外のスタッフの手を借りるというものであろう。とりわけ後者については，食事や排泄，車椅子での教室移動など日常生活上の介助を担ったり，発達障害の児童生徒に対する学習支援を行ったりする「特別支援教育支援員」の配置が 2007 年から全国で進み，2011 年には小・中学校だけで３万 6512 人が活動するまでになった[5)]。新井（2007）や藤堂編著（2010）では，インクルーシブ教育の推進とあわせて LSA（Learning Suort Assistant）を配置したイギリスの事例や，NPO と連携しながら「学習支援員」の配置を行う東京都港区の事例について，特別支援教育支援員の養成・研修の体系化という課題とともに紹介がなされている。

しかし，複数の教員で指導にあたったり教員以外のスタッフの手を借りたりすれば，障害のある子どもが安心して過ごせる学級をつくれるというほど，問題は単純ではない。日本の学校は，多少の個人差はあるとしてもほとんどの子どもは学級の一斉指導や集団活動に参加できるはずだという「同質性の前提」（恒吉，1995）を共有する傾向にあるため，障害に由来する差異が否定的に価値づけられやすい環境にある。まして特別支援教育支援員が障害のある子どもにだけ例外的な措置を講じるとすれば，周囲の子どもたちから反発の声が上がりかねない。実際に，堀家（2002）や武井（2014b）は，教員以外のスタッフによる介入が障害のある子どもに付与されるスティグマを維持・強化する危険性もあることを，事例分析から明らかにしている。通常の学級における指導体制を手厚くするのは確かに重要なのだが，それだけで障害のある子どもを包摂することが可能となるわけではない。

ここで必要となるのが，教育経営学の研究で得られる知見ではないだろうか。2015 年 12 月に中教審より出された「チームとしての学校の在り方と今後の改善方策について（答申）」では，教員とチームを組む「多様な職種の専門性を有するスタッフ」の具体例として，特別支援教育支援員や言語聴覚士，作業療法士，理学療法士などの名前があがっている。障害のある子どもを排除しない学校づくりや学級づくりを行うため，教員がこれらのスタッフとどのような「チーム」を築くべきなのか。とりわけ，障害に由来する差異を否定的に価値づけてしまう文化が校内にあるのだとしたら，それを「チーム」としていかに変革していくのか[6)]。障害のある／ないにかかわらずすべての子どもが安心して過ごせる環境を整えるため，多職種によって構成される学校組織のマネジメントについて分析を進めることが求められよう。

② 専門性を有した教員の不足への対応

障害のある子どもに対する教育の充実に向けて，教育経営学として取り組むべきもう1つの課題としてあげられるのが，専門性を有した教員の不足に組織として対応するための方途を明らかにすることである。「共生社会の形成に向けたインクルーシブ教育システム構築のための特別支援教育の推進（報告）」では，現職教員に対して免許法認定講習の受講促進を図るのと並行して，「学校全体としての専門性を確保していくことが必要である」という指摘がなされた。むろん「学校全体としての専門性を確保」するために外部の人材を活用することも重要ではあるのだが，特殊教育学や特別ニーズ教育学といった分野では，教員同士の組織的な取り組みを拡充させるべく大きく2つの観点から調査・研究が進められてきた。

1つは，特別支援教育コーディネーターの活用策を探るものである。たとえば，佐藤・八幡（2006）は個別指導計画の作成にコーディネーターが介在することで校内の連携・支援体制が強化されることを，宮木・木舩（2014）はコーディネーターからの働きかけを受けることにより学級担任の特別支援教育に対する理解が深まることを明らかにしている。もう1つは，センター的機能を備えた特別支援学校が果たしうる役割を探るものである（たとえば田中・奥住，2012）。この点については文部科学省も「特別支援学校のセンター的機能の取組に関する状況調査」を継続的に実施しているが，2015年の調査結果をみると「地域の相談ニーズへ応えるための人材を校内で確保すること」に課題を認識する特別支援学校が多いことがわかる。また，「地域の教育資源（幼，小，中，高，特別支援学校，特別支援学級，通級指導教室等）のネットワークが構築されている」と答える割合は，公立の場合でも7割に届かない状況にある[7)]。

これらの調査・研究が関心を寄せるテーマというのはいずれも教育経営学で以前から検討が加えられてきた課題と密接にかかわるものではないだろうか。特別支援教育コーディネーターの効果的な活用策を探ろうとすれば，学校という1つの組織における教員間のコミュニケーションの問題，あるいは，教員の研修や力量形成の中核を担うミドル・リーダーの役割をめぐる議論を無視することはできない。また，特別支援学校のセンター的機能のあり方を考察する際には，学校種を越えた人事や情報のマネジメントをどのように成り立たせるのかという視点をもつことが不可欠となる。専門性を有した教員の不足に組織として対応するための方途を教育経営学の立場から明らかにすることは，障害のある子どもが安心して過ごせる環境を築くことにも寄与するだろう。

（武井哲郎）

注

1)「特別支援教育に関する調査結果について（平成27年度）」http://www.mext.go.jp/a_menu/shotou/tokubetu/material/1370505.htm（2017年3月31日確認；以下，同じ）。

2) 特別支援学校については幼稚部・小学部・中学部・高等部の，特別支援学級と通級による指導については小学校・中学校の合計である。

3) http://www8.cao.go.jp/shougai/suishin/kaikaku/pdf/iken1-1.pdf.

4)「共生社会の形成に向けたインクルーシブ教育システム構築のための特別支援教育の推進（報告）」より。なお，この間の議論については渡部編著（2012）に詳しい。

5) http://www.mext.go.jp/b_menu/shingi/chukyo/chukyo3/044/attach/1320685.htm.

6) 教員以外のスタッフがこれまでより学校や学級にかかわる体制がつくられたとしても，障害に由来する差異を否定的に価値づける文化の変革が約束されるわけではない。「教職とは異なる専門性を持つ者として，学校に対し客観的に物が言える存在であったほうがよい場合でも，学校組織に位置づけられることでその有効性が奪わしてしまう可能性」（横山，2016，22頁）は確かに存在する。特別支援教育支援員，言語聴覚士，作業療法士，理学療法士といったスタッフが「学校に対し客観的に物が言える存在」となりうるのか，注視する必要があるといえるだろう。

7) http://www.mext.go.jp/a_menu/shotou/tokubetu/material/1375326.htm.

文献・参考資料

新井英靖「英国の学習支援アシスタントの発展過程に関する研究」『発達障害研究』第29巻第4号，2007年，280-288頁

片山紀子「社会変動と子どもをめぐる課題」『日本教育経営学会紀要』第55号，第一法規，2013年，14-26頁

河合隆平「特別支援学校における教育要求の組織化とその今日的課題」『障害者問題研究』第44巻1号，2016年，2-9頁

佐藤公子・八幡ゆかり「校内の連携・支援体制づくりを目指すコーディネーターの役割―個別の指導計画の作成と実践をとおして」『特殊教育学研究』44 (1)，2006年，55-65頁

清水貞夫「特別支援教育制度からインクルーシブ教育の制度へ」『障害者問題研究』第39巻第1号，2011年，2-11頁

鈴木文治『排除する学校―特別支援学校の児童生徒の急増が意味するもの』明石書店，2010年

武井哲郎「特別支援教育における『親の会』の役割と限界―親と子の関係性に着目して」『人間発達研究所紀要』第27号，2014年a，2-14頁

――「特別支援教育支援員の存在が障害のある子どもに及ぼす両義的機能」『SNEジャーナル』第20巻第1号，2014年b，118-130頁

――「養護学校義務制をめぐる運動と論争」中村隆一・渡部昭男編著『人間発達研究の創出と展開―田中昌人・田中杉恵の仕事をとおして歴史をつなぐ』群青社，2016年，184-195頁

田中雅子・奥住秀之「特別支援学校のセンター的機能の活用における小学校と中学校の差異」『SNEジャーナル』第18巻第1号，2012年，109-122頁

恒吉僚子「教室の中の社会―日本の学校文化とニューカマーの子どもたち」佐藤学編『教室という場所』国土社，1995年，185-214頁

藤堂栄子編著『学習支援員のいる教室―通常の学級でナチュラルサポートを』ぶどう社，2010年

堀家由妃代「小学校における統合教育実践のエスノグラフィー」『東京大学大学院教育学研究科紀要』第42巻，2002年，337-348頁

宮木秀雄・木舩憲幸「特別支援教育コーディネーターからの支援による学級担任の特別支援教育に対する意識の変容プロセス」『特殊教育学研究』52 (1)，2014年，13-24頁

雪丸武彦「戦後日本の障害児就学をめぐる政策過程（2）―障害児教育をめぐる文部省，民間団体の思想の検討」『教育経営学研究紀要』第14号，2011年，5-13頁

――「共生時代における障害のある者と障害のない者の『教育機会の均等』―就学制度の変更と課題」『教育制度学研究』第23号，2016年，20-38頁

横山剛士「多職種構成による学校組織開発の論点―近年の学校経営研究および教育政策における組織間の比較分析」『学校経営研究』第41巻，2016年，18-25頁

渡部昭男編著『日本型インクルーシブ教育システムへの道―中教審報告のインパクト』三学出版，2012年

第3章　教育課程と学力にかかわる教育経営

1．教育課程と学力をめぐる諸相

(1) 資質・能力を基盤とする教育課程―「生きる力」という学力

2017（平成29）年3月末，次期幼稚園教育要領，および小学校，中学校の学習指導要領が告示された。特別支援学校，および高等学校もあとに続いた。2014（平成26）年11月，下村文部科学大臣（当時）の諮問に始まる学習指導要領改訂をめぐる動きは，「論点整理」(2015年8月)，「審議のまとめ」(2016年8月)，「答申」(2016年12月）を経て，実施に向けての段階に進むことになった。

この学習指導要領は，「社会に開かれた教育課程」を理念とし，「主体的・対話的で深い学び」の実現（「アクティブ・ラーニング」の視点）および「カリキュラム・マネジメント」などの手法をもって実現をめざすとし，ねらうところは内容（コンテンツ）を基盤とする教育課程から資質・能力（コンピテンシー）を基盤とする教育課程への転換にあるとされた。それは，「生きる力」を掲げて学習指導要領の改訂を重ねてきた一連の歩みの到達点として捉えられる。

「生きる力」について，学習指導要領改訂の文脈で登場するのは，1996（平成8）年の中央教育審議会（以下，中教審）の答申であり，その前史として「自己教育力」があり，「新しい学力観」が育成をめざす学力として打ち出されていた。

この「新しい学力観」を生み出すきっかけとなった1987（昭和62）年の教育課程審議会答申は，「教育課程の基準の改善のねらい」の(2)に次のように記した。

「これからの学校教育は，生涯学習の基礎を培うものとして，自ら学ぶ意欲と社会の変化に主体的に対応できる能力の育成を重視する必要がある。そのためには，児童生徒の発達段階に応じて必要な知識や技能を身に付けさせることを通して，思考力・判断力・表現力などの能力の育成を学校教育の基本に据えなければならない。(中略）また，生涯にわたる学習の基礎を培うという観点に立って，自ら学ぶ目標を定め，何をどのように学ぶかという主体的な学習の仕方を身に付けさせるように配慮する必要がある。」

今日に連なる学力観や育成すべき資質・能力が，このような経過を経て提起されていることを捉えておきたい。

そのうえで，これらを引き継いだのが「生きる力」であり，1996（平成8）年7月19日，中教審「21世紀を展望した我が国の教育の在り方について（第一次答申）」が結節点となる。ちなみに，この答申は，「ゆとり」のなかで「生きる力」を育むとして，完全学校週5日制の導入と教育内容の厳選を提言している。

「答申」は，「いかに社会が変化しようと，自分で課題を見つけ，自ら学び，自ら考え，主体的に判断し，行動し，よりよく問題を解決する資質や能力」「自らを律ししつつ，他人とともに協調し，他人を思いやる心や感動する心など，豊かな人間性」「たくましく生きるための健康や体力」などをあげ，これら資質や能力を「生きる力」と称するとした。

しかし，この方針のもとに総合的な学習の時間の創設などを盛り込んだ平成10年版学習指導要領は，ほどなくして軌道修正を迫られることになる。

それを動かしたのが，学力の低下についての関心の高まりであり，"ピサ型読解力"とか，"リーディングリテラシー"とか当時としては耳慣れない用語が，しかも，それが国際的にみて低下していると報じられ，"PISAショック"ともいうべき動揺が広がりをみせた。すなわち，2004（平成16）年末，OECDによる「生徒の学習到達度調査」の2003年の調査結果について，わが国の子どもたちの学力に低下傾向が認められるとの報道がなされて，国民の目は教科書と重ね合わせて1998（平成10）年告示の学習指導要領（以下，平成10年版学習指導要領）にも向けられることになった。

その結果，「生きる力」は見直しを迫られることになった。すなわち，「生きる力」とは何かについて精緻化・構造化をはかり，学習指導要領の理念として位置づけ，その実現の手立てについて見直しがなされることになった。改訂の基本的な方向を示した「答申」は，「『生きる力』は，その内容のみならず，社会において子どもたちに必要となる力をまず明確にし，そこから教育の在り方を改善するという考え方において，この主要能力（キーコンピテンシー）という考え方を先取りしていたと言ってもよい」と，その意義の再確認を行っている。

このような見直しを経て，2008（平成20）年告示の学習指導要領（以下，平成20年版学習指導要領）を説明する文部科学省作成のパンフレットは，「『理念』

は変わりません 『学習指導要領』が変わります」という文言を表紙に記した。「生きる力」という理念に学習指導要領を立脚させ，その実現のために各教科等の授業時数や教育内容の増加を図るというのが，改訂の方向性であった。

その改訂の方向性を示した「答申」は，平成10年版学習指導要領について，総合的な学習の時間において教科等を横断した課題解決的な学習や探究活動への発展をめざしたにもかかわらず，教科等と総合的な学習の時間とのつながりは乏しく，学校の教育活動全体で思考力・判断力・表現力等の育成にまでは十分に至らなかったと指摘するのであった。

結果として，この指摘は，2017（平成29）年の改訂にさらに引き継がれることになった。理念としての資質・能力を掲げつつ，その一方，各教科等は従来からの内容をもって組織した平成20年版学習指導要領は，好循環を生み出すまでには至らず，さらに次の改訂に課題を引き継いだということである。すなわち，「生きる力」と各教科等との結びつきが乏しかったり，あるいは，「生きる力」の各教科等への浸透が十分でなかったりと，この解消を図ることが，2017（平成29）年告示の学習指導要領（以下，平成29年版学習指導要領）に向けて改訂の最大のテーマとなったわけである。

その意味で，このたびの改訂は，平成20年版学習指導要領の足りないところ，積み残したところを補うねらいも多分に含み込んだものということになる。実際，平成29年版学習指導要領が求める教育内容に関する改善事項を読むほどに，平成20年版学習指導要領を引き継ぐものが多いことに気づく。それは，「生きる力」という資質・能力から各教科等に接近をはかることを通して，これまでの不十分さを補い次への発展をめざす取り組みであった。

いずれにしても，「生きる力」は，リテラシーとか，コンピテンシーと称される資質・能力などとの出会いを経ることによって，また，グローバル化の波を受けることによって次第に精緻化され，このたびの学習指導要領改訂にあたって，内容を基盤とする教育課程から資質・能力を基盤とする教育課程への転換を果たす「主役の座」へと位置づくことになった。さらにいうならば，20世紀末から21世紀初頭にかけての流れのなかで，イデオロギーによる，あるいは，

「ゆとり」か「充実」かといった不毛な二項対立の世界から，学習指導要領を解き放ち，新たな世界を拓くことに貢献したといえよう。

(2) 学力調査の実施

一方，平成29年版学習指導要領の告示から日を置かずして，2017（平成29）年4月18日，文部科学省による全国学力・学習状況調査が実施されている。2007（平成19）年に43年ぶりに再開されて以来，通算10回目のこととなる。このたびの実施にあたり，文部科学省は，①都道府県に加え政令指定都市ごとに結果を公表，②平均正答率を四捨五入して整数値に，③小中学校間で成績の情報を共有できる，④大学研究者らにデータの提供を可能に，などの点をあげている。

このように，全国学力・学習状況調査をめぐり実施の回を重ねるにしたがって，学習指導要領の普及・定着に対して存在感を増しつつある。すなわち，「学力調査」の結果の公表は，都道府県の教育課程行政に，また，いわゆる「A問題」「B問題」の開発は，学校現場の授業に大きな影響を与えることになった。とりわけ，学習指導要領の趣旨や理念，めざす方向，育てたい資質・能力などを問題としてかたちにした「A問題」「B問題」の開発は，国が求める学力を学校や授業者に具体的に伝える役割を果たすなど，学習指導要領と学校における授業との関係について，新たなあり方を提起するものとなっている。

「生きる力」は，学習指導要領から各学校の教育課程や教科書となり授業を通して具体化される。その授業までの抽象から具体へのプロセスを，授業者は読み取り，授業に起こしていくわけであって，長年，この道筋にそって計画を組み立て，展開を図ってきた。

それに対して，「A問題」「B問題」による「学力調査」の実施は，授業の実施までのプロセスにフィードバックという回路を示したということになる。あるいは，試験問題およびその結果からの授業への振り返りという回路を新たに授業者に提示し，授業改善に学習評価を生かす視点や手立てを問いかけることになった。

このような「学力調査」および学習指導要領がサイクル化していく過程を通

して，これまでの教育課程の編成・実施・評価に至る一連のサイクルについて，見直しを迫ることになった。すなわち，結果のフィードバックという観点から，学校評価やカリキュラム・マネジメントのあり方が問われることになった。それはまた，学校にとって，カリキュラム・マネジメントの改善に生かす観点から，いかに「学力調査」を活用していくか，そのあり方が問われことになった。

(3) 学習指導要領改訂とともに動き出す諸々のシステム

ところで，学習指導要領改訂とともに，趣旨の徹底をねらいとした各種研修会の開催など，その普及・定着を支える諸々のシステムも動き出すことになる。

また，教職員定数の改善をはじめ，教育課程の編成，授業への具体化などを支援する諸々のシステムが設けられており，その指針や基準の見直しや充足をはかることを通して学習指導要領改訂にかかわる条件整備が進められる。

それは，教材・教具・施設・設備の整備ともいわれ，教材面については，代表的なものとして，教科書検定，採択・供給，使用開始と３年サイクルのシステムが設けられていることはよく知られている。

一方，教材・教具の整備については，「教材基準」「標準教材品目」の制定などを経て，「教材整備指針」が取りまとめられており，2012（平成24）年度より，教材・教具の安定的かつ計画的な整備という観点から，「義務教育諸学校における新たな教材整備計画」のもとに進められている。

さらに，学校施設・設備についてその整備をはかるために，学校施設の計画・設計上の留意事項を示した「学校整備施設整備指針」がある。安全で豊かな施設環境を確保する観点から，折々に指針の改正がなされており，このたびの学習指導要領改訂への対応として見直しが進められている。

2017（平成29）年２月に発足した学校施設の在り方に関する調査研究協力者会議は，学習指導要領改訂をはじめ社会の変化に対応するために学校施設整備指針の策定などについて調査研究を行うとした。ちなみに，学習指導要領改訂への対応として，次のような論点を示した。

・「主体的・対話的で深い学び」を実現していくための学習環境。

・「チームとしての学校」を実現していくための職員室を含む管理諸室。

・学校と地域の連携・協働の取り組みが進むなかで施設面において配慮すべきこと。
・インクルーシブ教育システムの構築に向けて施設面において配慮すべきこと。
・ICT を活用できる環境を進めていくうえで施設面において配慮すべきこと。

(4)「デジタル教科書」と ICT 化への対応

さらに，これら学習環境の整備をめぐり，ICT 化，デジタル化への対応を図る動きが重なる。象徴的な動きとしてデジタル教科書の検討がある。「『デジタル教科書』の位置付けに関する検討会議　最終まとめ」(平成 28 年 12 月) をめぐる一連の動きをおさえておきたい。

2015 (平成 27) 年 5 月，教育再生実行会議第 7 次提言には，教科書のデジタル化の推進に向けて専門的な検討を行い結論を得るとある。また，同年 6 月，閣議決定された日本再興戦略においても，「デジタル教科書」の位置づけおよびこれに関連する教科書制度のあり方について専門的な検討を行うとされた。

これを受けて，「デジタル教科書」の位置づけに関する検討会議を組織し，2015 (平成 27) 年 5 月，審議を開催し，「最終まとめ」(平成 28 年 12 月) では，その導入について，「新たな学びや学習ニーズに対応していくために重要な意味を持つものである」と捉える一方，教育現場に円滑に根付かせるには，「理解促進を図ることが必要」とした。

このような「デジタル教科書」に象徴される教育の情報化の推進をめぐる動きとして，文部科学省は，2011 (平成 23) 年 4 月 28 日，「教育の情報化ビジョン— 21 世紀にふさわしい学びと学校の創造を目指して—」を公表，学びのイノベーション事業を進めている。

その一方，2016 (平成 28) 年 7 月 29 日，「2020 年代に向けた教育の情報化に関する懇談会」の最終まとめをもとに，「教育の情報化加速化プラン～ ICT を活用した『次世代の学校・地域』の創生～」を策定，2020 年代に向けた教育の情報化に向けて今後の対応方策を取りまとめたとする。

さらに，2016 (平成 28) 年 11 月，学校における ICT 環境整備のあり方に関する有識者会議を発足させ，学習指導要領の実現に向けて必要なICT整備の整理，および地方公共団体のICT環境整備計画の策定促進をねらい，新たな「国の整備目標」のもととなる「教育ICT教材整備指針」の策定をめざすとした。

(5) 学校を動かす2つのライン

学校には，日常を動かすにあたり2つのラインが存在する[1]。1つは，学校教育目標→学年教育目標（学年経営案）→学級目標（学級経営案）というラインである。もう1つが，学習指導要領→教科書（指導書）→授業というラインである。問われるのは，この2つのラインの関係であり，交わり具合であり，そのカギを握るのが教育課程のマネジメントということになる。

さらに，問われなければならないのが，これまでみてきた諸々の条件整備の営みが，この学校の動きとどう絡み合っているかということである。

確かに，改訂を支えるシステムの整備も進められてきた。しかし，これまでの改訂を振り返ってみるならば，教育内容や指導方法の改善をはかることと学校の組織や運営の仕方を変えることが，必ずしも十分にかみ合ってきたとはいえない。別の言い方をするならば，これまでの条件整備の営みが，どこまで学校の組織や運営についての理解の上になされてきたものであったか。あるいは，これら諸々の条件整備システムが，組織運営と融合しながら学校を動かしてきたか。改めて，学習指導要領改訂のもとに進められようとしている物的・人的な整備について，ICT環境の整備も含め，学校の組織の営みにどこまで寄り添ったものであるかが問われなければならない。

2. 学習指導要領改訂と学校組織の改善

(1) 内容・方法を見直すことと組織を変えること

ところで，1998年の中教審答申の一節には，「これからの学校は，［生きる力］を育成するという基本的な観点を重視した学校に変わっていく必要がある」とある。「生きる力」を掲げて改訂を重ねた経過は，文字どおり教育課程のあり方を探る歩みであった。しかし，それは，教育課程にとどまらず，「新しい学校観の確立」「新しい学校像」の構築をも求めており，学校の組織やマネジメントの見直しに連なるものであった。すなわち，学習指導要領の改訂が，教育課程の編成・実施・評価をめぐる基準の見直しにとどまらず，学校の組織や仕組み，それに運営について再検討を迫ったものとして，「答申」は改訂の歴史において1つの時代を画するものであった。

反面，学習指導要領改訂を振り返ってみたとき，教育課程をめぐる教育内容を中心とした見直しの動きと，組織運営の改善とは必ずしも連動してこなかったことも少なくなかった。あるいは，新しい教育内容や教育方法の改善も組織の現状に阻まれるなど，学習指導要領の改訂に際して両者の間に反発しあう力学が働くことも珍しいことではなく，学校の組織が変革を促すエネルギーを吸収する方向で働くことも少なくなかった。その意味で，学習指導要領改訂の歩みを学校組織の改善の視点から，そのダイナミクスを明らかにすることもまた，教育経営学の立場から見落とすことのできない課題ということになる。

(2) "教師の協力的な指導" をめぐって

そこで，学習指導要領と学校組織の改善との関係がどのようであったか。その一端を探るにあたって，1つの素材を提供しているのが，総則に位置づけられてきた教師の協力的な指導や指導体制に関する配慮事項である。しばらく，その経過を追ってみたい。

まずは，1960～70年代にかけて，学級担任制をとる小学校高学年に一部教科担任制を取り入れる，あるいは，ティーム・ティーチングの導入をはかる動きが広まりをみせた。その動きに連動していたのが，1968（昭和43）年7月11日に告示され小学校学習指導要領であり，いわゆる配慮事項（7項目）の1つとして，「指導の効率を高めるため，教師の特性を生かすとともに，教師の協力的な指導がなされるようにくふうすること」が盛り込まれている。

しかし，1977（昭和52）年7月23日告示の小学校学習指導要領総則は，スリム化のもとに配慮事項を4項目に絞り，指導体制にかかわる事項を削除した。

再度，回復がはかられるのは，1989（平成元）年3月5日に告示された小学校学習指導要領である。総則には10の配慮事項があげられ，そのうち協力的な指導にかかわる事項が次のように盛り込まれた。

「学習の実態等に応じ，教師の特性を生かしたり，教師の協力的な指導を行ったりするなど指導体制の工夫改善に努めること。」

つづく，平成10年版小学校学習指導要領は配慮事項を11とし，教師の協力的な指導に関する事項については次のとおりである。

「各教科等の指導に当たっては，児童が学習内容を確実に身に付けることができるよう，学校や児童の実態に応じ，個別指導やグループ別指導，繰り返し指導，教師の協力的な指導など指導方法や指導体制を工夫改善し，個に応じた指導の充実を図ること。」

しかも，2003（平成15）年12月26日の一部改正において，同事項は，「各教科等の指導に当たっては，児童が学習内容を確実に身に付けることができるよう，学校や児童の実態に応じ，個別指導やグループ別指導，繰り返し指導，学習内容の習熟の程度に応じた指導，児童の興味・関心等に応じた課題学習，補充的な学習や発展的な学習などの学習活動を取り入れた指導，教師の協力的な指導など指導方法や指導体制を工夫改善し，個に応じた指導の充実を図ること」とあるように，下線部（筆者）が書き加えられた。

さらに，この教師の協力的な指導に関する事項は，平成20年版小学校学習指導要領総則に修正されることなく引き継がれた。

そして，平成29年版小学校学習指導要領は，従来のスタイルによる配慮事項を撤廃し，教師間の協働をカリキュラム・マネジメントの定義のなかに取り入れ，さらに，チーム学校の精神を学校運営の工夫のなかに位置づけた。

このような教師の協力的な指導にかかわる配慮事項の変遷をみてみると，初期の段階においては組織の改善という志向性を有していたものの，改訂を重ねるなかで，そのベクトルは指導形態や指導方法の工夫・改善に向かっていることが捉えられる。別の言い方をするならば，教師の協力的な指導の求めは，組織の見直しから，指導内容を確実に身につけさせる観点から，指導方法の工夫や指導形態の留意へと，その方向性をシフトさせ，特化させていったということである。

その意味で，総則の抜本的な見直し，教師の協働からカリキュラム・マネジメントが説かれたこのたびの改訂は，指導方法に傾斜した方向性を組織の改善へと軌道修正を図ったものと捉えられ，教育経営学の立場から，学習指導要領改訂と学校組織の改善にかかわる課題を捉え直すきっかけになるものと捉えられる。

3. カリキュラムの教育経営学への展望

ところで，日本教育経営学会では，学会の取り組みとして二度の記念出版を刊行している。その1つが，「講座　日本の教育経営」(全10巻) であり，そのなかに『教育経営と教育課程の編成・実施』(第4巻，宇留田敬一・奥田真丈・児島邦宏編著，1987年) がある[2)]。

「まえがき」には，「教育課程は学校教育の中核に位置するものであり，それは適切な学校経営によって支えられている」とあり，また，「学校経営のサイドからいうならば，最も適切な教育課程を編成し実施しうるような経営をしなければならないことはいうまでもない」とある。そのうえで，「本書は，教育課程の編成と実施の全面にわたって現行諸制度に則って正しい解説をするとともに，問題点も明らかにし，その解決に対して建設的な見解を述べるようにした」とある。

この書が刊行されてからの時間的な経過からしても，これを越える後継のものが著されても不思議はない。しかし，まとまったかたちをみることなく今日に至っていることは，この分野の研究的・学問的な停滞を示すものといっても過言でない。改めて，この間の経過を振り返ってみるならば，この分野の専門分化というよりも分散というべき状況が進行していたと指摘でき，改めて，カリキュラムの教育経営学をめざす立場から，ネットワークの形成を含め求心力を取り戻すことが問われているといえよう。すなわち，次にあげるような，カリキュラムの教育経営学の構築が急がれるところである。

まずは，学習指導要領についての歴史や内容をはじめ，それを生み出す制度や法規，教育行政や学校経営などをめぐるダイナミックスなどについて多くの研究的エネルギーを注ぎ，主要な領域を構成する。学習指導要領のコンセプトがいかに構築され，それが，どのように学校に伝えられ実践に展開されるか，その普及・定着や受容にかかわるメカニズムの解明も主要なテーマの１つである。すなわち，学習指導要領改訂に伴う主要なコンセプトを学校がどのように主体的・自律的に受け取るか。そこに学習指導要領改訂の成否が懸かっていると捉えられ，その究明は，カリキュラムの教育経営学が取り組むべき中心的な課題ということになる。しかも，それは，“法令解説の学”を乗り越え，“実証をもとにした分析と解釈による学”としての内実が問われることになる。

また，カリキュラムの開発もカリキュラムの教育経営学の柱となり，研究開発学校やスーパーサイエンスハイスクールなどにおける教科などの再編や新教科・領域の開発などカリキュラムの開発に関心を注ぐことになる。これら開発への知見の提供をはじめ，カリキュラム開発に関するメカニズムの解明をめぐって，その多くをカリキュラムの教育経営学は引き受けることになる。

さらに，教科等への接近もカリキュラムの教育経営学において重要な領域を形成する。教科等は，それぞれ自らの固有性を主張しつつ，互いの関係を形成することを通して教育課程として編成される。この教科等と教育課程の編成にかかわる一連の過程の解析と知見の蓄積と提供に貢献することが求められることになる。

いずれにしても，カリキュラムの教育経営学は，教育内容・教育方法・教育行政・学校経営・社会教育などを基礎として，その相互の往還と一体的把握をもって構成される。

さらに，それぞれの領域において得られた知見を応用・発展させ，教育実践に寄与することにカリキュラムの教育経営学はある。その意味で，カリキュラムの教育経営学は臨床としての教育現場を重視し，研究と実践の往還をはかることに関心を注ぎ，その研究方法論の開発に努力することがめざす方向とされる。

なお，カリキュラムの教育経営学は，教育課程の編成に関する専門的な知見に加え，学校制度全般について専門的な知見を有する大学教員の養成をめざす

ねらいも含まれていることを確認しておきたい。（天笠 茂）

注

1) 天笠茂『カリキュラムを基盤とする学校経営』ぎょうせい，2013年，58頁。

2) 講座全10巻の構成は，次のとおりである。①現代日本の教育課題と教育経営，②教育経営と教育行政，③教育経営と学校の組織・運営，④教育経営と教育課程の編成・実施，⑤教育経営と教職員，⑥教育経営と指導者の役割，⑦地域教育経営の展開，⑧教育経営の国際的動向，⑨教育経営研究の軌跡と展望，⑩教育経営ハンドブック。ちなみに，第4巻『教育経営と教育課程の編成・実施』（宇留田敬一・奥田真丈・児島邦宏編著）についての章立てと執筆者は次のとおりである。第1章：教育課程の法制と行政（熱海則夫），第2章：学校経営計画と教育課程編成（児島邦宏），第3章：教育課程の展開と運営（宇留田敬一・天笠茂），第4章：学校教育組織の編成と運営（岩崎三郎・堀内孜），第5章：学校教育環境の準備と活用（沢井昭男・小池栄一・平沢茂），第6章：教育課程経営と教職員の役割（西穣司），第7章：教育課程の研究開発と研修（有園格），第8章：教育課程の評価と学校の改善（原実），付章：臨時教育審議会の最終答申について（奥田真丈）。

3) 前掲書，3頁。

4) 前掲書，3-4頁。

5) 前掲書，4頁。

第4章　教職員の成長と組織の健康にかかわる教育経営

1．教職員の職能発達―人事評価，免許更新制度を中心に―

本節では，教員の職能発達に深くかかわる人事評価や免許更新に関する諸制度の導入経緯や背景を整理したうえで，筆者の研究知見に依拠しつつ，それら制度の態様を明らかにし，併せて内包する諸課題を析出することを目的としている。

(1) 人事評価，免許更新制度の導入をめぐる経緯と背景

現在，各地で実施されている新しい教職員人事評価制度は，東京都での取り組み（「教職員人事考課制度」）がその嚆矢とされる。東京都では，まず1986（昭和61）年から行政系一般職員に「自己申告制度」と「業績評価制度」が導入された。その後，1995（平成7）年度からは教育管理職へ同様の制度が導入され，ついに2000（平成12）年度より全公立学校教職員へもその対象が拡大され，本格実施に至ったのである。同制度では，従来から指摘されていた勤務評定制度の不備あるいは形骸化によって生じていた「人事管理や人材育成」上の諸問題，たとえば評定結果の客観性や評定精度への疑問，評定結果の非開示による育成的視点の欠落，評定結果の不十分な活用などを解決することが意図されていた。

一方，国のレベルでは，東京都の取り組みに後押しされるかたちで，小渕元首相の私的諮問機関として設けられた「教育改革国民会議」が2000年12月に「教師の意欲や努力が報われ評価される体制をつくること」を提言した。これを皮切りに2001（平成13）年の文部科学省「21世紀教育新生プラン」で「優秀な教員の表彰制度と特別昇給の実施」が，そして2002（平成14）年2月の中央教育審議会（以下，中教審）答申「今後の教員免許制度の在り方について」でも「信頼される学校づくりのために新しい教員評価システムの導入」が提言された。さらに，2002年6月の閣議決定「経済財政運営と構造改革に関する基本方針2002」でも「文部科学省は早期に新たな教員評価制度の導入を促進する。また，教員の一律処遇から，やる気と能力に応じた処遇をするシステムに転換する」ことが示された。このような一連の動向を背景に，文部科学省は，2003（平成15）年2月に「教員の評価システムの改善に関する実践的な調査研究」を各都道府県教育委員会および政令指定都市へ委嘱するに至り，前述の東京都の先

導的取り組みとこの国の動きを受けつつ，大阪，神奈川，広島，香川などの府県でも東京都と類似の教職員評価制度を創設・展開し，その後大半の道府県で同様な制度が実施されるようになった。このようにして各地で実施展開されてきた新しい教職員人事評価制度は，その後 2014（平成 26）年 5 月の地方公務員法の改正に伴い，2016（平成 28）年度からは国の法律に基づき遍くすべての自治体においてその実施が義務化されることになり，新たな局面を迎えることになったのである。

つぎに，教員の免許更新制度であるが，これについては，過去にも議論されたことがあった。しかし，今般の導入に関しては，やはり前述の 2000（平成 12）年 12 月に出された「教育改革国民会議報告―教育を変える 17 の提案―」で「免許更新制の可能性について検討する」と明示されたことから始まる。この提言を受けて，文部科学省は，2001（平成 13）年 4 月に中教審に「教員免許制度改革」などについての諮問を行い，同審議会は翌年 2 月にそれに対する答申（「今後の教員免許制度の在り方について」）を提示する。しかし，この答申では，教員免許更新制は「時期尚早であり，導入には慎重にならざるを得ない」として，結論を見送っていた。ところが，同答申が免許更新制そのものを完全否定していなかったこともあり，文部科学省は 2004（平成 16）年 10 月に改めて中教審に対して「今後の教員養成・免許制度の在り方について」諮問したのである。具体的には，「教員養成における専門職大学院の在り方について」と「教員免許制度の改革，とりわけ教員免許更新制の導入について」の 2 点であった。これを受けて，同審議会では教員養成部会を中心に免許更新制を検討し，2005（平成 17）年 12 月に中間報告を取りまとめ，その後の審議を経て，2006（平成 18）年 7 月の答申において「教員免許更新制の導入」が提言された。これに続いて，2007（平成 19）年 1 月には第 1 次安倍内閣の諮問機関であった教育再生会議の第 1 次報告「社会総がかりで教育再生を～公教育再生への第一歩～」，さらには同年 3 月の中教審答申「教育基本法の改正を受けて緊急に必要とされる教育制度の改正について」においても，教員免許更新制の導入が再度提言され，同制度の導入に弾みをつけることとなった。そして，同年 6 月に，教育職員免許法の改正を含む教育関連3法案が成立し,「指導が不適切な教員」に対する指導改善研修の義務化とともに，教員免許更新制度の導入も決定したのである。

以上，教職員の人事評価制度や免許更新制度の導入をめぐる経緯を通観してきたが，その背後には共通の潮流が存在してきたといえる。すなわち，1990年代以降の新自由主義的な社会改革政策のうねりのなかで，学校の組織責任にとどまらず，その構成員である教職員一人ひとりのアカウンタビリティ（結果責任）まで強く求める成果主義が台頭してきたことと，それに連動しつつ学校（教職員）への国民の根強い不信感を梃子にした保守政権の政治的思惑が強く働いていた結果，これらの施策が展開されてきたものであったといえよう。

(2) 人事評価制度の内容

では，そのような流れのなかで実施されてきた教職員の人事評価制度とはどのようなものであるのか，その中身について検討してみたい。

各自治体で導入されてきた教職員人事評価制度は，厳密にはそれぞれの自治体ごとに導入されてきた経緯もあり，まったく同一というわけではない。しかし，本節では，それらのなかからとくに共通部分を抽出してその基本的な枠組みを中心に整理する。加えて，必要に応じて特徴的あるいは例外的なケースについてもふれておきたい。なお，本節での分析は，筆者らが全国47都道府県を対象として行った調査研究（2011年）のデータに依拠している。

嚆矢となった東京都の制度にみられるように，教職員人事評価制度の最大の特徴は,「自己評価をベースとする目標管理」と「業績評価」の二本立てで評価がなされている点である。また，各自治体とも新しい教職員人事評価制度の目的に教職員個々の「能力開発」あるいは「人材育成」という視点を大きく打ち出している点も大きな特徴の1つであろう。むろん，前述のとおり，各自治体で異なる部分もあるために，すべての自治体が二本立て構造を有しているわけではない。しかし，筆者らの調査によると，二本立て構造を有しそれらを関連づけて運用している都道府県は34，構造は認められるものの明確な関連性が読み取れなかった都道府県が3，その他が10であり，多くの自治体で二本立て構造が確認できた。ただ，少数ではあるが，「自己評価」システムを導入していない自治体も看取されるとともに，例外的に「国の委嘱を受けて新しい教員評価制度の調査研究を行ったが，最終的には現行の勤務評定制度を堅持することとし，導入は見送った」と回答した自治体もあった。

これら二本立ての構造を有する自治体では，小さな差異はあるものの，おおよそ次のような評価手順が確認された。まず，年度当初に教職員一人ひとりが自己目標を設定し，評価者（管理職）との面談を通してそれを確定する。それを受け，評価者は授業観察をはじめ多元的な方法で被評価者の目標達成状況の把握に努める。さらに，年度中盤に目標の進捗状況を被評価者と評価者が面談を通して確認しあい，必要があれば修正を加える。その後も年度前半と同様に，評価者は被評価者の目標達成状況の把握に努めるとともに，年度末に両者で目標の達成状況を確認しあい，次年度目標設定のためのデータとする。また，評価者はこれら一連の評価作業をにらみながら，年度後半期に被評価者の業績評価を行う。

自己目標の設定に際して，多くの自治体では，学校（経営）目標やグループ目標（学年団，教科団などの）をふまえて設定するように求めており，「目標の連鎖」を意識させ，組織構成員としての自覚を促すとともに，学校の組織目標達成への貢献を強く期待している点も同制度の特徴の1つといえよう。

評価項目については，教諭の場合，評価項目の種類として，「学習（教科）指導」「生徒指導」「学級経営」の3分野における評価項目を設けている場合が一般的である。ただ，少数ではあるものの，これらの分野以外に「特別活動」に関する項目を設定している自治体が5つあった。また，12の自治体では「研究・研修への参加」が加えられており，研究や研修への主体的な取り組み（意欲や姿勢）を促している。さらに，2つの自治体では，評価項目を「必須項目（あるいは指定項目）」と「選択項目」に分けており，ある県では「A 学習指導，B 生徒指導・生活指導・学級経営，C 研究研修等」を「必須項目」とするものの，「D 進路指導，E 特別活動等，F 学校運営，G 保護者・地域との連携等」を「選択項目」に設定して，そのなかから1つを選択させるようにしている。一方，別の2つの自治体では，評価項目が「選択項目」のみで構成されており，ある自治体は「学級経営」「学年経営」「分掌経営」「学習指導」「生徒指導」「進路指導」「保健指導」「生徒会活動」「部活動」「研究・研修」の項目のなかから2つを選択するようになっていた。

また，自治体によって表現が多様ではあるが，評価の観点（着眼点，評価要素などと表現）は，「能力」「実績」「意欲」に関する3つを設定する11自治体とそれ以外の27自治体に大別された。前者に属するある自治体では，前述の評価項目については「実績」のみを，「実践的指導力」「企画力・計画力」「校務処理能力」については「能力」を，「責任感」「公正」「連携・協力」については「意欲」を評価の観点としていた。後者に属する自治体では，具体的な観点を明示していないが，ある自治体では，各評価項目の具体的目標やそれを達成するための具体的な方策を自由に設定でき，それらの具体目標の取組状況や成果などをふまえて，評価項目ごとに「S～D」の5段階評価を行っている。

つぎに，業績評価であるが，業績評価を行う時期（基準日）を2～3月に設定している自治体は23であり，最も多く，12～1月が10自治体，10～11月が6自治体あった。これらのなかで最も早い10月1日を基準日とする自治体が3つあった。業績評価における評価項目は，基本的に自己評価の際の評価項目とまったく同様か，それに若干プラスして項目を設定する場合があり，これらを合わせると29の自治体が該当した。たとえば，ある自治体では，「学校の状況や地域性を考慮した区分の項目設定も望ましい」とし，学校が独自に設定できる「学校設定区分」項目がある。さらに，業績評価における観点としては，「能力」「実績」「意欲」の3つを規定する自治体が28あり，最も多かった。

評価方法についてみてみると，授業観察などを通して評価する場合が主流であるが，そのなかで13の自治体では「観察評価シート」を活用していた。また，評価は絶対評価を用いるところが多いものの，5つの自治体では相対評価を併用しているところもある。その場合，相対評価は教育長が行うところと校長が行うところに二分された。

一般に評価者の数は，1次評価者・2次評価者の2名か，1次評価者のみのいずれかであるが，それら以外からの評価視点を考慮しているところも30自治体認められた。たとえば，主任クラスの意見を取り入れることを明示している自治体が3，保護者や児童生徒からの評価を評価結果へ活用することを視野に入れている自治体も多い。ただし，これらは，あくまで評価者として加えるということではなく，評価者が評価を行う際の考慮点として規定上明示しているにすぎず，その考慮の程度は不明である。前述のように2名の評価者で評価を行う場合，1次評価者が教頭または副校長，2次評価者が校長というケースが大半である。少数ではあるが，校長が1次評価者で教育長が2次評価者という場合もあった。また，例外的ではあるが，校長の1次評価を以て最終評価とするところもあった。さらに，2名の評価者体制の場合，両者がそれぞれ独立した立場から評価を行っている自治体が11ある一方で，両者で協議（2次評価者が1次評価者の評価結果や参考意見をもとに評価する場合を含み）している自治体が22確認された。校長のみの評価者体制の自治体の存在とも併せて考えると，やはり2次評価者である校長による評価にウエイトがおかれる傾向が強いのではないだろうか。

評価結果の開示については，評価結果を全教職員へ開示することを原則としている自治体が28，希望する教職員のみに開示している自治体が8であり，多くの自治体では開示している一方で，少数ではあるが，5つの自治体は非開示であった。原則非開示ではあるが，最終評価が劣位の場合にのみ開示する例外的な自治体もあったが，2つの自治体は完全非開示であり，能力開発や人材育成という観点からみた場合，おおいに疑問が残るところである。

評価結果の活用については，10の自治体で給与へ反映させているという結果であった。また，給与以外にも17の自治体で「研修への活用」が見受けられた。

給与への反映は全体としては少数であったものの，「国の公務員制度改革の動向を見ながら所轄自治体内での採用を検討する」との立場をとる自治体が数多くみられ，今後の動きが注目されるところである。

(3) 人事評価制度の課題

① 制度設計上の課題

前述のように，「能力開発」「人材育成」を主たる目的とした本制度であっても，制度自体が「公平性」「公正性」「透明性」「納得性」といった点を担保したシステムとして構築されないかぎり，その目的を達成することは困難である。その意味で，各自治体の評価制度はある程度これらの諸点を意識はしている。しかし，実際のところ，それらの性質を十分に具備した制度になっているかといえば，必ずしもそうとはいえない。たとえば，評価結果の開示についてみても，開示を行う自治体が増えつつあるものの，いまだに開示してこなかった自治体もある。評価結果が本人に伝わらない「不透明」な評価制度が果たして「能力開発」「人材育成」の制度であると標榜できるのか，理解に苦しむところである。ただし，開示に関しては，前述したとおり，地方公務員法の改正により，2016（平成28）年度からは遍くすべての自治体が同法規定に沿って制度の実施が義務化されることになったため，規定に基づきすべての自治体で評価結果が開示されることとなった。この点は一歩前進と評価できよう。いずれにせよ，地方公務員法の改正に伴い，各地の人事評価制度は，これまで以上に共通部分が多いシステムへと変容していることが予想されるので，変容の実相解明すなわち現行システムの分析は，今後の重要な検討課題として指摘しておきたい。

つぎに，評価は，絶対評価を基本としているものの，評価結果を給与などの処遇に結節させることになれば，各自治体の財政事情を考えると，最終的にその結果を相対評価に落とし込む作業が避けられないのではないか。事実，地方公務員法は「人事評価を任用，給与，分限その他の人事管理の基礎として活用すること」を規定している（第23条2項）し，「人事評価の結果に応じた措置を講じなければならない」（第23条の3）と命じており，この傾向は加速するのではないだろうか。ところが，その一方で，これまでの制度は，学校間の格差など，重要な諸点が十分に考慮対象とされているとは言いがたい。果たして「公平」といえるのであろうか，また，被評価者からの「納得性」が担保できるのであろうか。

さらに，評価システム自体が自治体内で画一的であるために，学校種や学校規模に応じた応用が利きづらい。そのため，筆者らの調査研究でも，小規模小学校ではさしたる問題ではなかった管理職のみの評価体制が，大規模校や高等学校ではうまく機能していない実態が看取された。評価者体制の硬直性あるいは非柔軟性も指摘しておかなければならない。

また，被評価者の「納得性」を高めるうえで重要なのは同僚の目線であり，同じ学年，同じ教科の同僚による真摯な評価結果を反映できるような仕組みづくりが，教職員の職能発達の観点からみても，とくに重要ではないだろうか。学校段階が上がるほど，教科ごとの専門性が深まるため，とりわけこの同僚性への配慮が求められよう。米国では，地域によってではあるが，各教科や学年のベテラン教員による同僚評価制度もあり，管理職のみに独占されない「納得性」の高い評価体制として示唆的である。

加えて，評価者である管理職自身に対する評価の問題もある。通常，管理職の評価は，上司である教育長が行い，被評価者からの直接的な評価は想定されておらず，双方向的な評価システムとはなっていない。被評価者からの評価をどの程度斟酌するかという難問はあるものの，やはり評価者の恣意的あるいは独断的な評価を牽制し，責任ある評価を行わせるうえでも，被評価者から何らかの意見具申ができるような装置が検討されてもよいのではないだろうか。

② 制度運用上の課題

制度設計上の課題に加え，制度運用上の課題もある。なかでも喫緊の課題は運用の実務を担う評価者である管理職の評価力量である。現行制度では，管理職（校長と教頭）が共同して評価の実務を担っているところが多いが，筆者らの調査研究でも，自らの評価力量に対する管理職自身の不安が散見されるし，評価者訓練に対する彼らの希望が多いこともこの点を傍証している。

また，被評価者の評価制度に対する厳しい意見や低い評価も，実のところ，この管理職の行う評価結果に対する不信や不満に起因している場合が多い。制度自体の目的や存在意義についは冷静にその価値を認めることができても，直属の上司が行う評価とその結果には感情的に納得できない被評価者の姿が見え隠れしている。その根本的な原因は，やはり評価者自身の人格性と評価力量に対する不信からきている場合が多く，ここがしっかりと準備されないかぎり，評価制度自体の成功もおぼつかない。人格性の問題は，究極的には登用自体の問題であろうが，さしあたり運用上の側面からいえば，評価者の評価力量の確実な向上のための研修などの取り組みが急務であろう。

(4) 免許更新制度の概要

つぎに，教員免許の更新制度について検討してみたい。文部科学省のホームページに掲載されている免許更新制度に関する説明によると，同制度の目的は，「定期的に最新の知識を身につけることで，教員が自信と誇りを持って教壇に立ち，社会の尊敬と信頼を得ること」と明示され，「不適格教員の排除を目的としたものではない」ことが敢えて付言されている。この背景には，免許更新制度が指導力不足教員の処遇問題と平行して議論されてきた経緯もあり，同制度の目的をことさらに強調する必要があったからであろう。

当然のことであるが，本制度が施行される以前に授与された免許状（旧免許状）には有効期間の定めはなかった。しかし，制度施行後に授与される免許状（新免許状）に付される10年間の有効期間と同様に，10年の修了確認期限が設けられたため，事実上，新免許状保持者と同じように更新手続きが必要となった。更新を行うためには，保持する免許の有効期間満了日の2年2カ月から2カ月前までの2年間に，大学等が開設する30時間以上の免許状更新講習を受講・修了したあと，免許管理者（都道府県教育委員会）に申請する必要がある。

免許更新講習の受講対象者は，基本的に①現職教員（指導改善研修中の者は除く）であり，それ以外には②実習助手，寄宿舎指導員，学校栄養職員，養護職員，③教員採用内定者，④教育委員会や学校法人などが作成した臨時任用（または非常勤）教員リストに登載されている者，⑤過去に教員として勤務した経験がある者，さらには⑥認定こども園で勤務する保育士，⑦認可保育所で勤務する保育士，⑧幼稚園を設置している者が設置する認可外保育施設で勤務する保育士などである。これらに該当せず，免許状を保持しているだけの者いわゆるペーパーティーチャーは受講資格がない。一方，更新講習の受講を免除される者としては，①優秀教員表彰者，②教員を指導する立場にある者，具体的には校長（園長），副校長（副園長），主幹教諭または指導教諭，教育長または指導主事，免許状更新講習の講師などである。免除対象者に関して「知識技能が不十分な者は不可」と敢えて付言されており，違和感を覚える。

また，「指導が不適切な教員」と認定され指導改善研修中であったり，以下の事由により更新講習の受講が困難な場合は，免許管理者に申請することによって，相当の期間を定めて免許状の有効期間の延長（修了確認期限の延期）が認められている。

①休職中であること，②産休，育休，病気休暇，介護休暇中であること，③地震，積雪，洪水その他の自然現象により，交通が困難となっていること，④海外派遣中であること，⑤専修免許状取得のための課程に在籍していること，⑥教員となった日から有効期間満了日（修了確認期限）までの期間が2年2カ月未満であることなど

免許状更新講習を開設できる者は，①大学，大学共同利用機関，②指定教員養成機関（専修学校などで文部科学大臣の指定を受けているもの），③都道府県・指定都市等教育委員会であり，更新講習の講師はそれらの職員，すなわち①大学の教授，准教授，講師，②指定教員養成機関，大学共同利用機関の職員，③教育委員会の指導主事となっている。さらに，講習の実施形態は，現職教員の受講しやすさを勘案して，長期休業期間中や土日での開講を基本とするとともに，通信・インターネットや放送による形態も可能となっている。

更新講習の内容は，制度開始段階では，必修領域12時間と選択領域18時間の合計30時間以上の受講であったが，その後改訂され，現在は必修領域が6時間以上，選択必修領域から6時間以上，そして選択領域から18時間以上の合計30時間以上の受講となっており，総時間数に変更はない。必修領域とは，すべての受講者が受講しなければならない領域であり，選択必修領域とは，受講者が所有する免許状の種類，勤務する学校の種類または教育職員としての経験に応じ，選択して受講する領域であり，選択領域とは受講者が任意に選択して受講する領域をさしている。

(5) 免許更新制度の課題

教員免許の更新制度が，額面どおり，「定期的に最新の知識を身につけることで，教員が自信と誇りを持って教壇に立ち，社会の尊敬と信頼を得ること」であったとしても，果たして期待どおりの成果が達成できるのであろうか。筆者のこれまでの行政研修講師の経験からしても，講習を「知識の獲得」に限定すれば，確かに一定の効果はある。また，継続性という意味では限界はあるが，受講者の「意欲喚起」にも何らかの貢献が可能かもしれない。しかし，仮にそのような効果があったとしても，受講者自身が真に自信と誇りをもって教壇に立つことができる最大の要因は，講習が指定しているような「最新事情に関する事項」に関する知識の獲得ではなく，むしろ個々の受講者が日々の授業力や指導力の向上を肌で実感できることなのではないだろうか。もちろん，「最新事情に関する事項」が彼らの授業力・指導力を側面から支援する場合があることを否定はしない。しかし，日々の授業力・指導力の向上は，校内研修を核とした「一人ひとりの力量に即応した」「持続的」な研修活動を通してはじめて可能なのであり，10年に1度の30時間程度の悉皆講習程度ですべての受講者に揺るぎない「自信と誇り」をもたせ，「社会の尊敬と信頼」を勝ち取らせることなど到底ありえないのではないだろうか。

さらに，更新講習受講後，受講者は事後調査に答えることになっている。そこでの回答結果は，筆者の予想に反し，満足度が高かったのは驚きであったが，うがった見方をすれば，大学における更新講習への期待度が当初低かったため結果として予想外におもしろかったとも解釈できる。いずれにせよ，回答結果は単なる満足度にすぎず，制度の目的に沿った効果性を証明していない。受講者が受講後どれほど「自信と誇り」をもちうるようになったのか，あるいは「社会の尊敬と信頼」をどれほど獲得しえたのか，検証する必要がある。

また，更新講習では，「優秀教員表彰者」，教員を指導する立場にある校長らの管理職や指導主事などは，講習受講の免除対象者となっている。その主たる理由は，「これらの職にある者は，教育に関わる者として十分な知識技能を備えている者が任用されるものであり，また日頃より最新の知識技能を身につけるよう研鑽を積むことが期待されているから，十分な知識技能を備えていると認めることができる」からであるという。あまりにも楽観的としかいいようがない。理想的にはあるいは希望としてそうあってほしいという点では首肯できるとしても，特定の分野で顕著な業績をあげて表彰される「優秀教員表彰者」であることや当該の職に就いていることを理由にそのような理想的状況にある（最新の知識技能を備えている）とは到底いえまい。そもそも教員免許はその保持する者すべてに対して公平にその効力を発揮させるものであるとするならば，遍くすべての現職免許保持者を対象とすべきであり，管理職らがその職にあることをもって更新講習対象から外れることは納得しがたい。むしろ，率先垂範して講習を受け，直属配下の職員からの信頼獲得に努めるべきであろう。受講者の職能発達という観点からみても，本制度を評価して推進すべき積極的な理由はみあたらず，費用対効果の観点からみても，早急に廃止すべき制度であるといえよう。

（古賀一博）

文献・参考資料

古賀一博「『新たな教職員評価制度』のねらいと課題」『現代教育科学』No.617，明治図書，2008年，5-7頁

――「教員評価をめぐる最新研究情報」『学校マネジメント』No.614，明治図書，2008年，16-17頁

――「講習の効果性への疑問―免許更新制の目的と講習内容の齟齬」『現代教育科学』No.624，明治図書，2008年，8-10頁

――他「『能力開発型』教職員人事評価制度の効果的運用とその改善点―広島県内公立学校教員アンケート調査の分析を通して」『日本教育経営学会紀要』第50号，第一法規，2008年，29-48頁

――他「我が国における『能力開発型』教職員人事評価の制度実際とその特徴」西日本教育行政学会『教育行政学研究』第33号，2012年，39-56頁

文部科学省ウェブサイト http://www.mext.go.jp/a_menu/shotou/koushin/001/1316077.htm（2017年3月4日確認）

若井彌一編著『教員の養成・免許・採用・研修』教育開発研究所，2008年

2. 教育現場の「多忙化」と組織の「健康」に関するマネジメント

(1) 変化する「健康」の概念と教育経営学研究の成果

「健康」を定義する際に最も普及した定義が1946年の世界保健機構憲章に定められたWell Beingである。70年以上前に完全な状態（state of complete）であり，身体的・心理的・精神的・社会的に動的（dynamic）な概念とされたため，医療や福祉，科学の進展とともにその概念が拡大し，複雑化してきた[1)]。少なくとも精神的健康については生理的状態にあることをもって“健康”とした1980年代までの精神衛生とは異なり，1990年代以降は生理的状態に加え，健全な発達や将来への努力をあわせてはじめて“健康”とする意味でメンタルヘルスという言葉に代わったことを押さえておきたい。後述するように生理的状態に未来への健全な現在進行形の努力を加える“現代の健康”概念は現状では定義の困難や議論の祖語が生じやすいため，まず不健康の改善から議論を進めていきたい。

管見のかぎり，最も早い教職員の多忙と不健康の関係を科学的に分析した研究は石堂豊らの教育経営学的諸研究（石堂ら，1970；石堂，1973）である。その後，バーンアウト尺度など実用的な不健康測定手法が普及したこともあり1980年代には教師の不健康実態研究が，1990年代には不健康規定要因探索研究も急増する。不健康規定要因には職務や職場環境，多忙の主観的負荷とともにコーピング（ストレス対処の心理・行動）などの不健康抑制要因も別途検討されてきた。とくに，不健康規定要因の理論的枠組みの体系化を確立したともいえる理論が教育社会学・教育経営学的視点に基づいた秦政春の諸研究（秦，1991など）である。1990年代末には社会学的調査手法による規定要因の探索から心理学的な尺度開発・因果モデル検討に研究へと流行の軸が移るが，この視点には精神科医の中島一憲の諸研究・諸書籍[2)]と，臨床心理士の伊藤美奈子の研究成果（伊藤，2000など）が強い影響を与えている。このような変遷と知見の蓄積を経て教職員の不健康研究は各学校種，職種，職位・分掌ごとに充実し，教職員の職種や属性に合わせた課題の把握もできるようになった[3)]。

一方，教師の多忙は終戦直後から注目されてきたが，上述のように1990年代以降は不健康規定要因として時間ではなく主観として多忙感の測定（大阪教育文化センター，1996など）が急増した。「多忙化」は“多忙感の増加”という数量化を根拠にこのころ指摘された概念である。一方，青木栄一が詳しく報告している2000年代中盤の東京大学委託研究（東京大学，2006・2007；青木，2008・2009など）以来，客観的な時間の数量化にこだわった教職員の多忙研究が再び注目（神林，2005a・2005bなど）されている。巨大なデータ数よりなる東京大学委託研究の一連の成果は学校種や年代などの諸属性ごとにおいても，おおむね“多忙な者”と“多忙でない者”の差が大きく，平均での“時間的な多忙化”の確認はむずかしく，一律での多忙改善も議論が成立しにくいことなどが理解できる。つまり，時間という客観的な量の“多忙の深刻化”は確認も改善もむずかしく，やりがいのなさや焦り，不満など主観的な質を交えた“多忙感の深刻化”とは別の議論を要することを押さえておきたい。また，今までは職業の多忙としては測定も議論もあまりなされてこなかった，育児や介護，病院受診といった多忙（私生活時間の数量把握）や多忙感（私生活時間の主観的評価）[4]を検討することも課題である。あわせて，“多忙感の深刻化”は，個人の年々の加齢に連動するため，多忙感自体よりも，多忙感の規定要因に改善の余地を探る必要も指摘できる。

なお，上記の「多忙化」や不健康に関する議論を先導しつづけてきたのは『日本教育経営学会紀要』（詳しくは本講座第5巻第3章第4節参照）である。

(2) 教職員の「多忙化」研究と不健康研究の転機

この10年で特筆される教職員の「多忙化」と不健康研究の留意点として，水本徳明の「学校組織の健康」に関する指摘[5]，東日本大震災の教訓，労働安全衛生法改正によるストレスチェックの悉皆化の3点をあげたい。

1点目の水本の指摘は 教職員の不健康と学校の不健康は必ずしも同一ではなく，対策に両立困難も生じやすいとする指摘である。従来は教職員の不健康ばかりが目的変数となり，学校の不健康は同一変数として想定されるか，主要説明変数として扱われた。しかし，学校の不健康を別の目的変数として提示することで“学校の不健康対策を優先するため，教職員の不健康対策を計れない限界”という当然の状況が説明され，“教職員の不健康対策のみに着目すれば，学校の不健康が生じかねない”要注意点も指摘できる。たしかに，多くの教職員の不健康研究が教育課程・学力確保の困難，生徒指導諸問題，学校組織構造の息苦しさなど学校の不健康を教職員の不健康の規定要因（説明変数）として仮説に取り上げ，因果モデルを確認してきた。しかし，学校の不健康は操作不可能な要素が多く，「因果モデルの実証」とはいってもほとんどは一度きりの調査で理論モデル上の因果過程を仮定し分析したにすぎない。また，現実には学校の不健康の改善をめざして多忙やストレスなどの不健康促進要因をかかえ込んでも職務に立ち向かう教職員の姿が存在する[6]。そのような貢献は“教職員の不健康対策のため抑制されるべき説明変数”はなく，“尊い目的変数の１つ”と考える必要があろう[7]。水本の指摘する学校と教職員の間の不健康対策の両立困難は，研究領域ごとに漠然と目的変数を設定して議論を進めてきた錯誤と，実証研究の多くが一度きりの調査の相関関係を仮想的因果関係で理解し結論づけを行うことの危険性，不健康への具体的な改善方法論とその効果の検証がほとんど進んでいない現状の反省の必要性という重い指摘をなしている。

２点目はこの学校と教職員の不健康対策の両立困難が同時多発的に顕在化した東日本大震災である。震災・復旧下に教職員はさまざまな危機を乗り越え，学校を避難所として運営し，その解消による学校再開，学校の日常回復という“学校の非常事態（不健康）改善過程”を国民注視のなかで進めてきた。この一連のさまざまな“教職員の不健康を一時犠牲にしてまでの献身”は社会資本としての教職員の求められる姿として国内でほぼ共通認識となった[8]。このことは先にあげた教職員の不健康改善と学校の不健康改善を考える際に，教職員の不

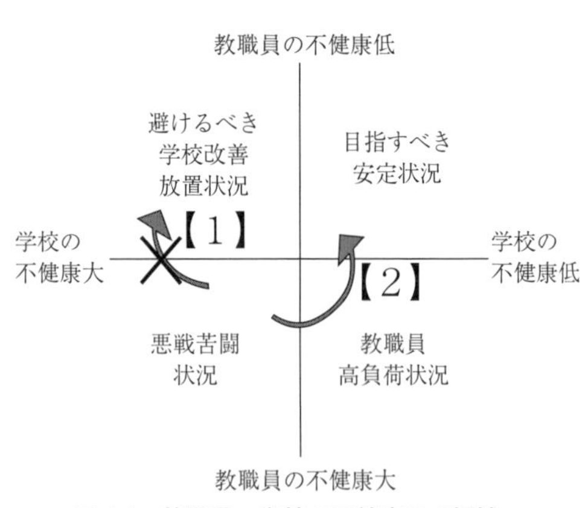

図 4.1　教職員×学校の不健康の４領域

健康改善優先（図4.1の【1】）は許されず，まず学校の不健康改善を優先（図4.1の【2】）するという流れが基準となったことを意味する。そこでは，“学校の不健康”対策に取り組むため“教職員の不健康”リスクが一時高まっても“なすべき学校改善の仕事がある”という認識の上に立つ。次いで“教職員の不健康を放置しない”という教育経営・学校組織上の健全な発想が必要である。学校の不健康対策のため教職員の不健康対策を遺憾ながら後回しにするなかで，“現実に可能で有意義な学校の不健康改善の見通し”と“教職員の不健康が後回しとなる期間と安全基準”“不健康治療・予防の能力開発と組織づくり”などを学校経営と研究は追及する必要がある。

3点目は，2016（平成28）年度施行の労働安全衛生法改正に伴うストレスチェックの全国実施である。法令上は設置者（事業者）がその50人以上の学校（事業所）において実施の義務を担う。ストレスチェックについては不健康だけでなく，多忙感，職場環境の諸状況，職務の負荷など不健康規定要因とサポートなどの不健康抑制要因をも包括した内容となっている。また，国際基準であり縦断データも含む大量のデータ収集のうえに統計的・概念的な妥当性と信頼性を確保している科学的実績を有する。このことは1990年代中盤以降に急増した教師の不健康研究の心理的概念をほぼ網羅・超越したうえで国が推奨した“不健康測定尺度の決定版”が登場したと表現できる。今後の教職員の「多忙化」や不健康研究はストレスチェックとの関連をふまえたうえで独自性や具体性を提示できるような研究と実践を考えていくことが必要となろう。また，労働安全衛生法は職場の安全衛生委員会での改善努力を求め，チェックリストを評価として改善を目指すPDCAサイクルの展開が理想とされる。このことは，教職員の「多忙化」と不健康は概念研究の段階から実践研究の段階に移行しつつあることを意味する。

(3)“現代の健康”概念の複雑さと知見の不足

今まで不健康をみてきたが，“現代の健康”概念は生理的状態に健全な未来への努力・態度という動的概念を加えたため，不健康概念を逆転するだけでは捉えることができない複雑な定義となった。まずその歴史的経緯を把握しておこう。1946年の世界保健機構憲章でWell Beingが定義されて以降，医薬品の発展で1950年代に健康は“病気ではない”だけではなく公衆衛生学的な予防の視点が十分めざせる課題となった。そこで，1960年代にはWellnessつまり心理的，身体的および社会的な領域で治療・予防的課題がない生理的状態をもって健康が定義される。その後の1970～80年代の医療をめぐる議論で未来の健康確保もめざすという力動性が課題となり，ここに健全な主観と態度も必要条件を加えた“現代の健康”の定義が成立したこととなる。心理的領域の健康概念が1990年ごろを境に精神衛生からメンタルヘルスへ概念の転換されたことも同様の主旨である。問題はこの生理的状態と健全な力動性の併有という“現代の健康”概念への変更から30年たった現在も，不健康化過程の議論が中心で「健康」や「メンタルヘルス」と称しても現実には不健康の実態と治療・予防に議論がとどまっていることである。

混乱しやすいこれらの諸概念を状態と力動に分けて整理しておこう（図4.2）。メンタルヘルスの病理（医療・予防）をめぐる論議は3領域で説明されている。深刻・慢性的な病理的状態への治療的対応を要する三次予防と顕在化した病理的状態の早期発見・治療をめざす二次予防，さらに潜在的な病理の高リスクを削減する予防・リハビリ的対応である一次予防である。この3領域の病理的状態以外の生理的状態が“80年代以前の健康”である。教育，とくに臨床心理学・教育相談領域では病理状態の改善として治療的介入と予防的介入，さらに生理状態の改善として開発・教育・構成的介入といった力動性の支援を指摘してきた[9]。この開発・教育・構成的で健全な力動性を確保しつつ，心身の生理的状況にあることではじめて，“現代の健康”と評価されることとなる。

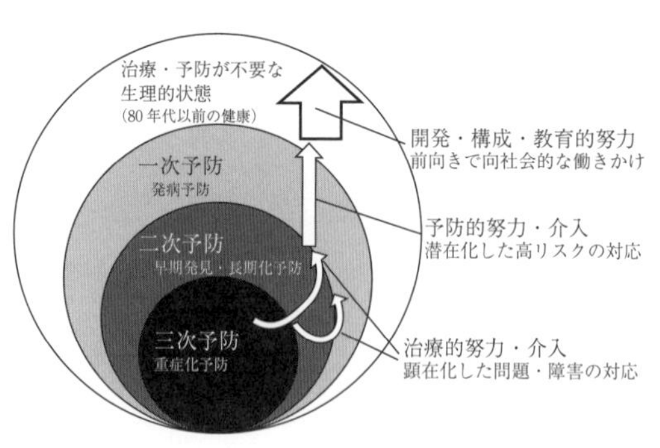

図4.2　メンタルヘルスの予防と介入

しかし，前述のとおり“現

代の健康”を構成する前向きで健全な力動性であり，努力自体が医療や心理学において議論の途上である[10]。学校教育についても同様で，以前より学校は“何をめざすか”という検証可能な目的・目標設定は難題とされ，21 世紀の学力の三要素の法定化などで具体化の途上である。教職員についても政策理念より具体的な成長やキャリア発達の方向性は途上であろう。“現代の教職員の健康”も“現代の学校の健康”も現時点では明確に定義することすら困難である以上，“教職員と学校の健康とは何か”からの議論が必要である。この議論は教育経営学研究でこそ先導をなすべきものであろう。

(4) “現代の健康”の達成困難と現実的な QOL としての幸福への着目

ところで，不健康リスクと満足感・幸福感は労働負荷との関係性においても異なる性質が示唆されている。おおむね前者は線形性の関係であり，後者は非線形性である[11]（図 4.3）。

図4.3A に示したように労働時間等の負荷が不健康リスク上は危険なほど高まった状態は相応に満足感や士気が高い。“高満足感・高モラールながら不健康状態”という状況は教育経営学的調査研究においても複数報告（たとえば鈴木，1993；秦・鳥越，2003）されている。つまり，真面目な労働者は不健康リスクを冒すほどの状況において満足感を感じやすく，日本の教職員のこのような姿勢に学校は支えられていることになる。図 4.3A の示すような満足感らの高止まり局面でも，不健康リスクは着々と線形に増加することが想定される。バーンアウトが突然“燃え尽き”たようにみえることから名づけなれたように，満足感等も低下に向かう図 4.3B のような状況が生じることおさえる必要がある。なにより，図 4.3A のような状況は“尊い姿”であることはふまえつつ，高価で長期間の公共投資のうえに養成さ

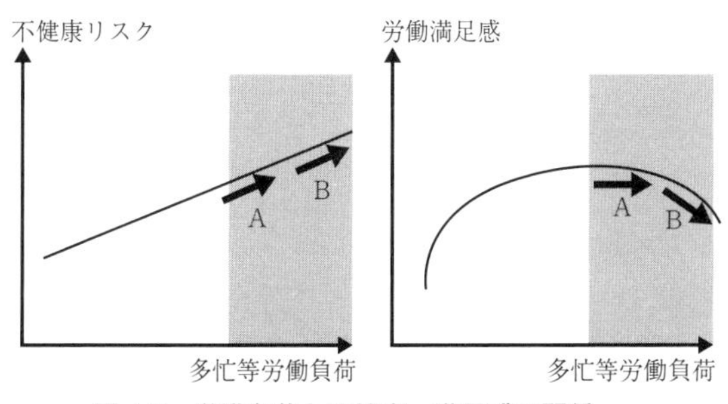

図 4.3　労働負荷と不健康・満足感の関係

れ，育てていくべき社会資本である教職員に不健康リスクを与えるこの意味や意義を総合的に考える必要がある。繰り返すが，そこに教育経営の実践と研究の重い責任が存在する。

ここまで考えた際に，“現代の健康”概念自体が，理想的すぎるため現実的指標となりうるのかどうかは一考の余地がある。そもそも，どんなに前向きな健康への努力を続けても人間は年々加齢し，いつか不健康になり死を迎える。人生は通常そのほとんどの期間で持病や致し方ない障害をかかえ，癌などの不治の病に見舞われても生きていかねばならない。また，育児や介護といった重い負荷に不健康リスクを冒しても個々人なりの負担を担うことで人生の主観的な満足感や幸福感を模索するものであろう。不健康と満足感・幸福感がある程度独立していることは，学校にも教職員にも今は不健康であっても，健全な目標に立った未来への努力と幸福を追求できる点で可能性と意義がある。教職員だけでなく労働者はそのキャリア全体のなかで一時の過度な職業上の「多忙化」や不健康や災害に見舞われても健全な努力で乗り越え，成長と幸福を確保するキャリアを描こうと努力することまでを“よし”とするのが現実的であるように感じられる。学校も子どもも地域も組織も，それぞれ持病のような課題や宿命のようなむずかしさをもともとかかえたケースも多く，結果としての「健康」といえる状態になるに越したことはないが，どんなに備え努力しても想定外の災害や危機で学校も教師も病理的状態に陥るものでもあろう。社会資本である教職員も学校も何らかの不健康を先天的・後天的にかかえることを“仕方がない”と認めたうえで満足や充実，幸福をめざして現状を改善する健全な努力を確保しつづけることに現実的な意義があるように考えられる。そのような状況で参考になるのは「完璧」な「状態」とされる Well Being による“現代の健康”よりも，老いや病気を抱え，たとえ余命などを縮めてでも必要な主観的幸福感を考えめざす QOL（Quality of Life）[12] という健康の指標かもしれない。また，教職員にとっても学校にとっても負荷や「多忙化」などの不健康規定要因が時に量的に過多で，質的に過酷で，病理的状態に陥ることも当然のようにありえるものであり，そのつどダメージから自立的に回復する復元力[13] を検討することが現実的かもしれない。

完全な“現代の健康”を指標に教職員の不健康や能力的問題，各学校のもつ病理的状態を批判するのは容易だが，求めても得られない場合が多い。現実には，その改善を要する状態を適切に評価し「病的である」と認めたうえで改善の取り組みを健全に進めて，未来をよりよくしていこうという“不健康でも健全な姿勢”であるように考えられる。またそこに，充実と幸福を感じようとする姿勢も重要であろう。学校におけるこのQOL的な健康の模索は教育経営学の別名である学校改善そのものの発想であると考えられる。教育経営学こそ教職員の健康と学校の健康の理想を声高にうたうのではなく，学校組織と教職員の厳しくともおかれた状況に寄り添い，健全な改善と成長をめざした議論を担いうる学術領域であるといえる。（高木 亮）

注

1) Well Bieingによる健康の定義は変化しつづけてきた。病気の治療から予防にまで拡大（Wellnessの登場）し，現在では生理的状態に加え未来に向けた生活や生きがいの改善・増進まで加えた概念となっている。（下妻，2015が詳しい）。病気の治療・予防的課題からなる不健康と比べ，主観や未来，幸福まで含む“現代の健康”の定義は不健康のように明確なイメージが付きにくく健康の概念を混乱させやすい。そこで，本節では定義の明確な不健康という概念を多用しつつ，健康には「」付きの表記を行った。
2) 東京都教職員互助会の運営する三楽病院の精神神経科部長であった故中島一憲氏の1990年代から2000年代までの業績と各研究領域への影響は高木（2012）を参照されたい。
3) 2017年3月末現在，論文検索サイト『CiNii』で教職員の関連キーワードをもつ研究は500部を超えている。また，藤原ら（2009）のように各学校種の教師の性・年代ごとの不健康過程のモデル比較までが完成している。ほかにも，管理職や養護教諭，保育者，採用初年度教師，学校カウンセラー，教育行政勤務教員などの多様な職種での不健康研究が報告済みで，学校事務職員と学校ソーシャルワーカーの不健康研究が確認できない以外はおおむね教職員全体の不健康実態の資料収集は網羅されている。
4) 労働研究に私生活を範疇に含めるか否かはさまざまな議論がなされた。1990年代に労働負荷・充実と私生活の負荷・充実は相関関係のみならず因果関係が疑われ，余暇のなかにキャリア成長余地が存在することなどから，私生活もあわせて検討する必要が認識された。このような議論や知見は『日本労働研究雑誌』599号（2010年6月号）のワークライフバランス特集が詳しい。なお，教職員の私生活などの調査はむずかしく，大阪教育文化センター（1996）が網羅的な検討をして以来，あまり大規模な検討は行われていない。

5) 日本教育経営学会第49回大会シンポジウム「教職員の健康・学校組織の健康」での話題提供（詳しくは水本，2010）。本節は健康の概念定義の困難と，学校組織のみならず教育課程と生活指導・生徒指導の状況といった教職員の不健康規定要因に広く着目する性格上，“教職員の不健康と学校の不健康”と表現している。
6) たとえば，部活動の教師への多忙や不健康への負荷は，部活動の生徒指導問題など“学校の不健康”改善効果とあわせて考察を行う必要がある。教職員にとって自らの多忙感や不健康改善のために「不必要」と感じやすい職務も，学校の不健康改善のため「必要」と感じられる職務は多い（北神，2001）。この配慮が「多忙化」や不健康の問題改善を複雑にしつつ，同時に日本の学校教育を支えていると思われる。
7) ただし，学校の管理職や研究者が“教職員の不健康は介入・操作困難で，放置やむなし”としてしまっては不健全で不健康で無責任な思考といえよう。
8) 日本教育経営学会での実地調査と関連議論は天笠ら（2013）を参照されたい。また，東日本大震災の教職員不健康実態報告も存在する（神林，2015c）。なお，教職員の学校への献身を教職員組合（宮城県教職員組合，2012）が指摘していることも重い。
9) もともと，カウンセリングは適応の支援を意味し医療と教育に貢献する発想をもっていた。教育については病理介入の機能とは別にキャリア支援という成長・発達や健康，幸福などをめざす視点も強い（全米キャリア発達学会，2013）。わが国では國分康孝が病理的な生徒指導・教育相談場面でカウンセリングが普及する以前から生理的な状態にあるほとんどの子どもへの成長や発達の“開発”であり，自立をめざした“教育”的介入をするうえでの“構成”的視点を強調している（國分，1979・1981）。
10) 対人科学全般が不健康に注目しすぎ，健康や充実，幸福について検討不足である（たとえばSerigman，2011；島井・宇津木，2008）。また，幸福をどのように測るかは関連変数との関連もあわせ難題とされる（内閣府「幸福度に関する調査研究会」，2011）。
11) 労働負荷と満足感の逆U字型の仮説であるヤーク・ドッドソン仮説（Yerkes Dodson theory）（概要は福田・古川，2007など），期待を軸として利益と満足感の関連を対数関数で説明したプロスペクト理論（Prospect theory）（概要は萩原，2015など）など目的変数に満足感や幸福感をおくと非線形性が示されることは広く知られている。日本の労働者研究では部長と課長で多忙と充実感の逆U字の形が異なるとの指摘（丸山ら，1995）などの検討例がみられる。労働負荷・不健康関係は多くの研究が線形性を示しているが，育児や家事などワークライフバランスなどについては非線形性が疑われる指摘も多く，今後教職員研究でも検討を要する。
12) QOLとWell Beingはどちらも世界保健機構の指標が公表されている。Well Beingは個人の状態と力動性を確認する指標である。QOLは高齢者や病気・障害をもつ者の視点からも可能な個人の充実を考える指標であるとともに，その立場からみた医療や福祉といった社会資本の環境整備と改善を考える指標でもある。これら世界保健機構憲章以来の健康概念のなかでのQOL成立経緯は下妻（2015）が詳しい。
13) 不健康抑制要因としてストレスコーピングなどが1980年代から盛んに検討されてきたが，個人もしくは環境において操作不可能な要素が多いとの反省から，2000年代以降は操作可能な心理・態度をめぐる要素の測定が盛んになる。たとえば高負荷の状況での自己統制の心得ともいえるハーディネスや職能成長の将来展望と個人の希望を調整するキャリア適応力，さらに近年では負荷も不健康も乗り越えるレジリエンスなども注目されている。このような要素は不健康改善よりもむしろ幸福感や充実感といった“現代的な健康”の健全性に貢献することが示されつつある（三好・大野，2011）。

文献・参考資料

青木栄一「教員の勤務時間はどう変わってきたか『子どもと向き合う時間の確保と教師の職務の効率化』2009年，18-21頁

——編『教員業務の軽減・効率化に関する研究報告書』2008年

——編『教員の業務と校務運営の実態に関する研究報告書』2009年

天笠茂・牛渡淳・北神正行・小松郁夫編著『東日本大震災と学校』学事出版，2013年

石隈利紀『学校心理学』誠信書房，1999年

石堂豊『教師の疲労とモラール』黎明書房，1973年

石堂豊・萩原仁・岩本幸次郎・佐々木正裕・高木良伸「教職員の勤務構造の適性化に関する教育経営学的研究」『教育學研究』37（1），1970年，32-44頁

伊藤美奈子「教師のバーンアウト傾向を規定する諸要因に関する探索的研究」『教育心理学研究』48，2000年，12-20頁

伊藤祐子・相良順子・池田政子・川浦康至「主観的幸福感尺度の作成と信頼性・妥当性の検討」『心理学研究』74（3），2003年，276-281頁

大阪教育文化センター『教師の多忙化とバーンアウト』京都法政出版，1996年

神林寿幸「周辺的職務が公立小・中学校教諭の多忙感・負担感に与える影響」『日本教育経営学会紀要』第57号，第一法規，2015年a，79-93頁

——「課外活動の量的拡大にみる教員の多忙化」『教育學研究』82（1），2015年b，25-35頁

——「教員の業務と健康状態への影響調査」『復旧・復興へ向かう地域と学校』東洋経済新報社，2015年c

国分康孝『カウンセリングの技法』誠信書房，1979年

——『エンカウンター』誠信書房，1981年

国分康孝・加勇田修士・朝日朋子・吉田隆江・大関健道・国分久子編著『エンカウンタースキルアップ』図書文化，2001年

島井哲志・宇津木成介「ポジティブ心理学におけるリーダーシップ」『経営行動科学』21（2），2008年，1-10頁

下妻晃二郎「QOL評価研究の歴史と展望」『行動医学研究』21，2015年，4-7頁

鈴木邦治「教師の勤務構造とストレス」『日本教育経営学会紀要』第35号，第一法規，1993年，69-82頁

セリグマン，M.／宇野カオリ訳『ポジティブ心理学の挑戦』ディスカヴァー・トゥエンティワン，2014年

全米キャリア発達学会／仙﨑武・下村英雄監訳『D・E・スーパーの生涯と理論』誠信書

房，2013年
高木亮「教師のメンタルヘルスの実践及び研究の歴史」『学校メンタルヘルス』15 (1)，2012年，29-33頁
東京大学『教員の勤務実態調査（小・中学校）報告書』2006年
――『教員の業務の多様化・複雑化に対応した業務軽量手法の開発と教職員配置制度の設計』2007年
内閣府「幸福度に関する研究会」『幸福度に関する研究会報告（案）—幸福度指標試案』2011年
中島一憲「教師のメンタルヘルスをどう支えるか（講演）」『学校メンタルヘルス』10，2007年，21-33頁
萩原駿史「プロスペクト理論からの幸福度分析の可能性」『西南学院大学経済学研究論集』2，2015年，1-33頁
秦政春「教師のストレス『教師ストレス』に関する調査研究 (1)」『福岡教育大学紀要』40，1991年，79-146頁
秦政春・鳥越ゆい子「現代教師の日常性（Ⅱ）」『大阪大学教育学年報』8，2003年，182-187頁
福田由紀・古川聡「人生満足度曲線の妥当性に関する検討」『法政大学文学部紀要』54，2007年，95-105頁
藤原忠雄・古市裕一・松岡洋一「教師のストレスに関する探索的研究」『教育実践論集』10，2009年，45-56頁
前田展弘「QOL (Quality of life) 研究の潮流と展望」『ニッセイ基礎研 report』153，2009年，32-37頁
増田健太郎「改めて，教員のストレスを考える」『教育と医学』695，2011年，56-62頁
丸山総一郎・河野慶三・森本兼曩「中間管理職のメンタルヘルスに関する予防医学的研究（第二報）」『日本衛生学雑誌』50, 1995年，849-860頁
水本徳明「教職員の健康 学校組織の健康—研究者の立場から」『日本教育経営学会紀要』第51号，第一法規，2010年，138-142頁
宮城県教職員組合編著『東日本大震災教職員が語る子ども・いのち・未来』明石書店，2012年
三好明子・大野久「人格特性的自己効力感研究の動向と漸成発達理論導入の試み」『心理学研究』81 (6)，2011年，631-645頁
余合淳「自発的離職の規定因としての人事評価と公正性」『日本労務学会誌』14 (2)，2013年，105-123頁
Broadhurst,P.L., Emotionality and the YeYerkes-Dodson Law. *Journal of experimental psychology*. 54 (5), 1957, pp.345-352
Halbert L.D., What High-Level Wellness Means. *Canadian Journal of Public Health,* 50 (11), 1959, pp.447-457

第5章　学校のガバナンスとリーダーシップにかかわる教育経営

1．学校のガバナンスと危機管理
―大阪教育大学附属池田小学校児童殺傷事件（2001.6）―

2001年6月8日（金）に大阪教育大学附属池田小学校（以下，附属池田小学校）で発生した児童殺傷事件は，教育界のみならず，日本社会全体に大きな衝撃を与えた。これまで安全と思われた学校で発生した事件として，学校における安全管理対策を抜本的に見直す必要性とともに，学校における危機管理の性格を大きく変更することを促す契機となる事件であった。それまでの教育活動に伴う事故や火災，そして台風や地震などの自然災害を主な対象としてきた学校の危機管理が，不審者侵入による犯罪などの社会的災害への対応に目を向けざるをえなくなり，それへの備えとしての新たな危機管理対策が学校と日本社会全体に求められることになったのである。

そこでは，現代社会がさまざまなリスクに遭遇する不確実性をもった，いわゆる「リスク社会」（ベック，1998）であり，社会全体で危機に備える必要性とともに，学校における安全とは何を意味するのか，安全を考える主体，責任の所在はどこか（誰）なのか，そして安全を確保・管理する仕組みや制度はどのようなものなのか，といった側面から学校の危機管理のあり方を再検討し，子どもたちの安全・安心を確保するための新たな枠組みを構築していくという課題を投げかけているといえる。それは，学校のガバナンスという観点から学校の危機管理のあり方を検討する必要性を提起するものだといえる。

本節では，こうした認識のもと，附属池田小学校事件で問われた学校の危機管理をめぐる問題と，この事件を契機に取り組まれている学校の危機管理施策を概観しながら，「リスク社会」における学校の危機管理のあり方の新たな枠組みづくりについて，学校のガバナンスという視点から検討することを目的とする。

(1) 附属池田小学校事件と学校の危機管理をめぐる問題

まず，附属池田小学校事件で問われた学校の危機管理をめぐる当時の問題点について，事件の2年後（2003年6月8日）に死亡した8人の遺族と文部科学省，大阪教育大学，附属池田小学校との間で結ばれた「合意書」からみておくことにする。「合意書」の「前文」では，不審者対応に対する文部行政の問題や学校・教職員の安全管理に関する問題点が次のように指摘されている。

「学校は，子どもたちが保護者から離れて学習する場であり，本来最も安全な場でなければならない。『開かれた学校』の視点は重要であるが，それを意識するあまり『安全な学校』という大前提が蔑ろにされることがあってはならない。平成11年12月の京都市立日野小学校で発生した児童刺殺事件後の平成12年1月において，文部科学省（当時の文部省）は，附属学校を置く国立大学長に対し，安全管理に関する通知を発出したが，その通知後においても，平成12年1月の和歌山県かつらぎ町立妙寺中学校における不審者の校内進入による生徒殺人未遂事件などが発生していた中で，通知の内容を見直すことなく，また，附属学校を設置管理する文部科学省及び大阪教育大学では，各附属学校の安全措置の状況を把握したり，特段の財政措置を講じたりしていなかった。さらに，大阪教育大学教育学部附属池田小学校においては，先の通知に関して，教職員に対して一度口頭で伝えたにとどまり，それ以外の格別の対応をとっておらず，別紙の事件当日においても，不審者に対して教職員の対応が十分になされていなかった。」

ここで指摘されている問題は，単に附属池田小学校だけでなく，全国の学校においても共通する問題だったといえる。その第一は，学校現場と社会全体に存在していた根拠なき「『安全神話』という名の共同幻想」（坂田，2006）という問題である。「合意書」にあるように附属池田小学校での事件の2年前に京都の小学校での事件を受けて旧文部省から「幼児児童生徒の安全確保及び学校の安全管理について（依頼）」と題する文書が出され，学校における安全管理の徹底を促していた。にもかかわらず，学校現場は，結果として根拠なき「安全神話」から真の覚醒を行うことができなかった。その結果が，附属池田小学校での事件であったといえる。

第二は，「安全神話」のなかでつくられてきた危機に対する学校の組織的対応をめぐる問題である。この点，「合意書」では附属池田小学校の問題として，「学校安全についての危機意識の低さから，外部からの不審者を容易に侵入させてしまい殺傷行為の発生を未然に防止することができなかった，危機通報，救助要請，組織的情報伝達，避難誘導，救命活動，搬送措置が十分にはなされなかったため，殺傷行為の継続を許してしまい，また結果発生を最小限に止めることができなかった」と，事件の発生と被害拡大の一因としての学校・教職員の危機意識の問題とともに，危機に対する学校の組織的対応上の問題点が明確に指摘されていた。

そして第三は，「開かれた学校」と「安全な学校」との関係性をめぐる問題であり，そのなかでの学校と地域との関係性を問う問題である。「開かれた学校」については，臨時教育審議会第三次答申（1987年）や学校週5日制の発足（1992年）にあたって「地域に開かれた学校づくり」が推進されてきたが，1996年の中央教育審議会（以下，中教審）第一次答申「21世紀を展望した我が国の教育の在り方について」で，「学校が家庭や地域社会にとって垣根の低い，開かれたもとなることは，学校の教育活動をより多彩で活発なものにするとともに，家庭や地域の人々の学校に対する理解を深めることに大いに資するもの」と指摘され，「開かれた学校」が一気に加速化することになったのである。こうした一連の施策のなかで，「安全な学校」という観点は必ずしも十分な対応がなされてこなかったのも事実であり，「露呈した『開かれた学校』との矛盾」（下村，2001）とも指摘されたのである。それはまた，学校単独での危機管理の限界を示すものだといえる。

(2) 学校安全への新たなアプローチ―学校・地域の連携による危機管理体制の構築

附属池田小学校での事件を受け，文部科学省では2002年から学校安全の充実に総合的に取り組む「子ども安心プロジェクト」を実施し，地域ぐるみの学校安全推進モデル事業を行うとともに，「学校施設の防犯対策について」「学校への不審者侵入時の危機管理マニュアル」を示して，学校安全の一層の充実をめざした。また，2003年には同プロジェクトの一環として，「学校の安全管理に関する取り組み事例集―学校への不審者侵入時の危機管理を中心に―」を作成し，「学校施設整備指針」における防犯対策関係規定を充実させるなど，学校安全の強化に向けてソフト・ハードの両面からの取り組みに着手することになった。

しかし，その後も学校への不審者侵入事件や通学路で子どもが危害を加えられる事件が後を絶たず，2004年には「学校安全緊急アピール—子どもの安全を守るために」，2005年には「学校の安全確保のための施策等について」「学校安全のための方策の再点検等について—安全・安心な学校づくりのための文部科学省プロジェクトチーム第一次報告」などで，改めて学校の安全管理の取り組みを求めていた。とくに，「学校安全緊急アピール—子どもの安全を守るために」では，「『私たちの学校や地域では事件は起こるまい』などと楽観せず，『事件はいつ，どこでも起こりうるのだ』という危機意識を持つ」ことを促し，学校現場と地域社会にいまだに残る安全神話からの脱却を強く求めるとともに，「様々な対策を意図的に講じていかなければ学校の安全は確保できないという認識の下，緊張感を持って子どもの安全確保に取り組む」ことを強調していた。そのうえで，家庭，地域社会，関係機関との連携を通じた地域ぐるみで「安全・安心な学校づくり」を推進することを求めていた。

2007年には，2002年に作成された危機管理マニュアルの改訂版となる「学校の危機管理マニュアル—子どもを犯罪から守るために」が作成されている。そこでは，「学校だけでは，不審者から子どもを守ることはできません。学校を中心に，家庭，地域，関係機関等が一体となり，それぞれの役割を果たすとともに，不審者情報等の情報ネットワークを始め，お互いに協力し合うことにより，大きな成果を上げることができます」と指摘し，連携を深めるために「開かれた学校づくりに努め，地域との信頼関係を築こう」という方針のもと，具体的な連携を図る場として「学校保健安全委員会や学校評議員制度の活用」が掲げられていた。その後，2008年に中教審から「子どもの心身の健康を守り，安全・安心を確保するために学校全体としての取り組みを進めるための方策について」（答申）が出され，子どもの安全を守るためには「地域全体の治安を向上させ，犯罪や事故が起こりにくい社会を構築していくこと」が必要であるという認識のもと，学校の危機管理が「安全・安心なまちづくり」の一環として取り組まれるべきものであるとの新たな方向性が打ち出されることになる。

こうした一連の検討をふまえ，2009 年 4 月に学校保健安全法が施行され，各学校には学校安全計画の策定・実施，学校環境の安全確保，危機管理マニュアルの作成，そして地域の関係機関などと連携した学校安全体制の構築といった学校安全にかかわる総合的な取り組みが求められることになった。また，2008 年改訂の学習指導要領「総則」において安全に関する指導が新たに規定されたことを受けて，文部科学省は 2010 年に「『生きる力』をはぐくむ学校での安全教育」の改訂版を出し学校における安全教育の充実と適切な安全管理を進めることを各学校に求めることとなった。そのなかで，学校と地域との連携については，「連携する学校，家庭，地域ボランティア等の関係機関・団体等が同じ目標を共有し，それぞれの活動が主体的に行われ，互いのコミュニケーションが図られていることが大切である。そのためには，それらすべてが同じテーブルにつき，意見交換や調整を行う連絡会議を開催することが重要である。また，学校安全計画等について情報を積極的に公開するとともに，児童生徒等と地域ボランティア等との交流会などの開催，登下校時のあいさつなど日ごろから学校と家庭や地域がお互いの顔がわかる関係づくりを進めることが求められる」と指摘していた。

(3) 学校安全計画の策定と新たな危機管理体制の構築
―「連携」から「新たな関係（連携・協働）」に基づく危機管理体制の構築へ

2012 年 4 月，文部科学省は学校保健安全法第 3 条に基づく「学校安全の推進に関する計画」を策定・公表した。そこでは，学校における安全教育と安全管理を両輪として総合的かつ効果的な学校安全に係る取り組みを推進することとし，その推進方策として，①安全に関する教育の充実方策，②学校の施設および設備の整備充実，③学校における安全に関する組織的取組の推進，④地域社会，家庭との連携を図った学校安全の推進を掲げている。そのなかで，今後の学校安全の方向性として「中長期的な視点で考えた場合，学校教育において安全に関する指導を行うことは，次代の安全文化を構築するという意義」を担うものとして位置づけ，「安全文化の構築」に向けた安全教育については，「学校だけが行うのではなく，保護者や地域住民も参加して行うことが重要である。

各学校においては，コミュニティ・スクール（学校運営協議会制度）や学校支援地域本部等をはじめ，地域のパトロール隊やスクールガード（安全ボランティア），消防団や災害時安全ボランティア等と連携することが重要である」と指摘している。

学校の危機管理を含めた学校安全を図るための仕組みとしてコミュニティ・スクールを位置づけていく方向性は，2011年7月に学校運営の改善の在り方等に関する調査研究協力者会議から出された「子どもの豊かな学びを創造し，地域の絆をつなぐ―地域とともに学校づくりの推進方策―」で打ち出された「地域とともにある学校づくり」という考え方のなかで提起されたものである。そこでは，「学校は地域において最も安全で安心できる場所でなければならず，平素から地域とともにその場所づくりを進めておかなければならない」という基本的な立場のもと，「地域とともにある学校づくり」は，「相互の理解を深めることから始まり，『熟議』の仕組みを整え，協働体制を構築し，目標を共有し，ともに行動していくところに至までに，多くの階梯を踏むことになる。このプロセスは関係者の努力を必要とするが，子どもにとっても，学校にとっても，地域にとっても，そこから得られる成果は大きい」とし，「地域の人々が結びつき，子どもたちに目が向けられることで，子どもたちにとって安全で安心できる生活環境が生まれる」と指摘している。とくに，「『地域とともにある学校』の学校運営を整えるための手段（アプローチ）として，キーワードとなるのは『熟議』『協働』『マネジメント』である」とし，コミュニティ・スクールの拡大や学校関係者評価，学校の組織としての総合的なマネジメント力の強化が提言されている。この背景には，「新しい公共」に基づく新たな学校運営の仕組み，すなわち学校のガバナンスの仕組みとしてのコミュニティ・スクールを位置づけていこうとする考え方が存在する（天笠・小松，2011；佐藤，2012・2016）。

その後，こうした考え方はコミュニティ・スクールの推進等に関する調査研究協力者会議の提言「コミュニティ・スクールを核とした地域とともにある学校づくりの一層の推進に向けて―全ての学校が地域とともにある学校へと発展し，子供を中心に据えて人々が参画・協働する社会を目指して―」(2015年3月)に引き継がれ，さらに中教審答申「新しい時代の教育や地方創生の実現に向けた学校と地域の連携・協働の在り方と今後の推進方策について」(2015年12月)へとつながることになる。とくに，中教審答申では学校と地域の関係をそれまでの「連携」から「新たな関係として，相互補完的に連携・協働していくもの」へと発展させることが必要であるとして，「学校と地域は，お互いの役割を認識しつつ，共有した目標に向かって，対等な立場の下で共に活動する協働関係を築くことが重要であり，パートナーとして相互に連携・協働していくことを通じて，社会総掛かりでの教育の実現を図っていくことが必要である」と指摘し，「子供たちの成長に対する責任を社会的に分担」し，「地域住民等がそのパートナーとして子供たちの成長を支える活動に，より主体的に参画する」ための仕組みとしてコミュニティ・スクールの活用を位置づけている。

学校の危機管理を含めた学校安全を図る仕組みとして，学校のガバナンスに係わるコミュニティ・スクールを位置づけ，活用していこうとする方向性には，社会的リスクに対する危機管理システムの構築は，これからの社会運営のあり方と密接にかかわる問題であり，「新しい公共」という社会理念のもとでの新たな危機管理システムの構築が求められているといえる。具体的には，学校における危機管理は個々の学校・教員の問題として捉えられる性質のものではなく，学校を中心とした地域コミュニティ全体の問題として捉える「安全文化」の構築という新たな社会運営システムのもとで位置づけていこうとするものだといえる。それは，学校における危機管理が，それまでの「学校の」危機管理として認識されてきたものから，「安全な地域づくり」を通した地域コミュニティの問題として位置づけ，そこに参加する人々の意思決定や合意形成という手続きの重要性とその仕組みを新たに構築していく必要性があるという点で，まさにガバナンスという問題を提起しているといえる。

(4) 学校のガバナンスとしての危機管理

このように，これからの学校の危機管理をめぐる新たな取り組みとして，コミュニティ・スクールの活用を位置づけていこうとする動向には，冒頭で指摘したように，現代社会が「リスク社会」であり，そのなかで学校の危機も多様化・複雑化・困難化している状況に対応するためには，危機管理に向けた新たな社会的枠組みの構築が必要であるとの認識が存在するといえる。

こうした状況について，危機管理学の立場から21世紀の危機管理をどう構築するかという観点から論じている谷藤（2014）は，危機とは「社会システムの基本的制度構造やそれを支える根本的な価値・規範に変革を迫り，極めて不確定性の高い状況と切迫する時間のなかで，将来に向けてのなんらかの決定が要求されている脅威や事態」と定義したうえで，危機管理研究の視点として，①既存の制度構造や価値・規範に変革を迫る脅威をどう認知するかという視点と，②認知した脅威を解決するためにどのように対応や管理をするか（それは必然的に決定作成にかかわる）という2つの視点が導かれるとしている。第一の視点では，危機の認知が主要な問題となり，第二の視点では危機の対応や戦略が問題となる。しかし，認知がなければ対応や戦略は構築されないことから，社会を構成する人々が，危機の意味をどのように理解するかが危機管理の前提となる。また，人々の広範な合意がなければ危機管理の実行はむずかしいことから，危機管理戦略を遂行するという合意を形成するために，危機についての情報や知識を集積して共有し，危機に対する共通の理解を確保することが不可欠になると指摘する。そして，人々に情報と知識が共有されると，危機の認知が広がり，認知の精度も高まることになり，危機管理戦略の合意も形成されることになると指摘している。そこから，「危機管理をなすため，多くの人々を政策決定過程や政策履行過程に参加させる参加民主主義の再考，政策に関わる情報を広く公開・共有し，考察し，それに基づいて討論や審議に参加して合意を導き出す熟慮民主主義の手続きなど，現代民主主義の根本問題にも関わっている」と指摘し，「危機管理はガバメント（支配や統治）ではなくガバナンス（協治）の問題となる」と述べている。

ここには，危機管理の基本的な問題としての関係者間による「合意」形成のプロセスとそれを具現化した新たな仕組みづくりという課題が指摘されていといえる。この点について，教育経営学の分野でも同様の指摘がなされている。

水本（2016）は，学校の危機管理の目的にかかわって，「重要なことは，組織における危機管理については，その組織の維持存続ばかりでなく，そこに関わる個人や社会の維持存続が目的とされなければならない」とし，そこには「何を優先すべきについて葛藤が生じることもある」とし，その「合意」形成が課題になると指摘している。とくに，学校の危機管理の目的でもある「正常」な状態を確保するということについては，「何が『正常』な状態であるかは社会的に合意されるべき事柄」として，社会的合意形成が危機管理の課題だとしている。また，「社会の危機管理において学校や教職員がどこまで関わり，どこまで責任を負うのか，学校以外の機関や住民自身がどのような責任を負うのかについて，関係機関や住民との間で合意を形成しておくことが学校の危機管理にとって重要である」と指摘している。

こうした点をふまえれば，学校の危機管理をめぐる新たな枠組みとしてのコミュニティ・スクールを活用していくためには，それらをどうマネジメントしていくかという課題が学校に投げかけられることになる。とくに，学校の危機は学校種別や学校の存立する地域環境などによって異なる側面を有しており，それぞれの学校が地域と連携・協働しながら，自校の危機管理体制を構築していく必要がある。情報と知識を共有しながら，実効性ある危機管理戦略を構築する場としてコミュニティ・スクールを位置づけ，活用していくことが必要だといえる。

(5)「新たなリスク社会」における学校の危機管理

今日，学校をめぐる危機は，ここで取り上げた不審者侵入による犯罪といった社会的災害のみならず多様なものがあり，そのための施策も多岐にわたる。とくに，2011年に発生した東日本大震災は日本社会が「新たなリスク社会」（ベック，2011）に直面している現実を露にさせ，その備えの抜本的見直しが求められている。そのプロセスのなかで，改めて学校と地域のあり方が問い直され，「地域とともにある学校」づくりが，危機に備えるうえでも，また地域再生を図るうえでも鍵を握っていることが明らかにされている。新たな学校の危機管理システムをコミュニティ・スクールの活用という点に求める現在の教育施策の方向性には，こうした現在の日本社会がかかえるリスクに学校と地域の連携・協働によって対応していこうとする姿が読み取れる。

と同時に，こうした新たな危機管理システムが有効に稼働するかは，それにかかわる人々の危機意識の向上と危機管理能力の育成という問題にかかっているのも事実である。先の「学校安全の推進に関する計画」においても，安全教育は学校だけが行うのではなく，保護者や地域住民も参加して行うことが重要であるという観点からコミュニティ・スクールを活用していくことが指摘されている点である。そこでは，学校に求められる役割として「進んで安全で安心な社会づくりに参加し，貢献できる力を身に付ける教育を進めていくべきであり，自助だけでなく，共助，公助（自分自身が，社会の中で何ができるのかを考えさせること等も含む）に関する教育も重要である。その上で，家族，地域，社会全体の安全を考え，安全な社会づくりに参画し，自分だけでなく他の人も含め安全で幸せに暮らしていく社会づくりめざすところまで安全教育を高めていくことが望ましい」と指摘しているのである。

こうした安全教育という側面からコミュニティ・スクールを活用しようとする考えには，「安全なコミュニティ」づくりをめざし，子どもたちだけでなく大人も学び合い，成長できる場としての学校という新たな学校像の提示が含まれている。そこでは，「学び」を媒介にして学校と地域をつなぎ，地域全体で危機に備えるという考え方が存在する。こうした「学び」を媒介とする新たな危機管理のシステムづくりは，ワイクとサトクリフ（2002）が指摘する「学習する文化」を構成要素の１つとする「安全文化」の構築に通ずる考え方が存在するといえる。ワイクらは，不確実性に備える危機管理システムの構築において，組織における「安全文化」の構築が重要であるとし，そのためには「学習する文化」が組織内に構築されている必要があると指摘している。

こうした点をふまえれば，これからの学校における危機管理は，学校と地域との連携・協働による「安全なコミュニティ」づくりに向けて，「学習するコミュニティ」のガバナンスをいかに構築していくかという観点から，その仕組みづくりとその運営のあり方について，コミュニティ・スクールの活用を含め

た検討が学校，地域の双方に求められることになるといえよう。　（北神正行）

文献・参考資料

天笠茂編集代表／小松郁夫編著『「新しい公共」型学校づくり』ぎょうせい，2011年
ウルリヒ・ベック／東廉・伊藤美登里訳『危険社会―新しい近代への道』法政大学出版局，1998年
ウルリッヒ・ベック・鈴木宗徳・伊藤美登里編『リスク化する日本社会―ウルリッヒ・ベックとの対話』岩波書店，2011年
カールE.ワイク・キャスリーンM.サトクリフ／西村行功訳『不確実性のマネジメント―危機を事前に防ぐマインドとシステムを構築する』ダイヤモンド社，2002年
坂田仰『スクール・リーガルマインド―法規に基づく学校運営と説明責任』学事出版，2006年
佐藤晴雄『コミュニティ・スクール「地域とともにある学校づくり」の実現のために』エイデル研究所，2016年
――「『新しい公共』に基づく学校と地域の関係再構築―コミュニティ・スクールの実態から見た新たな関係性」『日本教育経営学会紀要』第54号，第一法規，2012年
下村哲夫『学校事件―そのアカウンタビリティ』ぎょうせい，2001年
谷藤悦史「21世紀の危機管理をどう構築するか―危機管理研究の議論を踏まえて」中邨章・市川宏雄編著『危機管理学―社会運営とガバナンスのこれから』第一法規，2014年
水本徳明「学校づくりと危機管理」小島弘道編著『全訂版　学校教育の基礎知識』協同出版，2016年

2．参加・参画による学校マネジメントと学校評価改革
—義務教育諸学校における学校評価ガイドライン（2006.3）—

⑴ 参加・参画による学校マネジメントと学校評価の動向

本節では，自律的学校のマネジメントにおける学校ガバナンスとリーダーシップにかかわる教育経営の課題として，学校評価改革について検討する。具体的には，①参加・参画による学校マネジメントと学校評価改革の動向を整理し，②学校評価の推進において重要な役割を担う「義務教育諸学校における学校評価ガイドライン（2006.3）」が公表され，その後に改訂された経緯及び学校マネジメントにもたらす意義や課題について検討し，③学校評価ガイドラインに基づく実践事例を紹介・考察し，④今後の検討課題を提示する。

① 参加・参画による学校マネジメントの展開

わが国では，1990年代以降，地方分権化と規制緩和などを基本原理とする教育行政改革が強力に推進されてきた。この流れは学校マネジメント改革にも波及し，1998年の中央教育審議会（以下，中教審）答申「今後の地方教育行政の在り方について」（以下，1998年答申）は，戦後教育改革における学校マネジメント改革，地方教育行政法（1956年）とその後の行政措置によって確立された学校マネジメント改革に続く，戦後第三の学校マネジメント改革の契機となった。1998年答申では，すべての学校がその特色を生かして，創意工夫を凝らした教育活動を展開するとともに，地域全体として，子どもの成長を支援する取り組みの展開が不可欠とされた。そのための改善方策として，各学校の自主性・自律性の確立と自らの責任と判断による創意工夫を凝らした特色ある学校づくり，すなわち「自主的・自律的学校マネジメント」がめざされた。そして，自主的・自律的学校のマネジメントの実現に向けて学校の裁量権の拡大とアカウンタビリティの明確化が強く求められた。

1998年答申以降，2000年の教育改革国民会議報告，2001年の21世紀教育新生プラン，2004年の中教審答申「今後の学校管理運営の在り方について」，2005年の中教審答申「新しい時代の義務教育を創造する」などにおいて，自主的・自律的学校マネジメントのあり方が継続的に検討され，具現化が図られ

てきた。具体的な取り組みや方向性としては，特色ある教育課程の編成，管理職のリーダーシップと教職員の資質能力の向上，学校改善に向けた学校組織マネジメントの導入，「開かれた学校づくり」における保護者・地域住民の学校運営への参加・参画のための仕組みづくりなどをあげることができる。このうち，保護者・地域住民の学校運営への参加・参画については，学校評議員制度，学校関係者評価，学校運営協議会制度の導入によって，その促進が図られている。つまり，「開かれた学校づくり」に向けて，保護者・地域住民が学校に対して意見や要望を積極的に述べ，学校支援ボランティアなどにより学校の教育活動や学校運営に積極的に参加・参画することによって，学校・保護者・地域住民との連携協力による学校マネジメントへの転換が急速に進められてきた。

② 学校評価研究の展開

参加・参画による学校マネジメントが対象とする研究課題において，2000年代より主要テーマとなってきたものが学校評価である。その契機となったものが，2000年12月の教育改革国民会議の「各々の学校の特徴を出すという観点から，外部評価を含む学校の評価制度を導入，評価結果は親や地域と共有し，学校の改善につなげる」という提言である。これを受けて，文部科学省は，2002年2月に小学校設置基準，中学校設置基準を制定した。そこでは，教育水準の向上を図り，学校の目的を実現するため，教育活動そのほかの学校運営の状況について自ら点検および評価を行い，その結果の公表に努めることが規定されたのである。このことについて，勝野は，「以前から行われていた学校評価（『総括』『反省』とも呼ばれていた）と新たな学校評価の違いは，学校運営及び教育活動の改善への確実な連動と説明責任（アカウンタビリティ）の強調」にあると指摘する[1)]。そこで，学校評価をめぐる研究の展開として，いくつかの論考を紹介するかたちで学校評価改革の背景や学校評価研究および実践上の視点を述べる。

1980年代より学校評価研究を牽引してきた木岡は，学校評価研究史を整理しつつ，学校評価研究および実践に対する関心の高まりの背景として，①教育問題の社会問題化によって，学校や教育のあり方が厳しく問われてきたこと，②教育の地方分権化の流れのなかで，学校の自主性・自律性が大きな課題となってきたこと，③行政全体としてのアカウンタビリティの明確化の動きが起きたことと指摘している[2)]。総じて，多様化によって揺らぐ公教育の正当性を，評価によって担保しようとする施策とそれに対する研究と実践の展開が背景にあるといえる。木岡は，こうした動きが学校マネジメントのあり方に大きなインパクトを与える可能性を見いだしたうえで，学校の組織実態に踏み込んだ学校評価をする際に，「評価システムが組み込まれた組織として学校を律しようとする組織統制と学校の自律的な機能である評価を組織自らの手で生み出させようとする組織開発」という２つの視点がありうるとする[3)]。そのうえで，その学校がおかれた状況において有効性を発揮するための独自の組織開発の視点を組み込んだ学校組織マネジメントの発想に基づく学校評価システム構築の必要性を提起する。また，日本教育経営学会第 47 回研究大会での学校評価を主題とする課題研究において，加藤は，学校評価研究の成果として，定義，原理，法制度，組織，手続きなど，国内外の研究に関する研究蓄積によって，①学校における「内－外」「自己－他者」関係など，評価－被評価をめぐる主体－客体関係，②教育のもつ創発特性による学校における「内－外」関係の協働的な関係への発展・転化，③学校をとりまく支援関係としての評価のあり方の特質を明らかにしてきたと指摘する[4)]。さらに，加藤は，学校評価システムにおける保護者・地域住民の参加の問題に関して，学校評価システムの制度化の進展や有り様と山形県での学校および行政とのかかわりをふまえ，学校評価システムの内包する過大な機能期待と保護者・地域住民間の関与の差があることの問題点を整理する。そのうえで，学校と保護者・地域住民を結びつける評価のあり方として，自己評価の公開性ないし参照可能性を最大限引き出し，学校評価システムがシステム全体として社会性や公共性を担保しうるものとならしめるための外部からの装置として位置づけることの有効性を指摘する[5)]。また，大脇は，学校や教職員が「力をつける」「元気になる」という意味での「学校のエンパワーメント」の視点から学校評価を捉えることの有効性を論じている。具体的には，

「学校を評価するシステムは学校関係者にかぶせられたネットであり，学校の活動や関係者の行動をスタンダードによって標準化し統制するものと見なされている。そうではなくて，学校評価を学校の現在を診断し可能性を見つめるツールとして使いこなす実践指針は何か。学校評価を校長・教頭や一部の教職員が担う構図の中で，学校評価の行事に基本課題として学校評価基準はどうあるべきか検討」する必要があると指摘する[6)]。

一方で，学校評価制度に関する批判的論考もみられる。福嶋は，中央政府（文部科学省）の学校評価政策展開の分析を通して，「主要には，『学校経営』の取組状況に焦点を当てる『学校経営像内面化型』となっており，旧来の行政組織型統制の強化—すなわち，文部科学省－教育委員会－学校という縦系列における意思決定浸透のためのツールとして位置づけられている」と結論づけている[7)]。また，福嶋は，全国16都道府県および4市区の学校評価ガイドラインなどの政策文書の分析より，「地方学校評価制度の特徴として，価値内容としては，『トップダウン型』の学校経営体制を志向する傾向がある。また，制度の『価値内面化機能』の強度は強いものと弱いものとに大きく二極化しているが，ばらつきがある」ことを明らかにしている[8)]。さらに，石村と藤森は，学校評価政策と学校の現状分析を通して，学校が自律性や裁量性を十分に保障されていないなかでの学校評価が困難である点と学校改善につながる評価ではなく客観性を強調した診断が優勢である点を指摘する[9)]。

以上のことから，自主的・自律的学校マネジメントや保護者・地域住民などの参加・参画による新たな学校マネジメントを展開するための1つの手法としての学校評価制度が求められている時代において，学校評価研究は，この制度の意義・実現可能性・課題を理論・実証的に明らかにしてきているといえる。

(2) 義務教育諸学校における学校評価ガイドライン（2006.3）の策定と改訂の経緯

① 学校評価ガイドラインの策定と改訂

文部科学省は，学校評価にかかわる最初のガイドラインとして，2006年3月，「義務教育諸学校における学校評価ガイドライン」（以下，ガイドライン初版）を公表した。ガイドライン初版は，各学校や設置者が学校評価に取り組む際の参考として，学校評価の目的，方法，評価項目・指標，結果の公表などに関する目安を示したものであり，法的拘束力はない。自己評価に加えて，外部評価が規定されたことも重要なポイントである。翌2007年6月には，前年の教育基本法改正を受けて，学校教育法が改正され，第42条において学校評価に関する根拠となる規定，第43条において学校の積極的な情報提供についての規定が新たに設けられた。また，2008年1月には，新たに高等学校を加えたガイドラインが策定された。さらに，第三者評価のあり方について検討した学校の第三者評価ガイドラインの策定等に関する調査研究協力者会議がまとめた「学校の第三者評価のガイドラインに盛り込むべき事項等について（報告）（2010年3月）」を受けて，2010年7月には，「学校評価ガイドライン（平成22年改訂）」（以下，ガイドライン2010版）が策定された。従来「外部評価」として包括的に捉えられていた学校関係者評価と第三者評価が明確に区別されたことが重要なポイントである。

ガイドライン2010版に示された学校評価の目的は以下のとおりである。

①各学校が，自らの教育活動その他の学校運営について，目指すべき目標を設定し，その達成状況や達成に向けた取組の適切さ等について評価することにより，学校として組織的・継続的な改善を図ること。
②各学校が，自己評価及び保護者など学校関係者等による評価の実施とその結果の公表・説明により，適切に説明責任を果たすとともに，保護者，地域住民等から理解と参画を得て，学校・家庭・地域の連携協力による学校づくりを進めること。
③各学校の設置者等が，学校評価の結果に応じて，学校に対する支援や条件整備等の改善措置を講じることにより，一定水準の教育の質を保証し，その向上を図ること。

すなわち，評価を通じての学校改善，説明責任，関係者の参加・参画および連携・協力，設置者による学校支援が強く意識されていることがわかる。

② ガイドラインに対する期待と課題

ガイドライン初版とガイドライン2010版それぞれの公表後，『教職研修』で特集が組まれ，複数の教育経営研究者が論考を加えている。とくに，各巻頭論文では，各ガイドラインおよびそれに基づく学校評価実践に対する期待と課題が整理されている。

前者について，木岡は，「義務教育の質保証に関する国の責任を明記し，学校評価システムの自発的な構築を通して，自律的で専門的な『学校』という教育組織の自己更新プログラムの開発を促し，国と地方，そして学校が相互にリンクしあう公教育システムを確立しようとする，意欲的な布石である」とガイドラインを評価する[10)]。一方で，「いくら学校評価を『適切』に行っても学校自体が変わらなければ，これまで繰り返してきた徒労感をぬぐえない。学校が『組織』になっていくプロセスの各局面で，教職員個々の自省的で内発的なリフレクション（形成的評価）が意図的・意識的に位置づけられてこそ，組織的な『学校評価』が生きて働く前提が作られる」と述べる[11)]。すなわち，総花的な評価項目によって評価自体が目的化することを避け，教育活動の精選・重点化による項目化を図り，学校内外の理解・協力を得ながらの評価活動の実践によって，学校改善が促進され，学校に対する信頼が向上すると捉えている。

後者について，小松は，諸外国の先進事例と比較すると，わが国の学校評価は未成熟であると評価したうえで，第三者評価も加わった今次改訂版の目的は，説明責任，組織改善，学校のガバナンスという「重層的な目的」であり，学校評価実践にあたってのこれらを強く自覚することの重要性を指摘する[12)]。そのうえで，「自己評価は，効果的な組織マネジメントと一体的に取り組むこと」「学校関係者評価は，一定の当事者性と利害関係者性を自覚して取り組むこと」「第三者評価は，『クリティカル・フレンド（辛口の友人）』として，専門性を発揮すること」が重要であるとし，3つの評価形態がシステムとして総合的・発展的なものとして進化させる必要があると指摘する[13)]。すなわち，自己評価を充実させたうえで，保護者・地域住民らが学校との新しい関係を構築することにつながる学校関係者評価の工夫や実質化を図り，さらに，専門的見地に基づく判断や評価としての第三者評価によって教育の質保証と改善課題の提示がなされることによって，学校改善につながると捉えられる。

(3) 学校評価ガイドラインに基づく実践事例―岡山県矢掛町の事例―

① 学校評価に対する基本コンセプト

それでは，学校評価ガイドラインは実際の学校現場でどのように活用され，どのような成果と課題をもたらしているのであろうか。筆者が継続的にかかわってきている岡山県矢掛町の事例を紹介・考察してみたい[14)]。

岡山県の中部に位置し，人口約1万5000人の矢掛町は，ガイドライン初版が公表された2006年に，文部科学省学校評価システム構築事業として，「学校評価ガイドラインに基づく評価実践研究」に取り組みはじめた。当時の教育長が事業推進のために示した基本コンセプトは，「学校改善につながる学校評価」「負担感の少ない学校評価」「地域に根ざした学校評価」であった。基本コンセプトに基づき，教育委員会，町内全小中学校の学校管理職，教育経営研究者などからなる研究委員会は矢掛町にふさわしい学校評価のあり方を検討し，各学校は研究委員会の検討内容をふまえ実践研究を進めた。

② 矢掛小学校における自己評価

ここでは，筆者が学校関係者評価委員として継続的にかかわっている矢掛小学校の実践事例を紹介したい。

研究開始時の校長は，学校改善に活かす学校評価のために，全教職員参画によるプロジェクト方式（学習指導，生徒指導，健康・体づくり，連携協力）を採用した。各プロジェクトは，目標項目，具体的実践（担当者，方法），評価指標と方法について，組織的・継続的に検討・実践した。研究初年度のとくに大きな困難は，公表されたばかりのガイドライン初版に示された評価項目・指標例をどの程度参照したらよいかという評価項目の設定であった。検討の結果，総項目が28となった。初年度の自己評価を終えた際の教職員の実態は，「評価疲れ」であった。そこで，2年目は，「自己評価の目的は何か？」という原点に立ち返り，項目の重点化・精選化を図り，10項目まで削減した。2016年度は，6項目にまで精選された。自己評価を通しての教職員の実感は，自校の強みと弱みの認識，学校改善につながる実感，学校運営に対する参画意識と総じて肯定的なものとなっている。これらの実践から，自己評価の実践を通して，教育実践の改善，教職員の職務意欲の向上と力量形成，ミドルリーダーの育成といった学校改善を組織的に進めようとした校長の学校マネジメント力が看取される。

③ 矢掛小学校における学校関係者評価

つぎに，矢掛小学校の学校関係者評価について述べる。前 PTA 役員，現 PTA 役員，地域住民，元教員，大学教員（筆者）から成る学校関係者評価委員は，授業や学校行事などの積極的な参観を通して，児童や教職員の実態把握に努める。また，授業を見る視点などについての自主学習会も開催された。学校関係者評価委員会では，まず，各プロジェクトリーダーが，学校評価アンケートをはじめとするさまざまなデータを用いつつ，教育専門家としての教職員による児童の変容や課題の「見取り」を丁寧に説明する。その後，学校関係者評価委員は，自身が認識する児童や教職員の実態と提示されたデータを比較しつつ，積極的に意見を提示し，質問を行い，教職員の回答に理解を示し，さらに，提案を行う。会は，「議論」が成立しているとはいえ，評価委員は，「辛口の友人」でありつつも，「学校の応援団」としての役割を主体的に担う意識を有している。最終的には，評価委員が，「手交」というかたちで全教職員に対して評価結果を直接報告し，質疑応答を行い，次年度の学校評価に向けた両者の共通認識を図っている。後日，各プロジェクトは，自己評価と学校関係者評価の結果をふまえ，次年度に向けた改善と計画を検討する。これらの実践から，校長による評価委員の的確な人選の成果をはじめとして，評価委員会の場あるいはそれ以外の場で，「学校評価関係者評価の目的は何か？」という評価の前提を評価委員および教職員間で常に確認しあうことなどと合わせ，学校改善につながる評価委員会という校長の明確な意図が看取される。

④ 矢掛町における第三者評価

最後に矢掛町の第三者評価について述べる。矢掛町では，ガイドライン2010版を受けて，ア型（学校運営の専門家であり学校関係者評価委員である評価委員１人で実施）とウ型（学校運営の専門家を中心とするチーム）による第三者評価を試行した。その結果，現在は，①校長在任時1回の実施（学校としては2～3年に1回），②学校をよく知る立場と客観的な立場としての2名の専門家体制（学校関係者評価委員と外部者），③学校および評価者の負担軽減のための実施体制（1日実施，用意する資料などの厳選），④町としての統一的ではあるが，大くくりの評価項目（項目選択および自由項目の設定においては学校裁量が認められている），⑤教職員に対する評価結果の説明と質疑応答から成る「手交」，⑥設置者に対する改善要望の明記と次年度の改善支援，⑦学校HPによる評価結果公表といった方法と内容となっている。このように，矢掛町の第三者評価は，第三者性を保持しつつも，立場の異なる2名の評価委員による多様な観点から，学校のよさと課題を見いだし，改善の方向性を提示するという支援的姿勢によって実施されている。

以上，矢掛町の事例を紹介・考察してきたが，学校評価ガイドラインとの関係での矢掛町の実践の位置づけや特色をまとめると，「学校評価ガイドラインの主旨や内容を十分に理解・参照しつつ，町としての基本コンセプト（学校改善につながる学校評価，負担感の少ない学校評価，地域に根ざした学校評価）を明確にし，関係者間で共有し，町や学校に適した独自のシステムを構築し，組織的・継続的な改善を試みている」といえる。

一方で，矢掛町が学校評価に取り組みはじめてから10年以上が経過するなかで，新しく着任した校長や教職員に対して，矢掛町の学校評価のコンセプトや実践史をいかに伝え，継承し，矢掛町の学校評価をいかに持続・発展させていくかという課題が残る。また，一部の学校においては，学校評価の実践における「マンネリ化」の状況もみられる。これらの課題の克服のために，町教育委員会は，年度当初に，教育委員会，校長，大学教員（各校に配置されている学校関係者評価委員と第三者評価委員）から成る三者協議会を開催している。そこでは，冒頭で教育長から矢掛町の学校評価の基本コンセプトの確認がなされたのち，前年度の学校評価の成果と課題（学校評価書を相互に参照する）や当該年度の学校評価の計画（第三者評価対象校の選定と評価項目の検討を含む）が協議される。

このように，矢掛町は，学校評価を形骸化させることなく，学校改善の有効なツールとして維持・発展させるための努力を継続しているといえよう。

(4) 今後の検討課題

以上，本節では，自律的学校のマネジメントにおける学校ガバナンスとリーダーシップにかかわる教育経営の課題として，学校評価改革について検討してきた。最後に，学校評価改革および実践に関する研究の今後の検討課題をいくつか示したい。

第一に，本節で焦点を当てた，学校評価改革における学校評価ガイドラインに関して，この政策文書が学校評価実践に対して，どのような意義と課題をもたらしているのか，各種データを用いた多面的な分析が求められる。

第二に，学校評価による学校改善および参加・参画による学校マネジメントの促進といった成果がどの程度みられるのか，そのときの関連・影響要因は何であるのか，より精緻に分析することが求められる。現在は，校長・教職員・評価委員などの主観評価に基づく分析が主となっている。当事者の評価も重視しつつも，客観的な評価指標（尺度）や分析手法の開発が求められる。

第三に，評価主体－客体の固定化，マネジメントサイクルおよび教員評価と学校評価との非連動性，評価疲れ，マンネリ化，学校関係者評価および第三者評価の実施方法といった学校評価に関する課題克服事例の精緻な要因分析が求められる。そのためには，各地・学校の学校評価にかかわっている教育経営研究者が多くの事例を共有し，相互に分析する研究体制の構築が求められる。

（諏訪英広）

注

1) 勝野正章「学校評価と学校改善」小川正人・勝野正章『改訂版　教育行政と学校経営』NHK 出版，2016 年，221 頁。
2) 木岡一明『学校評価の「問題」を読み解く』教育出版，2004 年，1-24 頁。
3) 木岡一明「学校評価をめぐる組織統制論と組織開発論の展開と相克―戦後教育改革期における学校評価展開の再吟味」小島弘道編『時代の展開と学校経営改革―学校のガバナンスとマネジメント』学文社，2007 年，265 頁。
4) 加藤崇英「これまでの学校評価研究の成果・課題と外部評価・第三者評価」『日本教育

経営学会紀要』第50号，第一法規，2008年，172-173頁。

5) 加藤崇英「学校評価システムにおける参加とその問題性—学校と保護者・地域住民を結び付ける評価の現状」『学校経営研究』第35号，2010年，16-17頁。

6) 大脇康弘「学校をエンパワーメントする評価のあり方」大脇康弘編『学校管理職の経営課題5　学校をエンパワーメントする評価』ぎょうせい，2011年，4頁。

7) 福嶋尚子「中央政府における学校評価政策の展開と制度構想の特徴」『日本教育政策学会年報』第18号，2011年，147頁。

8) 福嶋尚子「『価値内面化機能』の視点から見た地方における学校評価制度の分析」『日本教育行政学会年報』第36号，2010年，135頁。

9) 石村雅雄・藤森弘子「現在の学校評価の問題」『鳴門教育大学学校教育研究』第29号，2015年，133頁。

10) 木岡一明「学校評価の現状と『ガイドライン』活用の視点」『教職研修』8月号，2006年，34頁。

11) 同上，34頁。

12) 小松郁夫「自己評価・学校関係者評価・第三者評価の一体的推進にどう取り組むか」『教職研修』10月号，2010年，28頁。

13) 同上。

14) 次の文献を参照。武泰稔編『「学校力」を培う学校評価—矢掛町の挑戦』三省堂，2011年；矢掛町学校評価システム構築事業運営委員会・同評価研究委員会編『「学校力」を培う学校評価—矢掛町のチャレンジ』2008年；矢掛町第三者評価研究委員会・第三者評価委員会編『学校運営の改善を図る矢掛町の第三者評価の試み』2009年；矢掛町第三者評価研究委員会・第三者評価委員会編『「学校力」を培う学校評価—矢掛町の第三者評価』2010年；諏訪英広・福本昌之他「学校改善を促す第三者評価システムの開発プロセスと実践—矢掛町における取組事例」『日本教育経営学会紀要』第53号，第一法規，2011年，102-112頁。

3. 学校スタッフの多様化と教育の専門性
—中教審「チーム学校」(答申)をめぐって—

2014年6月，OECD(経済協力開発機構)の第2回国際教員指導環境調査(TALIS：Teaching and Learning International Survey；以下，TALIS調査)の結果が公表されると，わが国の教員の多忙化は，国際比較でも顕著であることが明らかとなり，このことはメディアなどでも大きく取り上げられた。その後，「チーム学校」に関する審議が中央教育審議会(以下，中教審)に諮問されると，教職員の多忙化軽減を期待される提言として強く印象づけられた。また，審議が始まると，教員以外の専門スタッフが諸外国に比して少ないとし，事務職員やスクールカウンセラー(以下，SC)やスクールソーシャルワーカー(以下，SSW)の配置拡充案が示された。とりわけ，SC・SSWは，いわゆる貧困対策としての学校の「プラットフォーム」化[1)]の議論ともかかわって注目が集まった。すなわちこれら多様なスタッフの配置は，同時に教員を授業に専念させるための，いわば「学校の教職員構造の転換」(第2回会議資料)を志向するものである。

本節では，2015年12月に出された中教審「チームとしての学校の在り方と今後の改善方策について(答申)」(以下，「チーム学校」(答申))に含まれる，こうした多様な論点とその経緯にふれながら，とりわけ学校スタッフの多様化の問題が，今後の学校における協働性や管理職のあり方，ひいては教育の専門性にとっていかなる影響を与え，また問題とされうるかについて検討していきたい。

(1)「チーム学校」(答申)の経緯とその特質

①「チーム学校」論議に至るまでの経緯

冒頭で述べように，「チーム学校」論議は，職員・スタッフの多様化に関する議論の一方で教員の多忙化解消や働き方の見直しの意味も含んでいる。実は，そういった内容の提言は，2007年3月の中教審「今後の教員給与の在り方について」(答申)まで遡ることができる。このなかでは，まず過去の調査に比して，教員の「残業時間が増加しており，まずはこの事実を認識する必要」を指摘した。そして「子どもの指導に直接かかわる業務以外の，学校経営，会議・

打合せ，事務・報告書作成等の学校の運営にかかわる業務や保護者・PTA 対応，地域対応等の外部対応といった業務に多くの時間が割かれている」とし，「教育の質の向上を図っていくには，何よりもまず，教員が子どもたちに向き合い，きちんと指導を行えるための時間を確保することが重要である」と指摘した。そしてそのために教員の時間外勤務の縮減，勤務負担の適正化，さらにはアウトソーシングの必要性，外部専門家の活用，福祉や医療等関係機関との連携の促進などを唱えている。

他方，ほぼ同じ時期に SC・SSW に関する議論が進められていた。2007 年 7 月，教育相談等に関する調査研究協力者会議による「児童生徒の教育相談の充実について―生き生きとした子どもを育てる相談体制づくり―（報告）」では，関係機関とのネットワークによるサポートチームの形成や教育委員会などが中心となって設置する「学校緊急支援チーム」（仮称）を提言した。また，2010 年 3 月に改訂された「生徒指導提要」では，「問題を抱える個々の児童生徒について，校内の複数の教職員や SC や SSW などがチームを編成して児童生徒を指導・援助」する「チームによる支援」の必要性を指摘している。

こうした動きを底流としながら，TALIS 調査結果の公表から始まる中教審への「チーム学校」（諮問）までの直接的な動きがあったと指摘できる。TALIS 調査では，日本の教員の残業時間が突出しているにもかかわらず，授業やその準備にかけている時間は他国とあまり変わりがないことが明らかとなった。結果的には中教審「今後の教員給与の在り方について」（答申）において示されていた勤務実態の状況を，再度，示すものとなったといえるが，国際調査であったこともあり，メディアなどにも大きく取り上げられ，「チーム学校」論議への大きなインパクトとなった。さらにこれら「チーム学校」論議を後押しした与党や内閣の動きの影響も大きかったといえる[2)]。

②「チーム学校」（答申）における「学校スタッフの多様化」

「チーム学校」に関する審議は，2014 年 11 月から中教審・初等中等教育分科会に設置された「チームとしての学校・教職員の在り方に関する作業部会」において進められた。同作業部会は，翌年 2015 年 7 月には「中間まとめ」を公表し，その後，関係団体などのヒアリングを挟んで，さらなる審議を進め，最終的には2015年12月21日，中教審「チームとしての学校の在り方と今後の改善方策について」(答申) として公表された。

「チーム学校」(答申) では，「これからの学校が教育課程の改善等を実現し，複雑化・多様化した課題を解決していくためには，学校の組織としての在り方や，学校の組織文化に基づく業務の在り方などを見直し，『チームとしての学校』を作り上げていくことが大切である」と指摘し，SC や SSW など，「多様な専門性を持つ職員」の配置を進め，チームとして連携・協働を進める学校づくりを提言するとともに，そのなかで「管理職のリーダーシップや校務の在り方，教職員の働き方」を見直すとした。また，「チーム学校」を実現するための3つの視点を整理して，以下のとおり指摘した。

1　専門性に基づくチーム体制の構築：教員が，学校や子供たちの実態を踏まえ，学習指導や生徒指導等に取り組むため，指導体制の充実が必要である。加えて，心理や福祉等の専門スタッフについて，学校の職員として，職務内容等を明確化し，質の確保と配置の充実を進めるべきである。

2　学校のマネジメント機能の強化：専門性に基づく『チームとしての学校』が機能するためには，校長のリーダーシップが重要であり，学校のマネジメント機能を今まで以上に強化していくことが求められる。そのためには，優秀な管理職を確保するための取組や，主幹教諭の配置の促進や事務機能の強化など校長のマネジメント体制を支える仕組みを充実することが求められる。

3　教職員一人一人が力を発揮できる環境の整備：教職員がそれぞれの力を発揮し，伸ばしていくことができるようにするためには，人材育成の充実や業務改善の取組を進めることが重要である。

上述したように，「チーム学校」(答申) は「教員以外の専門スタッフの参画」を促進する，いわば「学校スタッフの多様化」を志向する政策提言といえる。教員以外のスタッフやその業務は以下のものである。まず「心理や福祉に関する専門スタッフ」として，SC および SSW があげられた。つぎに「授業等において教員を支援する専門スタッフ」として，ICT 支援員や学校司書，英語指導を行う外部人材と外国語指導助手（ALT）などや，補習などを担う学校における教育活動を充実させるためのサポートスタッフがあげられた。また「部活動に関する専門スタッフ」として部活動指導員（仮称）も示された。さらに「特別支援教育に関する専門スタッフ」として，医療的ケアを行う看護師など，特別支援教育支援員，言語聴覚士（ST），作業療法士（OT），理学療法士（PT）などの外部専門家が示めされた。そのほかに，就職支援コーディネーター，地域連携担当教職員（仮称）をあげている。また，「事務体制の強化」として，事務の共同実施組織について，法令上，明確化することを検討するとした。さらに学校現場における業務改善や教職員のメンタルヘルス対策の課題を指摘した。加えて「教育委員会等による学校への支援の充実」をあげ，警察や弁護士会などの関係機関・団体と連携した「不当な要望等への対応」も「チーム学校」の視野にあるとした。

③「チーム学校」（答申）以降の政策動向と法令改正

「チーム学校」（答申）以降の動きとして，文部科学省「教育相談等に関する調査研究協力者会議」（以下，教育相談会議）の動向が注目できる。教育相談会議は，2016 年 12 月に発足したが，「チーム学校」作業部会では踏み込まなかった SC・SSW の役割や配置の詳細について議論を進め，2017 年 1 月，「児童生徒の教育相談の充実について～学校の教育力を高める組織的な教育相談体制づくり～」（報告）をまとめた。同報告には，SC と SSW のガイドラインが示されたうえで，学校の教育相談体制整備の課題が述べられている。学校マネジメントにかかわっては，以下の内容が重要といえる。すなわち，学校では「気になる児童生徒」について，しっかりと組織的に把握し，事案によっては「ケース会議」を開き，そこで SC・SSW の知見・アドバイスを共有化するとともに，学校組織内外の連携協力を密にしていくことが求められる。そしてそこには「教育相談コーディネーター」をおき，これらを組織的に機能させることが期待されるとした。[3)]

その後，「チーム学校」（答申）からおよそ 1 年半を経て，その趣旨を実現するための職員配置に係る種々の法令改正が2017年4月施行に合わせてなされ，スクールカウンセラー（学校教育法施行規則65条の2）およびスクールソーシャルワーカー（同法施行規則同条の3）は省令上に位置づけられた[4)]。

(2)「チーム学校」と教育の専門性

① 教員とSC・SSWの関係性

「チーム学校」論議は，一方でこれまで学校が培ってきた「チームワーク」を重視し，職員配置の充実について唱えていることが指摘できるが，他方でSCとSSWの配置[5)]を促進することは，相対的に教員の教育活動や児童生徒に対する指導に変容が生じ，ひいてはその専門性の変容が起こり，最終的に子どもに対する影響となることが懸念される。

先述の教育相談会議においても強調されたSC・SSWの専門性における重要な論点，たとえば，それはクライアント主義であり，そこでの守秘義務は，学校の管理者である校長に対しても「話さない」ことを選択しうる。翻ってみれば，教員はそのような線引きを許されない立場でこれまできた。教員が子どもの生活を包摂的に捉える関係からみれば，教員の専門性を授業だけにとどめずに生活全般にまで広げることになるが，そのような業務としては学級担任が代表的といえる。そもそも，これまではSCにしても，SSWにしても必ずしも十分な配置がなされてきたわけではない。つまり，SSWのように子どものもっている関係性に柔軟性を与えたり，SCのように個別の悩みをきいて相談に乗ったりすることは，多かれ少なかれ，どの学校でも必要なことであり，これらが学級の児童生徒から求められるとき，そこでの学術的な意味での専門性はともかくも，まさにそれは学級担任にもとめられる力であり，よって教員に求められる力であったはずである[6)]。

「チーム学校」（答申）では，SC・SSWの配置を促進することが提唱される一方，たとえば教員が担ってきた生徒指導の役割の重要性は変わらないとしている。答申の内容からは，今後，授業以外の面での教員の子どもに対する関与のあり方が拡大するのか，縮小するのか，どちらに向かうかは判然としない。すぐには大きな変化はみられないかもしれないが，今般のいわゆる「働き方改革」

や勤務時間適正化の議論もあって，教員の関与の範囲を限定的に捉えていく方向の可能性は少なからず存在するし，世代交代の進む教員社会のなかでこうした意味での教師観に変容が起こるかもしれない。

② 専門性の核としての授業実践力

上述のように「チーム学校」論議に含まれる教員の専門性をめぐる言説は不明瞭な面が多い。それはSC・SSWの専門性と対照的でさえある。そう考えると以下のような問いにあたる。すなわち，「チーム学校」論議は，教員の本来の業務である授業に注力する環境をつくるとしているが，そうした授業にかかわる専門性についての議論が不十分ではないかと。

そもそも教員とそれ以外の職員・スタッフという区分では，教員の側は皆，同じような立場にあるように語られている。だが，実態はどうか。同じ立場とされる小学校の教員も個々の教員の業務の内実はかなり異なっている面もある。たとえば，理科について教科担任制を敷く小学校がある。また音楽や家庭などの専科など，全科担任制を基本とする小学校においても，そうした教科のスペシャリストとしての専門性が強調される側面もある。さらに現実には，たとえば小学校では，低学年をあたかも“専門”とするように配置を繰り返される教員，逆に高学年を“専門”とする教員がいる。生徒指導や進路指導，部活動に至るまで，“暗黙の専門性基準”が存在している場合がある。そして本来は特別支援の免許によって専門性を担保しなくてはいけないはずの特別支援学級に，免許の有無と関係なく，学校の事情で教員を配置しなくてはいけない状況もある。

「チーム学校」（答申）では，確かに専科教員の配置についてこれを充実させる必要性についてふれている箇所[7)]はある。しかし，それは補足的に止まっている。つまり，「チーム学校」（答申）を経て，SC・SSWの側は明確な専門性のラインを引いて学校組織に参入してくる一方，教員は，免許更新制の厳格的な運用と現職研修の内容強化という議論はあっても，学校現場における業務の分担や線引きにかかわる意味での専門性に関する議論について踏み込むような進展はさほどみられない。よって，依然として現場における「裁量」や適切な「運用」の名の下に，自らの専門性についての不明瞭性はそのままに，教員は配置され，業務を担わされる関係におかれているのである。

「チーム学校」の論旨に立って専門性による業務分担を構想するならば，本来，教員は，授業実践力を専門性の核とし，学級経営，生徒指導，進路指導というように専門性が付加されていくとみることができる。たとえば教務主任も，その役務を任されて初めてカリキュラム・マネジメントに取り組むのではなく，そうした専門性を，資質力量として備えた者が教務主任を担うという関係であるはずである。つまり，「チーム学校」論議は，副校長や主幹といった「新しい職」などにみられる「タテ」の関係性を論じていても，こうした授業や教科といった本来の核となる教員の専門性から始まる「ヨコ」の専門性をほとんど論じていないのである[8)]。それどころか，今次の改革は，道徳を特別の教科として格上げしたうえで授業の充実を，また小学校の教員は英語（外国語）の指導力の習得を求められている。いうまでもなく，これらの議論は「チーム学校」論議の範疇を超える。よって，「チーム学校」論議における教育の専門性に対する疑念や批判は，SC・SSW との関係性ももちろん課題であるが，教員自らの処遇や配置の問題も含めて，教員自身のコアとなる専門性の議論に対してもっと向けられるべきであり，その問題性が論じられ，また，研究されるべきではなかろうか。

(3) 多様なスタッフを「束ねる」教育の専門性

「教育の専門性」が，学校における教育的な判断や価値基準の基盤にあり，経営的な判断のよりどころであるとするならば，「チーム学校」論議を借りるまでもなく，最近でもいじめ自殺事件にみるように，現に学校や教育委員会の対応に批判がなされていて，そこに何らかの強化策が求められるのは当然と目されている。前述したように，教育相談会議では，SC・SSW の専門性を担保する「ケース会議」の適切な運営を求めた。この必要性と重要性は，近年のいじめ自殺事件や川崎市の中学生殺害事件などを引き合いに出されることからも明らかであった[9)]。つまり学校の教育相談にかかわる専門的な判断が，そしてその判断をよりどころとした組織的な判断がいかに脆弱的であるかという，そうした意味での学校の有する「教育の専門性」に対する批判であると筆者は考える。しかし，教育相談会議で再三にわたって確認されたことは，SC・SSW の専門性の確保であり，そのための「ケース会議」の位置づけと重視であるが，SC・SSW の専門家からの指摘では，その「ケース会議」の適切な運用を期待される「教育相談コーディネーター」を担うのは，SC・SSW ではなく，ほかでもない従来の教職員である[10]。すなわち，SC・SSW という「スペシャリスト」を包摂しながらも，この統合性を高めるマネジメント力が教職員，とりわけ学校管理職に求められることになり[11]，そうした意味での業務負担への対応は今後のマネジメント上の大きな課題といえる。

学校が教育の組織であり，そこでの意志決定が「教育の専門性」においてなされるのであれば，多様な職員・スタッフの有するそれぞれの専門性を，いわば「束ねる」ことで管理する資質力量をもち，意志決定できる「教育の専門性」を今後もいっそう求められるといえる[12]。よって，管理職養成や連動する登用のあり方をめぐる議論は，こうした「チーム学校」論議の面からも強化される関係にあるといえる。　（加藤崇英）

注

1)「子供の貧困対策に関する大綱（平成 26 年 8 月 29 日閣議決定）」は，学校を子どもの貧困対策の「プラットフォーム」と位置づけ，「①学校教育による学力保障，②学校を窓口とした福祉関連機関との連携，③経済的支援を通じて，学校から子供を福祉的支援につなげ，総合的に対策を推進するとともに，教育の機会均等を保障するため，教育費負担の軽減を図る」としている。

2)「教師の勤務時間や授業以外の活動時間が世界的に見て格段に長いことを踏まえ，教師が子供と向き合う時間を確保し，教育活動に専念できるようにする観点から，学校経営を支える管理・事務体制の充実，スクールカウンセラーやスクールソーシャルワーカーなどの多様な専門職の配置や活用が進むよう，制度面・財政面の整備を行う」（教育再生実行会議「今後の学制等の在り方について」（第五次提言）2014 年 7 月）。「教師が専門職としての指導力を十分に発揮できるよう，授業等の教育活動に専念できる環境を整備することが重要である。このため，国，地方公共団体は，例えば，学校経営を支える事務職員の充実を図り，教師と事務職員の役割分担を見直すことや，SC や SSW，部活動指導員，学校司書，ICT 支援員等の配置を行うことにより，『チーム学校』を実現する」（教育再生実行会議「これからの時代に求められる資質・能力と，それを培う教育，教師の在り方について」(第七次提言) 2015年5月)。「世界トップレベルの学力達成と基礎学力の向上に向け，社会を生き抜く力の養成を図りつつ，アクティブ・ラーニングの促進や教職員の質的向上など指導力の強化を進めるとともに，組織的に教育力を向上させる『チーム学校』の考えの下，多様な専門人材の活用や関係機関との連携，特別支援教育等を推進する」(「経済財政運営と改革の基本方針2015について」閣議決定，2015年6月)。

3)「第3節　学校における教育相談体制の在り方」教育相談等に関する調査研究協力者会議「児童生徒の教育相談の充実について～学校の教育力を高める組織的な教育相談体制づくり～」(報告) (2017年1月)，18-22頁。

4) そのほか，「チーム学校」関連の法令改正は以下のとおり。部活動の負担軽減にかかわって，中学校段階以上を対象として「部活動指導員」(学校教育法施行規則78条の2) が規定された。また学校事務職員は，それまでの「従事する」から「事務職員は，事務をつかさどる」へ (同法37条14項) とされた。さらに事務長は「事務職員その他の職員が行う事務を総括する」(同法施行規則46条3項)，事務主任は「事務に関する事項について連絡調整及び指導，助言に当たる」(同施行規則同条4項) とされた。また，「共同学校事務室」(地方教育行政の組織及び運営に関する法律47条の5) が位置づけられた。

5)「チーム学校」(答申) では，SCおよびSSWについて，将来的には「教職員定数として算定し，国庫負担の対象とすることを検討する」とした。ここに政府の「加配定数」に関する政策転換に対するカウンターパートを含めることで，教育財政において大きな割合を占める教職員配置政策の理念と論理に一貫した方針を位置づけようとしていることが指摘できる。加藤崇英「『チーム学校』論議のねらいと射程」『学校経営研究』第41巻，大塚学校経営研究会，2016年，1-9頁。

6) ある小学校教諭は自身の学級経営の取り組みに「①児童の実態把握 (意識調査，学級満足尺度Q-U，ソーシャルスキル尺度)，②心理教育的なグループアプローチの活用 (構成的グループエンカウンター，ソーシャルスキルトレーニング，アサーショントレーニング，ピアサポート，解決志向ブリーフセラピー)，③日常生活での指導 (クラス会議，勇気づけ)」など，多様な手法によって実践を行った。加藤，同上。

7) 中央教育審議会「チームとしての学校の在り方と今後の改善方策について (答申)」，2015年，27頁。

8)「免許の種類は入職前でタテに拡大するのではなく，『標準』を核として入職後にヨコに拡大していくシステムを提言したい。教科にかかわる必須の免許状を『標準』に置き，個々の教員の実績や研修の努力に応じて『標準』の更新のみならず，『生徒指導』『教育相談』『学校経営』などの学校の教育問題や主領域に対応して『資格 (免許)』を設け，現職教育の進度 (拡大と深度) に応じて評価するシステムを設けるのである。」「高度の専門性を生かした学校の協働性 (組織体制) を構築することは，社会から信頼される学校づくりの第一歩である。」岡東壽隆「教員の専門性について」『日本教育経営学会紀要』第43号 (特集 教員の専門性と教育経営) 2001年，12頁。

9)「教職員，スクールカウンセラー，スクールソーシャルワーカーは，先ほど校内委員会の学校組織というのがどういうものなのかという御意見があったが，要は川崎事件やいじめの事件をイメージしてピックアップされる，スクリーニングされるという会議体と考えている。ケース会議とこれは別物だと思うので，これをきれいに切り分けた方が分かりやすい。」（第6回「教育相談等に関する調査研究協力者会議」（平成28年9月7日）議事要旨 http://www.mext.go.jp/b_menu/shingi/chousa/shotou/120/gijiroku/1384506.htm（2017年6月29日確認）。

10)「一方で『教育相談コーディネーター』を教頭が担った場合でも，関連する事務業務について，他職員が分担・支援することは必須であり，他方で『教育相談コーディネーター』を，例えば主幹教諭や一定の経験・キャリアをもった一般の教諭等が行う場合でも，教頭がかなりその動向をしっかりと把握する必要があると考える」。加藤崇英「『チームとしての学校』の在り方と実現に向けて～教育相談機能の整備に関わって～」『学校運営』全国公立学校教頭会，2017年，13頁。

11) 浜田博文「公教育の変貌に応えうる学校組織論の再構成へ：『教職の専門性』の揺らぎに着目して」（特集 学校組織のリアリティと人材育成の課題）『日本教育経営学会紀要』第58号，第一法規，2016年，42頁。

12) ただ，そこで専門性が十分かどうかの判定基準は，内容やプロセスよりも，結果責任においてなされるといえる。

第2部

地域創生と地域教育経営の課題

第6章　コミュニティ・スクール構想と地域学校協働本部の教育経営

コミュニティ・スクールは，学校制度の一環として，文部科学省初等中等教育局によって推進され，2004年の創設から13年を経た2017年4月には3600校にまで増えた。一方，地域学校協働本部は，文部科学省生涯学習政策局により2008年度にスタートした学校支援地域本部（以下，地域本部）の発展型とされる社会教育事業である。両者に関して，2015年12月の中央教育審議会（以下，中教審）答申「新しい時代の教育や地方創生の実現に向けた学校と地域の連携・協働の在り方と今後の推進方策について」は，「地域とともにある学校に転換するための仕組みとしてのコミュニティ・スクールと，社会教育の体制としての地域学校協働本部が，相互に補完し，高め合う存在として，両輪となって相乗効果を発揮していくことが必要」（68頁）だとして，一体的・効果的な推進（以下，一体的推進）を図るよう促したところである。答申では，従来の学校地域本部を地域学校協働本部に改めたところに，地域（地方）創生に果たす地域本部とコミュニティ・スクールの役割を強く期待していることが見いだされる。

そこで本章では，コミュニティ・スクールと地域学校協働本部との関係づけをどう捉え，その一体的な推進のあり方の有効性を校長の成果認識に基づいて検証・考察することを目的としたい。その場合，筆者が代表として実施した文部科学省委託調査（以下，全国調査）（コミュニティ・スクール研究会，2017）のデータを用いる。

1．コミュニティ・スクールと地域学校協働本部の関係性

(1) コミュニティ・スクール構想

コミュニティ・スクールは学校運営協議会（以下，協議会）を通してステイク・ホルダーによる学校運営参画を可能にするスクール・ガバナンスを体現させた制度である。これに対して，地域学校協働本部（以下，協働本部）は保護者や地域住民などによる学校支援活動をはじめとする地域連携活動のためのコーディネートの仕組みであり，学校のソーシャル・キャピタルにかかわる事業である。それでは，なぜ両者の関係性が注目されるようになったのか。

コミュニティ・スクールは，2000年に教育改革国民会議で提案されたが，

そこでは市町村が校長を公募し，有志による提案を審査して市町村が設置する「新しいタイプの学校」とされていた。つまり，既存の学校とは別の学校を設置するよう提案されたのである。これを受けたかたちで総合規制改革会議は2001年7月の「中間とりまとめ」のなかでチャーター・スクール的要素を盛り込んだコミュニティ・スクールのあり方を示したが，同年12月の「規制改革に関する第一次答申」では文部科学省の考え方に近い「地域学校協議会」を既存の学校におくという現行型のコミュニティ・スクールの設置を求めるよう方向転換を図った。そして，翌年度に文部科学省は「新しいタイプの学校運営の在り方に関する実践研究」を実施するために研究指定校を募った。この実践研究の課題は，①学校裁量権の拡大，②学校と地域（コミュニティ）との連携，③そのほか学校運営に関する事項とされ，このうち②のなかに「学校における地域人材の積極的な活用」という文言が盛り込まれていた。

その結果，スクール・ガバナンスの要素を重視して学校理事会（学校運営協議会）を創設した東京都足立区立五反野小学校の取り組みとソーシャル・キャピタルの要素を重視した京都市立御所南小学校の取り組みが注目され，これら2つの異なるタイプのコミュニティ・スクールが各地に普及していった。その結果，コミュニティ・スクールと学校支援活動は一定の関係づけがなされるようになり，むしろ両者の関係づけを重視する傾向が強まったのである。

(2) 学校支援地域本部（地域学校協働本部）の誕生

コミュニティ・スクールが誕生した2004年から3年を経た2007年に，財務省の肝いりで，学校支援地域本部（以下，地域本部）事業の実施が提案され，翌2008年度から文科省の社会教育事業としてスタートした。財務省が作成した2008年12月20日付の2008年度予算原案では地域本部事業など約1800カ所らに対して50億円が計上されていた。

ここで注目すべきは，この予算原案には教員の定員増・退職教員など外部人材活用事業とともに地域本部事業が「信頼できる公教育の確立」としてくくられていることである。「文部科学省事業評価書―平成21年度新規・拡充事業等」は地域本部の必要性について，「教員の多忙化が指摘されており，教員が教育活動により力を注げる環境を整えることが重要である」として，学校支援活動を教員の負担軽減のための事業に位置づけていたのである。

その後，前述した2015年中教審答申は地域本部の発展型として協働本部の設置を促したが，中教審生涯学習分科会の「学校地域協働部会」は，当初，「学校協働地域本部（仮称）」という名称で議論を重ねていき，その過程で「学校地域協働本部」案が出され，結局は「地域学校協働本部」に落ち着くのであった。その主なねらいは，学校支援以外にも活動の枠組みを拡充しようとするところにある。当時の文科省社会教育課長は，「現在の学校支援地域本部というのが，『支援』という言葉が少し，要するに学校をお手伝いするということにやや重きが置かれやしないか。そこを，いや，そうではなく，正に学校と地域が『協働』していくための本部であるというメッセージを伝えるために」だと名称変更の理由を述べている（生涯学習分科会第8回議事録，2015年10月5日）。地域本部が社会教育事業であるということが改めて強調されたわけである。

(3) コミュニティ・スクールにおける地域学校協働の課題

一方では，学校支援活動に傾斜したコミュニティ・スクールのあり方を危惧する指摘もなされている。たとえば，岩永や西川は，学校支援の意義を認めたうえで，これがコミュニティ・スクール本来の姿ではないと述べている（岩永，2011，38-54頁；西川，2012，112-115頁）。また，仲田らは，そうしたタイプを学校支援型コミュニティ・スクールと称し，その問題点の1つとして「学校の不足を補うという意味において，そもそも行政による条件整備の不足を問題視せず，それを学校レベル（地域レベル）でいかに補完するかという論理」に立っていることを指摘する（仲田・島田，2015，182頁）。

学校支援活動が地域学校協働活動に改められれば，学校支援に特化されることなく多様な地域連携・協働活動が期待されるため，コミュニティ・スクールと協働本部の一体的推進は，仲田らの指摘した問題点をある程度弱めるだろうが，岩永や西川の指摘する問題点は残されたままになる。学校支援であれ，地域学校協働活動であっても，これらはガバナンスをめざす本来のコミュニティ・スクールの役割ではなかったからである（法の条文に記されていない役割の意）。

むしろ，その一体的推進は，本来のガバナンス機能を弱化させ，コミュニティ・スクールを地域学校協働活動に傾斜させる可能性を高める。

したがって，今後のコミュニティ・スクールは学校運営協議会によるスクール・ガバナンスの側面が学校支援などスクール・キャピタルの側面の後景に退くことのないよう，両者の両立をめざすことが課題になる。

2. 学校運営協議会の権限・役割の変化

コミュニティ・スクールにおかれる学校運営協議会は，①校長の作成した学校の基本方針を「承認」すること，②教育委員会および校長に対して「学校運営に関する意見」を申し出ること，③当該校の教職員の「任用」に関する意見申出を行うことという3つの権限を有する。さらに，2017年3月の地教行法一部法改正によって，④保護者および児童生徒ならびに地域住民に対して，地域協働・連携や学校支援に関する理解を深め，これに関する協議結果の情報提供の努力義務化が加えられた。この新たな役割の付加によって，学校運営協議会は地域学校協働活動にもかかわるよう定められたことから，ガバナンス機能の弱化がますます懸念されると同時に，その活動の取り込みによる相乗効果も期待される。

これまでの学校運営協議会は，法的には学校支援活動（法改正後は「地域学校協働活動」に包含される）という「実働」を担う仕組みに位置づけられていないが，実際には「協議」と「実働」という二側面に関する活動を担う例が増えてきた。

先行研究によれば，学校支援や学校評価などの派生活動を展開するコミュニティ・スクールはそうでない場合に比べて校長の成果認識が高い傾向にあり，また派生活動に取り組みつつも，教育委員会らに対する意見申出など本来のガバナンスにかかわる活動を怠らない学校で高い成果認識が見いだされた（佐藤，2017，247-260頁）。したがって，コミュニティ・スクールは「実働」に主軸をおくのではなく，「協議」を軸にしながら「実働」を展開するほうが有効だといえる。

3. コミュニティ・スクールにおける地域学校協働活動のあり方

(1) 学校運営協議会と地域本部らの一体的推進の視点

それでは，どのようなかたちでその一体的推進を図ればよいのだろうか。前出の中教審答申は，両者の一体的推進に関して以下のように述べる。

「地域とともにある学校に転換するための仕組みとしてのコミュニティ・スクールと，社会教育の体制としての地域学校協働本部が円滑に連結し，両者の機能を一体的・効果的に高めるための方策としては，それぞれの活動の企画等の段階から，双方の運営方針や取組計画等を共有したり，互いの取組の充実を目指し，重複を避けるため提案をしたりするなど，普段からしっかりと関係者間でコミュニケーションや情報共有を行うことが有効である。」

ここでは両者の「連結」やコミュニケーション，情報共有が有効だと述べているが，「連結」すなわち関係づけの形態にはふれていない。そこでコミュニティ・スクールの実態をふまえると，協議会と地域本部など（以下，地域本部）の関係づけは以下のように類型化できる。

①地域本部などを協議会の下部・実働組織に位置づけているタイプ（結合型）

②協議会と地域本部などを連携させているタイプ（連携型）

③両者の関係づけがなされていないタイプ（分立型）

前出の全国調査によると，支援本部などを設置するコミュニティ・スクールは41.0％（594校）であり，このうち，①「結合型」34.1％，②「連携型」56.3%，③「分立型」9.6%となり，②「連携型」が半数を上回った。

(2) 地域本部（協働本部）の有無とコミュニティ・スクールの成果

実際に支援本部を設置するコミュニティ・スクールは設置のない学校よりも成果を上げているのか。前出のコミュニティ・スクールの全国調査のデータ分析からその点について探ってみよう。

調査では，地域本部（協働本部が提言される前に調査を実施）の設置の有無別に校長の「コミュニティ・スクールとしての成果認識」（以下，CS成果認識）[1]を問うた。そこで，CS成果認識に関する24項目の回答を「とても当てはまる4点－3点－2点－まったく当てはまらない1点」という方法で数量化し（full

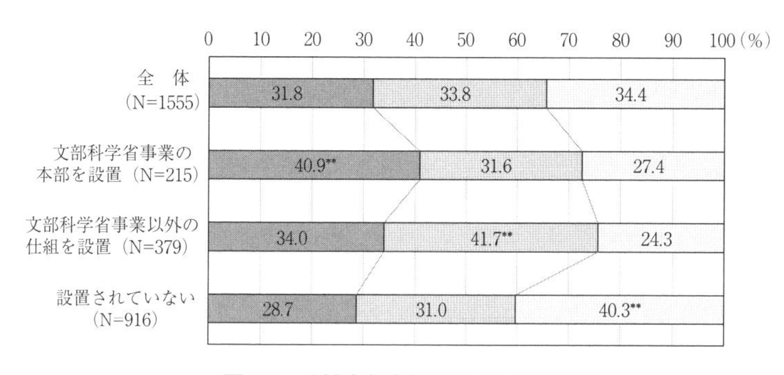

図 6.1　地域本部有無別の CS 成果認識

score 96 点），これを「CS 成果認識［低群］」（～ 60 点），「CS 成果認識［中群］」（60.5 ～ 68 点），「CS 成果認識［後群］」（68.5 点～）の 3 カテゴリーに分類した。これら 3 カテゴリーの比率を地域本部の有無等別に表したのが図 6.1 である。図中の「CS 成果認識［高群］」の数値に注目すると，「文部科学省事業の本部を設置」40.9%（全体差＋ 9.1），「文部科学省事業以外の仕組を設置」34.0%（同＋ 2.2），「設置されていない」28.7%（同－ 3.1）となり，学校支援の体制が整っている学校ほど数値が高く（文科省事業を最も整ったものと位置づけた場合），その意味で有効性が高いと解される。学校支援活動など派生活動までも組織的に展開しているコミュニティ・スクールのほうが高い成果を上げていることになる。ここに協議会と地域本部の一体的推進を中教審答申が提言した根拠があるといってよい。

x^2 検定では有意差が認められ，残差分析結果によると「文部科学省事業の本部を設置」×「CS 成果認識［高群］」（40.9%），「文部科学省事業以外の仕組を設置」×「CS 成果認識［中群］」（41.7%），「設置されていない」×「CS 成果認識［低群］」（40.3%）が有意に高いことが認められた（**$p<.01$）。

なお，データはないが，学校支援活動などの派生活動を積極的に展開している学校ほど校長の CS 成果認識や満足度が高いことから（佐藤，2017，227 頁），「設置されていない」場合，その設置を欠くために学校支援活動などの派生活動に消極的であり，結果として CS 成果認識が低い傾向にあると解されるのである。

(3) 学校支援地域本部の設置形態からみたCS成果認識

つぎに，地域本部等設置校における協議会との関係づけのあり方によるCS成果認識のちがいを分析してみた。図6.2のCS成果認識3カテゴリーの比率を「結合型」「連携型」「分立型」別にみると（10校は未回答），「CS成果認識［高群］」の数値は，「結合型」30.6％（全体差－6.2），「連携型」42.4％（同＋5.6），「分立型」25.5％（同－11.3）となり，「連携型」が最も高い数値を示し（残差分析結果　**p<.01），以下，「結合型」「分立型」の順になる。当初，「結合型」が最も高い数値を示すものと予想したが，「連携型」に次ぐ結果となり，また「分立型」が最低値をみせたのは予想どおりであった。

協議会と地域本部が分立してそれぞれ独自に活動するよりも，一定の関係づけがある方が成果認識の高さという意味で有効だといえる。とくに，両者が対等な関係で連携している「連携型」のほうが「結合型」よりも成果認識が高い。この意味で，中教審答申でいう両者の一体的推進や「連結」は，「結合型」よりも，情報共有などのかたちで連携する「連携型」が望まれるであろう。

(4)「結合型」と「連携型」の学校支援成果認識

調査では，「協議会が学校支援にかかわることによって得られた成果と課題」についても取り上げている。この場合の成果は前述したCS成果認識とは異なり，学校支援活動に関わる事項に限定している（以下，学校支援成果認識）。こ

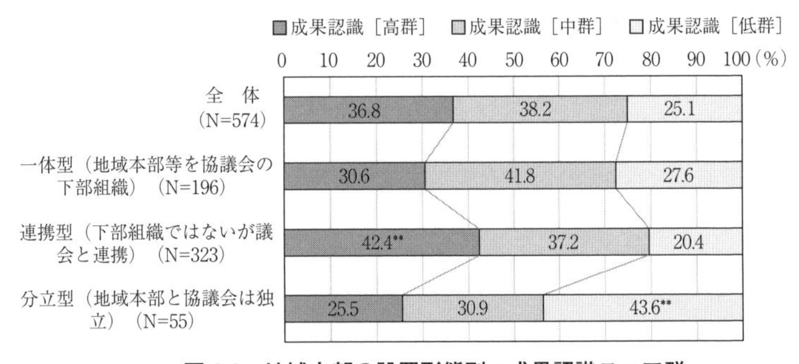

図6.2　地域本部の設置形態別×成果認識スコア群

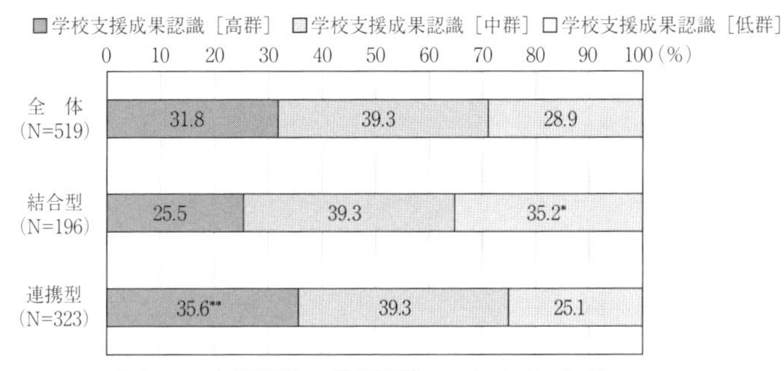

図 6.3　支援活動の成果認識―2タイプの比較―

れら項目は11あり[2)]，各問の選択肢「とてもあてはまる4点－3点－2点－1点まったく当てはまらない」を数量化し (full score44点)，これを「学校支援成果認識［低群］」(～31点)，「学校支援成果認識［中群］」(31.01～35点)，「学校支援成果認識［高群］」(35.01点～) の3カテゴリーに分類した。これら3カテゴリーの比率を「結合型」と「連携型」別に表したのが図6.3である。なお，「分立型」については，関係づけがないことから除外した。「学校支援成果認識［高群］」に注目すると，「結合型」25.5％ (全体差－6.3)，「連携型」35.6％ (全体差＋3.8) となり，この場合も「連携型」の数値が「一体型」よりも高い。残差分析結果では，「結合型」×「学校支援成果認識［低群］(*p<.05) および「連携型」×「学校支援成果認識［中群］」(*p<.05) の数値が有意に高いことが認められた。学校支援成果認識についても「連携型」が有効だと主張できそうである。

(5) タイプ別にみた地域変容の成果―地域創生への示唆として

今度は，前記の成果認識項目のうち，地域創生にかかわる地域変容に関する3項目を取り上げてみよう。図6.4は，地域本部などの設置形態3タイプ別に，各項目に「当てはまる」の数値を記したものである。

「地域が学校に協力的に」は，「連携型」が92.5％ (残差分析結果 **p<.01) と最も高く，次いで「結合型」88.3％，「分立型」84.9％となる。この場合も，前述の成果認識と同様に「連携型」の優位性が見いだされた。

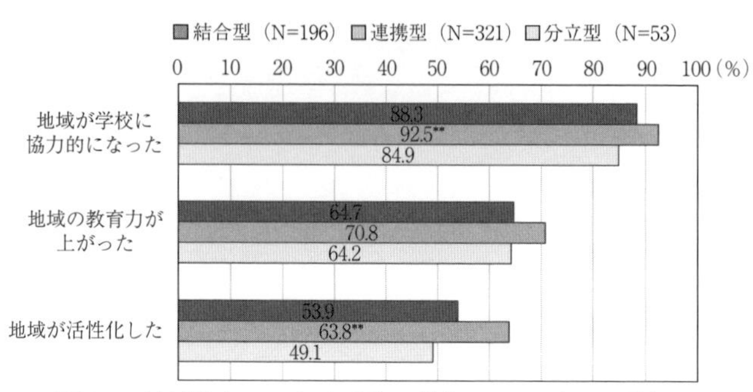

図 6.4　地域変容―3 タイプ別―（「当てはまる」の回答）

つぎに「地域の教育力が上がった」は，やはり「連携型」が最高値を示し（70.8%），以下，「結合型」（64.7%）と「分立型」（64.2%）がほぼ並んだ。地域教育力は前記の「地域が協力的に」よりも数値が全体的に下がるが，「地域が活性化した」になると，さらに全体値が低下している。

「地域が活性化した」は，「連携型」が 63.8%（**p<.01）と最も高く，多の場合と同様に「結合型」53.9%，「分立型」49.1%が続く。この場合，ほかの 2 項目に比べて，学校がその活性化を把握しにくいことから，校長の認識がやや弱くなるために，全体値が下がるものと考えられる。

いずれにしても，地域変容に関しても，「連携型」が最も高い数値になり，その意味で地域創生に対する寄与率が高いことが推察できるのである。「分立型」はそれぞれの活動が展開されるが，いわば相乗効果が発揮されていないことが数値を下げる要因だと考えられる。

(6) 課題認識―教職員の勤務負担増

一方，課題認識はどうだろうか。紙数の関係から，教職員の勤務負担増を取り上げることにする。図 6.5 は，「管理職や担当教職員の勤務負担が増えた」及び「一般教職員の勤務負担が増えた」に対する校長による肯定的な回答（「当てはまる」）を 3 タイプ別に表している。

「管理職や担当教職員」の勤務負担は，「分立型」が 60.0%と最高になり，以下「結合型」53.9%，「連携型」46.6%が続く。「分立型」は管理職や担当（に

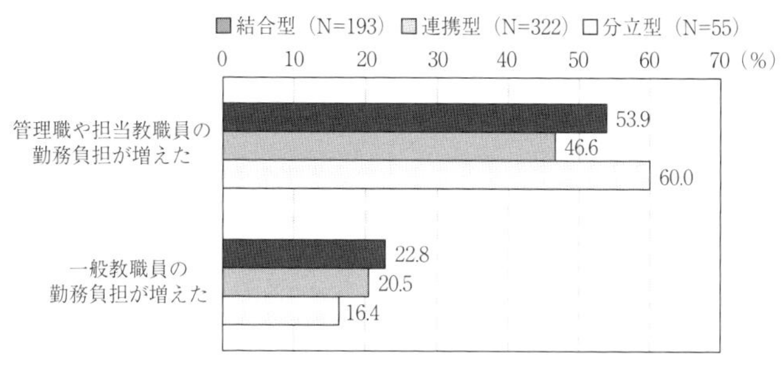

図 6.5　教職員の勤務負担増―3 タイプ別―（「当てはまる」の回答）

とって，協議会と地域本部が二重の負担になっているために，校長の CS および学校支援の課題認識に負の影響を及ぼすものと推量できる。一方，「一般教職員」については，「結合型」が22.8%と最も高く，以下「連携型」20.5%，「分立型」16.4%となるが，いずれも数値が低く，3タイプ間の数値差は小さい。「分立型」の数値が相対的に低いのは，一般教職員にとっては，協議会の委員となることが少なく，社会教育事業である地域本部にもほとんどかかわる必要がないからだと説明できる。ちなみに，x^2 検定による有意差は見いだされなかった。

4. 地域創生を促す教育経営上の課題

以上の結果から，教育経営的にはどのような示唆が得られるだろうか。

第一に，地域本部などの仕組みを設置するコミュニティ・スクールは校長の成果認識（CS および学校支援の成果認識）を強化することが推量できる。協議のみならず，学校支援活動などにまで活動が拡充し，協議結果がこれら活動を具現化されるからだと考えられる。

第二に，協議会と地域本部が分立して独自に活動するよりも，何らかのかたちで関係づくほうが高い成果つながる可能性がある。とくに，「結合型」よりも両者が一定の距離を保ちつつ連携する「連携型」のほうがより高い相乗成果をもたらすことが推量できる。「分立型」は管理職や担当教職員にとって二重の負担になり，「結合型」は地域本部の主体性を弱化させることになり，これら勤務負担増と主体性の弱化が課題認識に負の影響を与えるものと考えられる。

第三に，成果認識のうち地域変容に関しても，「連携型」が最も寄与する可能性が見いだされた。ただし，この場合，地域変容に固有の要因が影響していることは見いだされなかった。

以上から，協議会と協働本部の一体的推進は，校長の成果認識という点では前者が後者に対して一定の距離を保ってかかわる「連携型」が最もすぐれ，具体的には前者が「方針」作成にかかわる連携方法が有効だと考えられる。換言すれば，協議会が協働本部と隔絶されていたり，反対に協議会が協働本部をかかえ込んでいたりすると，成果が弱まる可能性がある。その中間的なかかわり方，すなわち「一定の距離を保った連携」による教育経営が期待され，また地域創生に大きく寄与することが考えられるのである。（佐藤晴雄）

注

1) CS 成果認識は，「特色ある学校づくりが進んだ」「児童生徒の学力が向上した」「保護者が協力的になった」など学校改善や地域連携体制の充実に関する項目から成る（コミュニティ・スクール研究会，2016，49-53 頁）。
2) 学校支援成果認識は，「学校ニーズに的確に対応した支援を受けることができたか」「人材を確保しやすくなったか」などの項目から成る（同上，30 頁）。

文献・参考資料

岩永定「地方分権下におけるコミュニティ・スクールの特徴の変容」『日本教育行政学会年報』37 号，2011 年
コミュニティ・スクール研究会編（代表：佐藤晴雄）『平成 27 年度文部科学省委託調査研究　総合マネジメント強化に向けたコミュニティ・スクールの在り方に関する調査研究報告書』日本大学文理学部，2016 年
佐藤晴雄『コミュニティ・スクールの成果と展望』ミネルヴァ書房，2017 年（成果認識，課題認識に関する具体的な質問項目は，本書を参照されたい）
仲田康一・島田桂吾「学校支援型学校運営協議会とオルタナティヴの模索―市民参加による学校づくりの意義と可能性」『静岡大学教育実践総合センター紀要』23 号，2015 年
西川信廣「コミュニティ・スクールとスクール・ガバナンス―関西地方の事例から」『日本教育経営学会紀要』第 54 号，第一法規，2012 年

第7章　適正規模・適正配置を見越した教育経営と地域協働の課題

1. 人口減少社会の到来と教育経営学の位置

日本の総人口は，2008年をピークとして減少に転じた。人口減少社会の到来である。これを受けて，国と地方自治体は各分野での対策に乗り出している。教育の分野では，年少人口の将来推計を見越して，多くの自治体が学校規模・学校配置の適正化に取り組んでいる。2015年1月，文部科学省は「公立小学校・中学校の適正規模・適正配置等に関する手引～少子化に対応した活力ある学校づくりに向けて～」を公表した。この手引は，小規模校を存続する方策や休校を再開校する方策について併記しつつ，学校の適正規模・適正配置を図るために統廃合を進めていく指針について示した。国による学校統廃合の手引がおよそ60年ぶりに策定されたことで注目を集めた。

昭和の町村合併期においては，1956年に文部事務次官が通達「公立小・中学校の統合方策について」を出したのち，翌1957年には「学校統合の手びき」を示した。これらの通達や文書に基づき，町村合併を機運とした小・中学校の統廃合が進められたが，それは一方で住民による反対運動を各地にもたらした。1973年になると，文部省初等中等教育局長・管理局長による「公立小・中学校の統合について」と題する通達が出され，それまでの方針が転換された。すなわち，無理な統廃合を実施して地域に紛争を招かないように求めた国の「微妙な転換ブレーキ通達」[1)]である。1973年のブレーキ通達は，それ以降も学校統廃合問題に取り組む住民運動や市民活動の後ろ盾になってきた面があったが，2015年の新たな手引のもとで効力を失うとされた。文部科学省による2015年の手引は，戦後の国の学校統廃合政策における転換点の1つになるであろう。

こうしたなかで教育経営学は，学校規模・学校配置に関する知見を蓄積しながら，各地の自治体で進む学校統廃合の政策過程について究明してきた。日本教育経営学会では，教育政策の動向をにらみながら，2013～2015年度の3カ年で課題研究「人口減少社会における持続可能な学校経営システムの開発」に取り組んだ。また，2014年6月に開催された第54回研究大会では，公開シンポジウムとして「小規模化する日本の学校経営の課題と組織マネジメントの方策」が企画された。これらをはじめとした学会の研究成果は，会員の共同研究や個人研究などに基礎づけられながら，学校規模・学校配置に関する多くの知見を集積してきた。国が2015年に手引を制定するに至った政策形成過程はもちろん，各地の自治体における学校適正規模・適正配置計画の審議過程には，「研究者の関与する度合いが大いに高まっている[2)]」状況があって，教育経営学の研究成果が間接ないし直接に影響を与えているといえよう。こうした状況を，水本（2012）は「研究者が研究対象に内在している[3)]」という構造で捉えて，再帰性をふまえた反省的な研究方法が求められると指摘している。

以上をふまえて本章では，学校規模・学校配置をめぐる研究成果を概観しながら，今後ますます人口減少が進んでいく時代における教育経営学の課題を明らかにする。その際に本章では，地域との協働という視点を取り入れることとする。学校が単独ではなく，地域と協働の関係を築くことによって，これまでとは異なる視座から学校規模・学校配置に「適正」を見いだしていく可能性と課題について論じる。

2. 学校規模・学校配置の適正化と人口動態

(1) 人口の偏在による学校規模の多様性

戦後日本の人口動態は，大きな地域間移動を伴うものであった。20～39歳の女性人口の推計に基づいて896自治体を「消滅可能性都市」に名指しした「増田レポート」は，「地方消滅」をもたらす人口移動の流れを次のように分析した[4)]。すなわち，1960年代から1993年までの時期に生じた大都市圏での雇用吸収力の増大による「プル型」の移動は，1993年以降，地方の経済や雇用力の低下による「プッシュ型」の移動に転じたという分析である。さらに，地方と中央という軸でみたとき，人口を一極集中させて発展してきた地域が東京である。東京の未来を考察した佐々木（2017）は，その人口構成に着目して，東京圏の大規模な高齢化が日本社会最大のリスクになると警鐘を鳴らしている[5)]。

このように地域政策や公共政策が人口減少社会ないし人口減少時代の到来を声高に叫ぶようになったのは，21世紀に入ってからである。しかし，地域を単位にみていけば，人口減少という動き自体はそれ以前から各地で進んでいた。

過疎という言葉は1960年代からすでに使われていた。都市と地方における経済力や雇用の差がもたらす地域移動をはじめ，豪雪地域からの挙家離村，小規模離島から本土への集団移住，産炭地における鉱山閉鎖など，気象，土木，産業の変化に基づく人口流出が各地で発生してきた。一方，ニュータウン建設や都市部の沿線開発では，新たな住宅造成により局所的に人口増加を生じたエリアもある。地域をつぶさに捉えれば，人口推移の様態は決して一様ではなく，むしろ地域間に人口の大きな偏在を生んできた。こうした日本全体の不均衡な発展と衰退のなかで，地域と自治体が学校の設置と廃止を進めてきた。その結果として，国の示す標準規模には収まらない，実態として非常に多様な規模の学校が各地に存在している。

(2) 学校規模に関する標準と適正の概念

公立学校をめぐって，適正規模・適正配置という概念が使われて久しい。教育施策は，“最適”や“適切”ではなく“適正”という枠組みから学校規模と学校配置を捉えてきた。学校規模や学校配置が“適正”であるとは，どのような意味であろうか。

日本で制定された法令をみれば，教育以外の領域でも“適正”や“適正化”の概念は用いられる。とくに，業務改善や予算措置を図っていく趣旨で使われる。この規範的な概念が教育領域にも取り入れられて，望ましい学校の規模と配置が検討されている。葉養（1998）は，学校規模の適正化が，教育効果，教育組織のあり方，教育財政効果という3つの視点から設定されるとした。しかしその「適正さ」の判断基準については，「教育目的をもっとも有効に達成できる規模と観念しても，教育目的という概念は多面的包括的で，その言葉からイメージされる内容はしばしば各人各様である[6]」と指摘した。同様に，波多江・川上（2014）は，「なぜこの規模の範囲が『適正』とされるのか，また真に『適正』であるのか（誰にとっての『適正』なのか）について，研究していかねばならない[7]」と述べて，適正という概念自体に問いを投げかけている。

学校規模に関する法令をみると，“適正”と“標準”を整理する必要がある。学校教育法施行規則第41条は，学校規模について次のとおり規定する。

「小学校の学級数は，十二学級以上十八学級以下を標準とする。ただし，地域の実態その他により特別の事情のあるときは，この限りでない。」

そのうえで，これを同規則第79条で中学校について準用すると規定する。同規則の条文に“適正”という表現はなく，ただし書きで基準の弾力的な運用を想定している。これに対して，義務教育諸学校の施設費の国庫負担等に関する法律施行令は，12～18学級を“適正”と表現している。また，2015年1月に文部科学省が公表した「公立小学校・中学校の適正規模・適正配置等に関する手引」は，「適正規模」という表現のもと，その具体的な範囲を12学級以上18学級以下と規定している。

(3) 法令上の標準と乖離する現実の学校

法令上で学校規模の標準を12～18学級と規定していても，図7.1や図7.2にみるとおり，現実とは乖離が生じている。平成28年度「学校基本調査」の統計によれば，標準規模に該当する学校の数は，公立学校全体（0学級の休校を除く）のうち，小学校で30.7%，中学校で32.8%である。むしろ，標準を下回る規模の学校（休校を除く）の数は，小学校で44.3%，中学校で50.4%となっている。このような現実を天笠（2014）は「学校規模の二極化」と分析している。小さな学校や小さくなる学校など，規模に応じたマネジメントの議論が必要であるとする[8)]。また，加藤（2015）は，標準規模以外のバリエーションを捉える必要性について，「一律に12学級～18学級という標準があって，そこに典型的な学校経営があり，それ以外が特別であるというような見方の方がむしろ適切ではないと考える[9)]」と指摘している。

離島・山間地をかかえる市町村や原野にある町村では，たとえば，望ましい学校規模を小学校6学級以上，中学校3学級以上として，一学年当たり10人以上の児童生徒数の確保を目標に掲げているケースがみられる。こうした例では，複式学級を生じさせないことが目標とされている。また，町村内にあったすべての小・中学校を統合しても，国の定める適正規模に届かない例もある。かたや，特別区や政令市のなかには，小・中学校の適正な学校規模を12学級以上24学級以下として，規模の大きな側に基準を緩めて設定する自治体も存

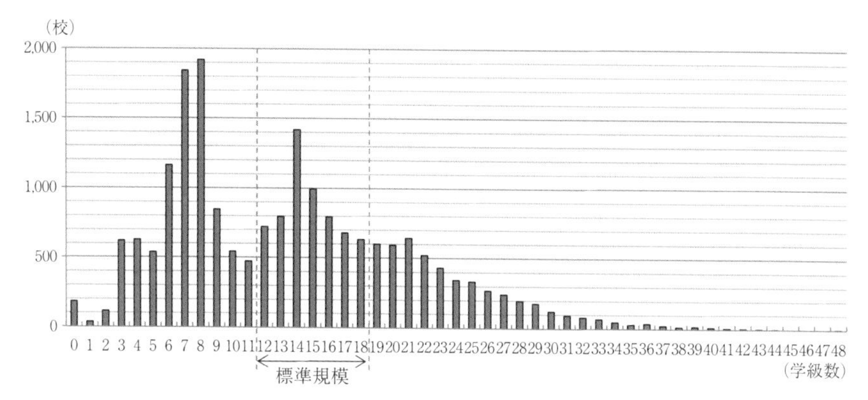

図 7.1　学級数別にみた公立小学校数（本校）

出典：文部科学省「平成 28 年度　学校基本調査」に基づき作成

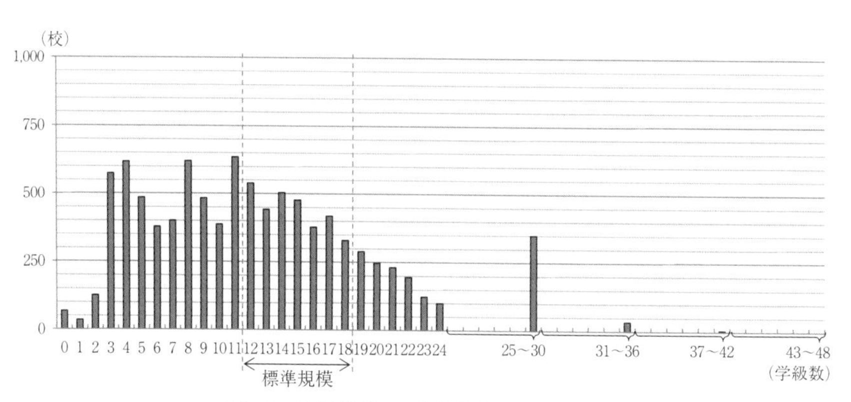

図 7.2　学級数別にみた公立中学校数（本校）

注：25 学級以上は元データに基づき 6 学級ごとの合計値を示す。
出典：図 7.1 に同じ

在する。

貞広（2012）は，「学校適正規模や通学距離限界が，基準設定時の現状から帰納的に導出された側面を持つことは，教育財政を巡るその好例であろう」[10] と指摘する。さらに櫻井（2014）は，昭和の町村合併期における政策分析をふまえて，「学校適正規模論そのものの検証も重要であろう。文部省は学校統廃合政策の再構築に際して，1950 年代の教育行財政制度に依拠した『適正さ』について根拠を提示したものの，それが通時的に有効であるかは明らかではない[11]」と述べる。まさに，これからの教育経営の議論においては，「『標準』や『基準』を当然の所与の条件とするのではなく，どのような環境下でいかなる教育をするために，教職員の配置や職務，学校の内部組織，子どもの教育活動，教育課程はどうあったらよいのか，どうすることができるかを検討することが必要であろう[12]」という視点が求められるといえる。法令上の標準規模と現実にとりうる学校規模が乖離するなか，「文部行政による『適正』『基準』の提示という方式を通じて，学校を設置（統廃合）し維持するというこれまでの制度枠組みが，いまや歴史的に限界点に達しているのではないかとの認識[13]」が導き出されている。

3. 学校適正規模・配置における地域への視点

(1) 学校統廃合における地域と大人の論理

学校統廃合の政策過程は，単一の論理で進められるものではない。学校統廃合は，ときに住民の反対運動を招いたり，地域内で住民間の意見の対立を生んだりしてきた。学校統廃合を子どもの教育の論理のみで議論することはむずかしく，そこにはしばしば地域や大人の論理がせめぎあう。とくに離島・山間地などに残された学校が極小規模となっている地域では，子どもの存在自体が地域で希少なものとなっている。こうした地域では，学校に対して，子どもの教育機関としての役割のみならず，地域づくりに関連する機能が期待されている場合も少なくない。なかでも極小規模校の存続や再開の事例では，学校を子どもの教育のためのものとして独立させた理解はむずかしく，地域の存続や将来を視野に入れた議論が必然的となる。それゆえ，「学校の閉校は，社会の撤退を事実上決定する[14]」という図式に収束する。

こうしたことから，自治体の教育行政において学校統廃合計画を検討する際は，議論の交通整理が図られてきた。すなわち，あくまでも子どもの教育条件整備のための取り組みとして，学校統廃合はそのための手段であると位置づける議論の枠組みがつくられてきた。かつては学校再編計画や学校統合計画と称して進めてきた施策を，今日では子どもの学校教育環境の整備や学校規模・配置の適正化の問題として取り組むようになってきている。このような枠組みを築いてきたことの意義と限界をふまえながら，これからの教育経営学が学校適正規模・適正配置を議論していく際に，教育や子どもの論理を自律させつつ，地域や大人の論理とどう向き合っていくのかが問われているといえよう。

(2) 地域づくりを視野に入れた学校規模・学校配置

日本教育経営学会において地域づくりを視野に入れた議論をみてみると，1995年の『紀要』において「地域振興と教育経営」と題する特集が組まれた。そこでは，教育を総合する視点のもとで地域との関係性が問い直された。「これまでの発想は教育のための地域であり，地域のための教育という視点は，教育経営のカテゴリーの中ではほとんどなかったといってよいであろう[15)]」という問題意識のもと，「学校，家庭，地域をすべて視野に入れ，幼児から高齢者までを全体として把握するような教育経営・教育経営論が求められるということになろう[16)]」という見方が示された。

このような地域振興への視点は，教育経営における学校統廃合の議論に少なからず影響を与えている。学会における研究成果をみると，先に取り上げた2013～2015年度の課題研究と2014年の大会シンポジウムにおいて，地域振興や地域づくりを視野に入れた学校規模と学校配置の議論が進められている。まず屋敷（2014）は，山間・過疎地域での学校統合の事例に基づいて，それを地域再編過程の一部として捉えており，学校と地域の関係の再構築や「学校がなくなる地域における地域活動の維持や地域活性化につながるまちづくり施策の必要性」を課題とする総合行政の視点をあげている[17)]。同様に天笠（2015）は，「人口減少が加速する状況にあって，地域振興と学校の適正規模・配置政策が，一体的・総合的な立案と実施が一層求められつつあることに注目する必要がある[18)]」と述べる。また，教育経営・行政に対する「増田レポート」の意味を位置づけた平井（2016）は，長野県飯田市と阿智村の事例に基づいて，「人口減少下の教育経営（研究）の課題を，政府の人口政策を相対化しつつ，コミュニティのニーズに合わせた多様な自治の実現を技術的に支援する力量を高めること[19)]」

を展望する。このように，地域づくりを含めた「総合的な行政・経営[20]」を捉えていこうとする視点が，学校適正規模・適正配置をめぐる教育経営学の今日的な到達点であるといえよう。

4. 地域協働に向けた学校適正規模・適正配置の課題

(1) 地域との協働による学校規模・配置の視点

最後に，地域との協働によって学校規模・学校配置に新たな視点を見いだしていく可能性について検討したい。協働という考え方をめぐっては，2015年12月に中央教育審議会が「新しい時代の教育や地方創生の実現に向けた学校と地域の連携・協働の在り方と今後の推進方策について」と題する答申をまとめた。学校や地域といった異なる立場や特性の主体が，活動の共通軸を見いだしながら，単独ではなしえない成果を発揮していこうとする動きとして協働は捉えられる。とりわけ，市町村合併という地域再編と学校統廃合による教育再編が絡み合って進むなか，子どもをとりまく環境は大きく変容している。そのなかで学校が地域と協働の関係を結んでいくことによって教育システムを持続させていくとすれば，既存の学校規模・学校配置の枠組みをどのように再構築して議論していくかについて検討が求められるであろう。

葉養(2015)は，「単位学校経営を乗り越える発想で経営方式を考えることが，学校が極端に小規模化した場合，地域コミュニティの核としての学校という側面と教育のスケール・メリットを調整する方策として重要である[21]」と指摘する。これまでは全校の学級数と児童生徒数で捉えてきた学校規模，また通学距離と通学時間をもとに捉えてきた学校配置について，学校間で結びうるネットワークや学校外の機関と築きうるネットワークを新たな変数として組み込むことによって，これまでの学校規模・学校配置の枠組みを乗り越えることが展望される。さらに，学校内外の多様なネットワークを捉えた貞広(2015)は，「ネットワーキングも含めて，地域がその地域に応じたローカル・オプティマム(地域の最適解)を目指す必要がある[22]」と指摘している。教育経営学が学校以外の領域に関する視野をどこまで広げていくのか，その自律性と総合性が試される局面に来ているといえよう。

(2) 人口減少時代における学校と地域の持続可能性

地域との協働という視点から学校適正規模・適正配置を議論していく際には，極小規模であっても長らく存続している学校の事例から示唆をえられるであろう。天笠 (2014) は，北海道における極小規模校の事例に基づいて，学校の小規模化が「ソトとの連携の重要性をさらに浮き立たせる」ことや「学校を存立させる要件として，保護者や地域の人々をはじめ関係諸機関との連携，張り巡らすネットワークの重さ」を明らかにしている[23)]。また，極小規模校として存続を続けている事例では，山村留学，海浜留学，小規模特認校制度など，通常の通学区域の外からも児童生徒を確保しているケースがみられる。これらの取り組みは，児童生徒の地域間移動を伴う他地域とのネットワークによって，年少人口の推計を塗り替える動きとして捉えることができる。

また，学校配置のあり方を検討していくうえでは，スクールバスをはじめとする交通への視点が不可欠となる。山口 (2011) は，秋田県における学校統廃合の実態を通学の視点から捉えている[24)]。地域との協働を図っていく学校配置を考えるうえでは，住民の生活圏域と子どもの生活圏域でのそれぞれの人の動きを捉えて，路線バス，鉄道，スクールバスなどの地域交通政策を視野に入れながら学校配置を検討していくことが求められよう。とくに，学校統廃合に伴うスクールバスの運行をめぐっては，新たに生じる児童生徒の通学のマネジメントが課題となる。スクールバスの運行管理や児童生徒の乗降管理を誰が担うかについては，自治体や学校によってさまざまな状況があって，教育経営上の位置づけが問われる。また，スクールバスの運行ルートの設定をめぐっては，発着場所を学校の敷地内ではなく，近隣の公民館や図書館に設定している事例がみられる。スクールバスを軸として学社連携を図っていく方策も注目される。

公立学校の廃校数は，近年では毎年度およそ 400 ～ 600 校に上っている。もはや，学校の廃止や統合は，教育経営において特異な現象ではなくなっている。多くの学校が統廃合されるなかで，閉校を経験する教職員や子どもは少なくない。それゆえ，学校統廃合が決定したのち，その学校の閉校に向けた学校経営のあり方や統合校としての学校経営上の工夫について議論していくことは，教育経営学の実践的な課題になるであろう。とりわけ，閉校に向けた教育経営では，統合によって教育環境が変わる子どもに対して，新たな環境への円滑な移行を工夫するため，統合前の準備期間に統合校どうしで交流学習や合同行事を実施することが各地で取り組まれている。さらに，その期間には，閉校記念誌の編纂や閉校記念事業の企画・運営が重なることもある。閉校への準備にあたっては，その過程に住民や卒業生の参加もみられる。閉校後のコミュニティづくりを見据えれば，閉校に向けた最後の学校経営と地域参加のあり様は，地域の持続可能性を考えるうえで重要な課程になる。つまり，学校をどう閉じるかという過程は，閉校後の地域をどう維持するかという課程に接続している問題である。

以上のような学校統廃合の実施に伴う地域とのかかわりについては，具体的な次元での検証が求められる。統廃合に伴って新たに開校する学校や統合先となる学校では，校名や校歌をどのように制定するか，各校を拠点にそれぞれ積み重ねられてきた地域活動をどのように継承・再編するかなど，学校統廃合に伴って生じる地域の変容を具体的な事象として捉えて議論する必要がある。

さらに2015年4月以降は，教育委員会制度の改編や総合教育会議の導入のもとで，学校適正規模・適正配置が議論に付されうる。自治体の管理する公共施設の代表である学校は，ファシリティマネジメントの射程に入る。一方で，自治体の総合政策として公共施設の再編計画を捉えれば，教育施設は何も学校に限られない。学校教育施設とともに社会教育施設がある。なかでも，小・中学校の通学区域に重なるかたちで市町村が設置・運営してきた地区公民館に注目すれば，閉校後のコミュニティづくりに別の道筋を描くこともできる。地域によっては，小学校を廃止しても地区公民館を存続する事例が少なからずみられる。現在進んでいる事態は少子高齢型の人口減少であって，子どもの数が減っても高齢者の数が増えている動向があるのであれば，小学校を廃止する一方で，地域活動や地域福祉の維持を図って人々の生きがいを創出する場として，地区公民館の社会教育機能をむしろ強化していく必要性が示唆される。

少子高齢型の人口減少社会の到来を受けて，学校規模・学校配置の議論は，もはや学校教育上の観点のみで解を導き出しがたい段階にきている。学校教育としてその規模と配置を自律的に探究しつつ，そこに地域づくりと社会教育の観点を取り入れた総合的なモデルとして学校規模・学校配置に「適正」を求めていく解法の検討が，これからの教育経営学の論題になると考えられる。

（丹間康仁）

注

1) 若林敬子『学校統廃合の社会学的研究』御茶の水書房，1999 年，78 頁。
2) 山下晃一「総括―課題研究報告Ⅱ 学校の学区再編・統合と学校経営の課題」『日本教育経営学会紀要』第 52 号，第一法規，2010 年，188 頁。
3) 水本徳明「学校適正規模・適正配置の政策過程に関する理論枠組の検討」天笠茂編『学校適正規模と適正配置に関する教育政治経済学的研究―第一次事例調査報告を中心に』2012 年，7 頁。
4) 増田寛也編『地方消滅』中央公論新社，2014 年，16-21 頁。
5) 佐々木信夫『老いる東京』KADOKAWA，2017 年。
6) 葉養正明『小学校通学区域制度の研究―区割の構造と計画』多賀出版，1998 年，242 頁。
7) 波多江俊介・川上泰彦「人口減少社会における日本の教育経営課題」『日本教育経営学会紀要』第 56 号，第一法規，2014 年，161 頁。
8) 天笠茂「少子化時代と学校経営―学校規模の二極化」『教育展望』第 60 巻 1 号，2014 年 1 月，11-16 頁。
9) 加藤崇英「人口減少社会における学校規模の多様性と学校経営」『学校経営研究』第 40 巻，2015 年，41 頁。
10) 貞広斎子「学校のダウンサイジングと教育財政における再分配原則の検討に向けて―初等中等教育財政の視点から」『日本教育行政学会年報』第 38 号，2012 年，157 頁。
11) 櫻井直輝「昭和町村合併期における中央政府の公立小中学校統廃合政策の分析」『日本教育政策学会年報』第 21 号，2014 年，188 頁。
12) 堀内孜「地方分権化の観点からする学校制度，学校経営制度と小規模校経営」『日本教育経営学会紀要』第 57 号，第一法規，2015 年，151 頁。
13) 荻原克男「シンポジウム『小規模化する日本の学校経営の課題と組織マネジメントの方策』の総括とまとめ」『日本教育経営学会紀要』第 57 号，第一法規，2015 年，158 頁。
14) 山下祐介『地方消滅の罠―「増田レポート」と人口減少社会の正体』筑摩書房，2014 年，68 頁。
15) 新井郁男「地域振興の観点にたった教育経営の意義と課題」『日本教育経営学会紀要』第 37 号，第一法規，1995 年，50 頁。
16) 同上，57 頁。

17) 屋敷和佳「山間・過疎地域における学校維持と統廃合について」『日本教育経営学会紀要』第57号，第一法規，2015年，174-179頁。
18) 天笠茂「日本の文教政策における小規模校化への対応と政策課題」『日本教育経営学会紀要』第57号，第一法規，2015年，154頁。
19) 平井貴美代「『ストップ人口減少』政策と教育経営」『日本教育経営学会紀要』第58号，第一法規，2016年，100頁。
20) 水本徳明「討論のまとめ—子どもが育つ環境づくりに焦点化した総合的な行政・経営」『日本教育経営学会紀要』第57号，第一法規，2015年，192-194頁。
21) 葉養正明「人口減少社会における特色ある小規模学校実践の課題と方策」同上，156頁。
22) 貞広斎子「人口減少社会における学校再配置と学校規模に応じたマネジメント」『学校教育研究所年報』第59号，2015年，17頁。
23) 天笠，前掲論文8)，15頁。
24) 山口勝已「秋田県の統廃合小学校における通学の実態と課題」『教育条件整備に関する総合的研究（学校配置研究分野）〈最終報告書〉』国立教育政策研究所，2011年，144-155頁。

第8章　地方における地方創生と学校創生の教育経営

1．少子高齢化の進行と「小さな学校」問題の出現

(1) 市町村合併の進行と「小さな学校」問題の出現へ

1995年の合併特例法制定を背景に「平成の大合併」[1]が全国各地に広がり，市町村数は全国的に減少しつつある。その動きは今日では沈静化しているが，市町村数は，2014（平成26）年4月現在で1718（総務省）にまで落ち込んでいる。1995年時点の水準と対比するとほぼ半減である。

市町村合併がピークだった2005～06年ごろには，「市町村合併は小中学校統廃合をねらいとしているものではないか」，あるいは，「市町村合併を進めれば学校統廃合に拍車がかかるのではないか」などの懸念が少なからず聞かれた。[2]市町村合併は，従前の町村に設置されていた小中学校を新たな市町村に組み込む効果を伴うから，学校統廃合をしやすい状況を生み出すのではというのである。

市町村合併が学校統廃合を促進したかどうかは別として，市町村合併は多くの自治体内に「小さな学校」を出現させる契機を生み出すことになった。全国各地で学校統廃合問題が取りざたされる背景の1つになっているとみることができる。そこで，「小さな学校」が自治体内に出現したり，広がる現象に対する教育委員会の受け止め方を，調査の1つを取り上げみつめることにしよう。

図8.1は，[3]小中学校の規模縮小に対する市区町村教育長の考え方を示した資料，図8.2は，[4]小学校の現在の規模について教育長がどう判断しているかに関する資料である。この2つの資料の基礎となった調査は今から約10年以前実施されたものであるが，図8.1にみられるように，すでにその時点で，「小中学校の規模縮小」を「特に課題はない」とする教育長は19.1%にすぎない状況にあることがわかる。なお，小中学校の規模縮小は，この10年間継続しつづけており，現在のほうが「小さな学校」問題が深刻化していることはいうまでもない。

(2) 全国に広がる2030年，2050年問題

では，中長期的な視点では，今後わが国の「小さな学校」問題はどう推移するものだろうか。この点について考えるために，ここで2つのデータを取り上

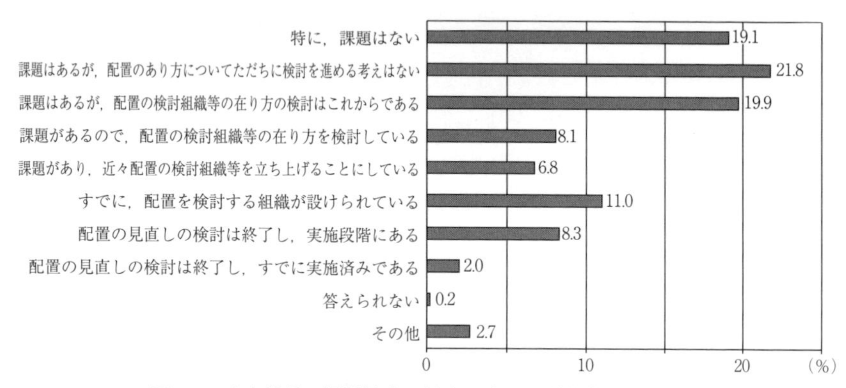

図 8.1　小中学校の規模縮小に対する市区町村教育長の考え方

出所：文科省：平成 18 ～ 19 年度新教育システム開発プログラム［採択番号 19：小中学校配置研究］，平成 20 年

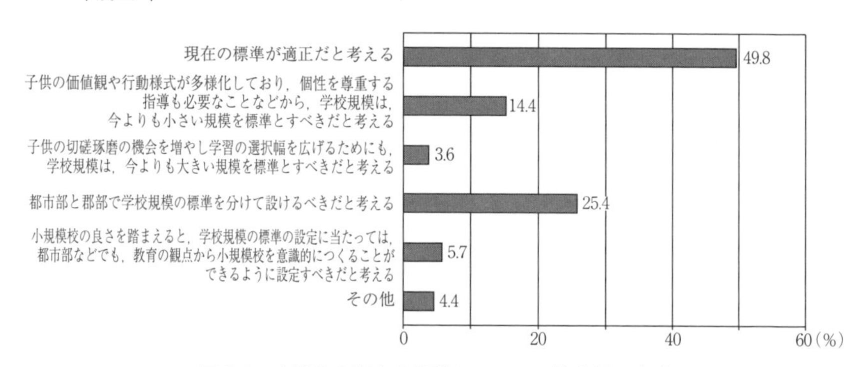

図 8.2　小学校の現在の規模についての教育長の意識

出所：図 8.1 と同じ

げよう。国立社会保障・人口問題研究所による 2030 年，2050 年推計を基礎とした全国市区町村別の小中学校規模のシミュレーション結果を示したものである。[5)]

図 8.3，図 8.4 から見てとれるのは，わが国の少子高齢化のトレンドが 2030 年，2050 年にも継続すると仮定した場合には，各市町村の小中学校数を圧縮しないかぎり「小さな学校」の漸増が避けられないことである。[6)] 市町村による学校規模の水準は同一ではないが，中長期的には，「小さな学校」がさらに拡大す

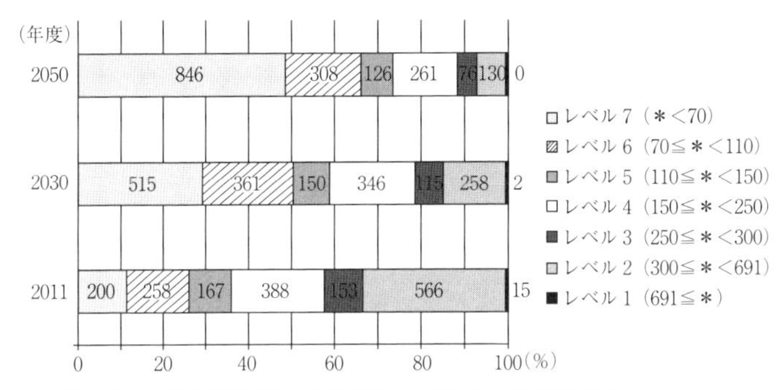

図 8.3　小学校児童数の市町別のレベルの年次推移推計

出所：国立社会保障・人口問題研究所による人口推計を加工したデータを基礎に筆者作成

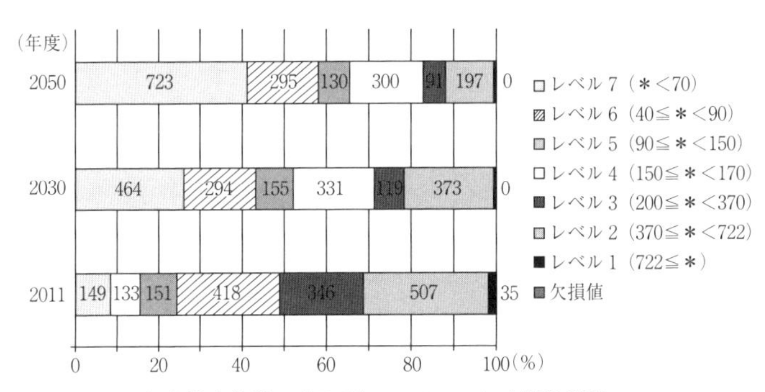

図 8.4　中学校生徒数の市町別のレベルの年次推移推計

出所：図 8.3 と同じ

る可能性は大きい。

(3) 小中学校 1 校設置のみの自治体数の増加

ここで今ひとつ，わが国における「小さい学校」の広がりに関連するデータをみることにしよう。小中学校が 1 校だけになった市町村の出現の状況である。

市町村合併が進展するなかでも，小中学校 1 校のみの自治体数は微増にとどまっている。全国の自治体で「小さな学校」が激増し，学校統廃合件数が増えながら，である。

では，なぜ上記のような現象が生ずるのか。

背景は，旧町村の設置する学校が，市町村合併を機に新自治体に包摂されてしまうという点に求められる。

しかし，全国を見わたすと，市町村合併が不調に終わった事例もあり，小中学校1校のみの自治体は微増の傾向にある。

ここで，2009年の時点での小中学校が1校だけの自治体をみると，小学校が1校のみの市町村数は157，中学校が1校だけの市町村数は400以上の実態にあり，さらに，町村内の中学校を閉鎖し，隣接自治体に中学校教育を委託している事例は7自治体に及ぶ。

以上のように，わが国の小中学校の小規模化は，再び市町村合併を進め，表面的には「無学校村」のような状態を避ける手立てをとるほかはないところまで追いこまれているようにみえる。しかし，そうして市町村内に学校をかかえ込んだとしても，子どもの家からの通学距離・時間は旧町村のなかでの実態と変化しない。市町村合併で潜在化しがちな「小さな学校」問題に，真正面から向き合うべき事態の出現である。

2. 教育経営圏の設定と地域教育経営の構築へ

(1) 単位学校経営，単位市町村教育経営の限界

本章に与えられた課題は，少子高齢化，人口減少社会の胎動のなかで，地方創生の要となる小中学校の持続や再構築をどう進めるかに検討を加えることにある。

以上では，いくつかの調査データを基礎に，わが国の将来人口動態や学校規模の状況，学校再編，学校統廃合への機運などにふれてきた。

そこから導き出されるのは，教育経営や学校経営の従前の形態を根本的に見直す課題の検討である。わが国のこれまでの小中学校は単位学校経営を基本とし，また，小中学校設置義務を市区町村に課する形態で組織されてきた。それもあって，市町村人口の落ち込みが激しさを増し「小さな学校」が出現した場合には，市町村内の学校を統合して教育条件の維持を図る方策が採用されてきた。

つまり，教育経営の基本原理を単位学校経営，単位市町村教育経営とするの

表 8.1　某郡の町村内の小中学生数の年次推移と 2011 年の小中学校数

	2030 年度推計		2050 年度推計		2011 年度の実態	
	小学校児童数(人)	中学校生徒数(人)	小学校児童数(人)	中学校生徒数(人)	小学校,中学校数	町村の行政区域面積（平方キロメートル)
A町	115	65	59	38	小 1 中 1	114.19
B村	187	92	144	76	小 2 中 1	209.61
C村	103	53	61	32	小 2 中 1	133.10
D村	36	18	26	14	小 1 中 0	66.03
E村	28	14	19	12	小 1 中 0	56.26
F町	340	183	206	121	小 3 中 2	188.13
合計	809	425	515	293	小 10 中 5	767.32

注：図 8.3 の手続きに基づく推計を基礎に長野県某郡を対象にシミュレーションしたもの

がこれまでであった。しかし，町村内に小中学校が 1 校しか設置されない事例が増えつつある状況下，これらの前提を見直す必要はないかというのが，本節で考えようとしていることである。

ここで，以上の問題を深めるため，郡部のある地域の事例を取り上げよう。

まず，数量的なデータを示すと，表 8.1 は学校の適正規模，適正配置の現行の国の基準を基礎に，2030 年，2050 年の小中学校の配置の状況をシミュレートしたものである。ここで，次の仮定のもとに，「学校統廃合困難地域」を取り出してみよう。

①通学可能圏域上限をスクールバス約 1 時間圏として考える。

②統合限界の通学可能圏域を半径 10 キロ圏のエリアとし，314 平方キロメートル程度を上限として考える。

③学校規模の適正範囲の下限を 12 学級とし，小学校は児童数 236 人，中学校は生徒数 123 人を規模維持の目標値とする。

④市区町村内に小学校 1 校で児童数 100 人未満の事例について，2030 年，2050 年に学校規模の適正範囲を維持するための学校数を算出する。

⑤通学可能圏域に収まらない事例の取り出しと対応策の検討。

以上の仮定に基づいて作業すると，学校配置数や学校配置のあり方については，以下の結論が導き出される。

①郡内で，小学校は２校，中学校は２校の配置が適正。

②①の学校配置を進めれば，適正学校規模の下限をクリアできると同時に，「限界通学区域面積」をクリアできる。

③しかし，この学校配置では，２町，４村から成立する郡の再編，あるいは，教育委託の広域的な実施，学校組合の結成などが必要になる。

(2) 教育経営圏をどう構想するか

以上の記述から理解できるのは，学校の適正規模などの現行基準に準拠するかぎり，2030 年，2050 年などの就学人口動態の下では，学校配置の見直し，再編に対応した教育経営圏の構想を進めることが不可避となるということである。それは，市町村合併とはとりあえず別に，単位学校経営や単位市町村教育経営を乗り越えることができる教育経営の圏域を描くということでもある。

では，それは何に準拠して描けばよいか。先行研究をみよう。

これまで，一般行政の分野では「圏域」論が積み重なっているものの，単独自治体を越えた広がりを有する「教育圏域」という観念は，教育領域ではまず抱かれることはなかった。子どもの就学が複数市区町村をまたがって広がるという実態はほとんどなかったからである。

そこで，以下では，まず国立教育政策研究所研究官の宮崎悟による「考えられる概念的な圏域定義」の整理をみてみよう[7)]。

・流域圏

・離島

・江戸期の旧藩圏域による同質文化圏

・公立トップ高校の通学区域

・教育事務所の所管地域

・都市雇用圏

・定住自立圏

・鉄道沿線や高速道路等の交通網による圏域

・衆議院選挙における小選挙区地域

一般行政も含めてつくられてきた以上の圏域例が，これからの「教育経営圏域」設定に活用できるか否かは，今後十分な研究蓄積が必要となろう。「教育経営圏域」となると，通学距離・時間と子どもへの身体的・心理的効果，圏域内での学校や学習拠点の配置のあり方，配置形態のあり方の検討などのいくつもの懸案を発生させるからである。

にもかかわらず，教育行政分野で定着してきた「教育事務所の所管地域」を「教育経営圏域」として読みかえるなど，実現可能性ゼロの構想ともいえない。

(3) 学校創生のための地域教育圏経営へ

学校などの子育て・教育施設を，単位市町村の区割りとはひとまず別個の広がりをもつ「教育経営圏域」の内部施設と考えると，人口減少期の学校創成と地域創成とを両立させる方向性がみえてくる。以上の方向性と親和的にみえる動きは，2017（平成29）年3月に成立した地教育行法の一部改正（第47条改正）などの動きである。改正規定は，「共同学校事務室」の設置規程や学校運営協議会の役割の見直し，「地域学校協働活動」の実施体制などに言及している。

とはいっても，既存の法律にも隣接市町村で教育事務を共同で進められる規定などなかったわけではない。実際に，長野県下伊那郡の平谷村では中学校教育を隣接の阿智村（阿智中学校）に教育委託する仕組みが採用されている。同じく長野県の塩尻市と辰野町の間では，両自治体にまたがった両小野地区に学校組合（両小野小学校組合と両小野中学校組合）が組織され，両小野学園（施設分離型の小中一貫校）が設置されている。

人口減少期の就学人口の極端な落ち込みを予測すると，学校間ネットワークの構築や日本全国，あるいは，海外からの就学人口の取り込みも課題になる。それに関連した文科省のプロジェクト「少子化・人口減少に対応した活力ある学校教育推進事業」として，2015（平成27）年度から採択された自治体の事業が進行中である。その成果概要は文科省ウェブサイトで公開される[8)]。「小さな学校」であることを逆手にとった学校の魅力づくり，それを梃子（てこ）にした地域の活性化，Ｉターンなどの誘導などの試みは，全国に広がる「学校創生」の取り組みといってよい[9]。

費用対効果の分析も含め，教育形態の抜本的な見直しの検討に迫まられる時代に突入している。

(4) まちづくりと教育経営圏域の構築，新しいコミュニティを基礎にした「学校創生」の推進へ

以上の論述で，「教育経営圏域」という新規な概念をもち出したのは，“わが国の人口減少社会への胎動のもと，単位学校経営や単位市町村教育経営の再構築を通じての打開策はないか”という切り口を模索するためである[10]。各区市町村の教育政策は，学校統廃合の促進＝学校数の圧縮＝通学圏域の拡大という方向に急速に動きはじめており，「地方創生」や「学校創生」は，わが国社会のマクロな胎動を無視しては有効なものとはならないと考えられるからである[11]。

なお，「地方創生」という課題については，新しいコミュニティ形成の視点を基礎にコンパクト・シティ[12]論などが打ち出されているが，「学校創生」については，小規模校ネットワーク論，バーチャル・スクール論などもあわせ，別個に論じられるべき側面もある。本講座の別稿で取り扱われる「学校の適正規模」や「学校の適正配置」などとの絡みや学校の多様な形態論との関連づけが必要になる。（葉養正明）

注

1) 1995年の合併特例法に始まり，2005～06年にかけてピークを迎えた市町村合併の動き。国は，住民発議制度の創設や，合併特例債に代表される財政支援策のほか，中核市や特例市など権限を拡充した都市制度の創設，市や政令指定都市への昇格の際の人口要件緩和などによって，市町村の自主的合併を促してきた。2005年の合併三法によって合併特例債に期限が設けられたことで合併が加速した。市町村の総数は，2007年3月には1812になる予定であり，1995年の3234から大幅に減少したものの，国が目標とする1000程度には届いていない（北山俊哉／関西学院大学教授・笠京子／明治大学大学院教授「『平成の大合併』に関する解説」『知恵蔵』朝日新聞社，2007年）。
2) 葉養正明・小川正人編著『何から始め，どう取り組めばよいか―合併自治体の教育デザイン』ぎょうせい，2003年。
3) 文部科学省「平成18～19年度新教育システム開発プログラム［採択番号19：小中学

校配置研究」の一部として実施された全国市区町村教育長対象の調査結果に基づく。

4) 同上。

5) なお，2011年の数値は総務省統計に基づく実数である。2030年，2050年の数値は，全国の市町村の行政区域や市町村立小中学校の校数などを2011年の数値が持続すると仮定した場合の数値である。

6) なお，図8.3と8.4は，学校規模水準の散らばりをみるために，児童数，生徒数をレベル分けしている。小学校は，691人以上と70人未満の7レベル，中学校は，721人以上から60人未満の7レベルに分類している。

7) 宮崎悟・井上隆・徳永保「人口減少社会を考慮した新たな教育行政の圏域設定」国立教育政策研究所編『人口減少社会における学校制度の設計と教育形態の開発のための総合的研究　最終報告書』2014年，41-44頁。

8) 文部科学省「平成27年度『少子化・人口減少社会に対応した活力ある学校教育推進事業』」http://www.mext.go.jp/a_menu/shotou/tekisei/1378016.htm（2017年9月27日確認）。

9) ここで詳細にはふれられなかったが，人口減少地域での学校施設の複合化も大きな検討課題になる。葉養正明「人口減少社会における子どもの学習拠点の再構築と学校施設の複合化」文教施設協会『季刊 文教施設』65号，2017年，21-25頁。

10) なお，「教育経営圏域」とは，ひとまず，「子育て・教育施設を管理運営する単位市区町村をネットワーク化し，単位学校経営に代替する協働的な教育経営機構のエリア」として定義しておきたい。市町村合併などを契機に，単位市区町村が行政エリアを拡大することも考えられるが，機構，組織の具体像などについては，都道府県に設けられる教育事務所の実態や動向，隣接町村の間での教育委託や学校組合の設置の実態や動向など，稿を改めて論ずる必要があり，ここでは詳細な論究は控える。

11) 戦後の小中学校統廃合政策は，市町村合併を促進する観点に立ったいくどかの法律改正等を背景に進められてきた。1953年に制定された町村合併促進法（新制中学校1校を管理するのに必要な規模としておおむね8000人以上の住民を有することが標準とする），「町村数を約3分の1に減少することを目途」とする町村合併促進基本計画（1953年10月30日閣議決定）の達成のため，1956年に制定された新市町村建設促進法などが知られている。なお，以上の法律などにより，1953年10月に9868を数えた基礎自治体は1961年には3472になった。平成になって，「平成の大合併」と通称される市町村合併（2005年の合併新法の制定など）が再び導入され，全国の市区町村数は，1718（20114年）まで落ち込んでいる。「平成の大合併」は，1950年代の市町村合併時に出現した小中学校統廃合の嵐を再燃させることを予見させたが，小中学校数の減少は，「平成の大合併」に起因するというよりは，中長期的な少子化，人口減少への胎動などを背景としている面が強い。しかし，2014年に総務省より相次いで打ち出された公共施設管理計画絡みの指針や政策は，全国各地の市区町村に，小中学校統廃合を促進し，学校改築に要する経費の圧縮を求めている。各地自体とも，第二次ベビーブーム（1971～1974年ごろ）時に新増設した小中学校が間もなく築50年に達し，学校の全面改築期に差し掛かっているという事情がある。人口構成が逆ピラミッド型に移行しつつある自治体が多く，2050年，

2060年ころの人口構成に対応した子育て・教育施設配置，高齢者福祉に対応するための施設拡充などが懸案となっている。

12) なお，コンパクト・シティについては，富山市や青森市のまちづくりで導入されているほか，青森県東通村では，コンパクト・スクールを銘打った小中学校の大規模な集約（小中一貫の東通学園設置）が進められてきた。

第9章　小中高一貫の学校間ネットワークと義務教育学校経営の課題

1．学校統廃合と学校段階間の連携・接続

(1) 地域振興と学校の適正規模・適正配置政策

今日，人口減少が加速する状況にあって，地域振興と学校の適正規模・配置政策の一体的・総合的な立案と実施が一層求められつつある（天笠，2015）。2015年1月に文部科学省は「公立小学校・中学校の適正規模・適正配置等に関する手引」（以下，手引）を作成し，公表した。[1)]

目を引くのは，国が掲げた地方創生の政策方針が色濃く反映されている点である。前年12月に公表された国の「まち・ひと・しごと創生総合戦略」では，中山間地における「小さな拠点」（多世代交流・多機能型）の形成という政策のなかで，①公立小・中学校の適正規模化，②小規模校の活性化，③休校した学校の再開支援を打ち出しており，手引はその解説書にもなっている。

(2) 魅力ある学校づくりと学校段階間の連携・接続

手引は，これら3つの方策のいずれも併せて魅力ある学校づくりを図ることが重要と述べている。魅力ある学校づくりのために，小中一貫教育を導入したり，地域の高等学校との連携強化を図り小中高全体で特色あるカリキュラムを導入したりすることなどが提案されている。このように，児童生徒の減少に伴い学校段階間の連携・接続が有力な教育施策として浮上してきた。公立小・中学校の統廃合は，地方創生をめざす国の総合戦略の下で新たな展開をみせており，地域教育経営は新たな段階に入ったということができる。

本章では，学校段階間の連携・接続のなかでも最先端にあると考えられる小中高一貫教育および義務教育学校の取り組みの実態を分析して，学校段階間の連携・接続のための地域教育経営と学校経営の課題の一端を探る。

2．小中高一貫教育の先導的取り組み

(1) 連携型中高一貫教育から小中高一貫教育への発展

学校段階間の連携・接続に関しては，すでに1998年に中高一貫教育が制度化され，1999年度から中高一貫教育校を設置することが可能となっている。中高一貫教育は，中等教育学校，併設型，連携型の3種類の実施形態がある

が，手引が想定する学校イメージに重なるのは連携型である。連携型は，設置者の異なる中学校と高等学校を接続する形態であり，2017年度現在88校[2]が中山間地や離島を中心に存在する。

表9.1は，2016年時点で小中高一貫教育を実施している事例を整理したものである[3]。自治体や公立学校において，公式に「小中高一貫教育」と称しているのは，管見の限り同表に掲載した地域に限られる。6事例に共通するのは，連携型中高一貫教育から小中高一貫教育へ発展していったという経緯である。

(2) 小中高一貫教育の学校構成と導入理由

小中高一貫教育を行う学校の構成は，小11校，中2校，高1校の計14校のケース（安心院・院内地区）から小中高各1校の計3校（長崎県の離島3地区）まで大きなちがいがあるが，最も児童生徒数が少ないのは長崎県の二次離島の奈留地区であり，小中高3校合わせても100名に満たない。

小中高一貫教育導入の理由には，次の4点がある。

第一は，高等学校の存続である。連携型が設置される地域は，たいてい地元に高等学校がなくなると生徒の高等学校進学に大きな支障をきたす地域である。魅力ある学校づくりは，小・中学校以上に小規模高等学校において差し迫った課題であり，小中高一貫教育を行うことにより魅力を高めて，なるべく多くの生徒を確保して高等学校を残す努力をしているのである。

第二は，小学校も含めた12年間の一貫教育により，児童生徒の実態や地域の実情に応じたよりきめ細やかな充実した教育が可能なことにある。また，「地域の子どもは地域で育てる」という地域あげての体制づくりも容易になる。

第三は，教育条件の維持・改善である。長崎県教育委員会は2005年に，離島3地区の連携型中高一貫教育を小中高一貫教育に拡大することを公表した。3地区の高等学校はまもなく1学年1学級になることが見込まれ，配置教員数が減って教科免許外の授業担当が生じることが懸念されていた。その事態を小中高教職員が相互に乗り入れるなどにより回避するねらいがあった[4]。

第四は，地域の活性化である。高等学校がなくなることは地域の衰退につながる。地元自治体は，都道府県に強く存続要請を行うとともに，表9.1の「高

表 9.1　小中高一貫教育の先進事例

（2016 年現在）

市町（地域）	小中高の概要（休校除く）	小中高一貫教育の特色	高校支援等
北海道鹿追町 5,500 人 402km²	【指定等】 連携型中高一貫教育校（2002） 研究開発学校（2005 ～ 17） 【構成】 幼 1 園・小 5 校・中 2 校・高 1 校 【道立鹿追高校】 普通科 2 学級（計 218 名）／連携中の約 8 割が進学	【教育課程】 幼を加えて 1 － 4 － 4 － 4 の区分／英語を中核とした新設教科「地球コミュニケーション」／高 1 でカナダ短期留学／新設教科「新地球学」／幼小中高の交流授業／小小交流授業／高校生による小中英語交流 【連携型選抜】 中高一貫のまとめを英語でプレゼン 【運営体制】 幼小中高一貫教育推進会議	【高校支援】 カナダ短期留学派遣／通学費補助／通学バス運行／寮費補助／修学資金貸付（以上町） 【町の総合戦略】 高校への援助の充実／小中高一貫教育の推進／自然体験留学（親子）の推進
山形県小国町 7,900 人 738km²	【指定等】 連携型中高一貫教育校（2001） 研究開発学校（2001 ～ 06） 小中高一貫教育事業（町 2007 ～） 教育課程特例校（小中 2008 ～） 【構成】 小 2 校・中 2 校・高 1 校（小中併設 1 校／小 1 校は移転改築し中と接続） 【県立小国高校】 普通科 2 学級（計 119 名）／連携中の 4 割台が進学	【教育課程】 教科「国際・情報」（高 1 英語研修，高 2 アメリカ修学旅行等に接続）／地域学習（総合的な時間により小中高設定）／小国スタンダード（学習，読書，挨拶，体力づくり等の共通実践）／高校 ALT を中心とする交流授業／保小中高間の交流行事 【連携型選抜】 地域学習のまとめや英語による面接等 【運営体制】 小中高一貫教育推進協議会	【高校支援】 小中高一貫教育推進協議会運営／短期留学補助（以上町） 【町の総合戦略】 小中高一貫教育の推進／高校魅力づくり支援 【その他】 コミュニティ・スクール（小中），高は 2017 より実施
長崎県佐世保市 宇久地区 （旧宇久町） 2,200 人 26km² 佐世保市に 2 町編入（2006）	【指定等】 連携型中高一貫教育（2001） 小中高一貫教育事業（県 2005 ～） 教育課程特例校（小中 2009 ～） 【構成】 小 1 校・中 1 校・高 1 校 【県立宇久高校】 普通科 1 学級（計 23 名，全員連携中卒）／連携中の 7 割台が進学	【教育課程】 4 － 3 － 5 の区分／小 3 から「英語科」／新設教科「宇久・実践」／小中高の乗り入れ授業／出前授業／合同行事（遠足，海浜清掃，中高体育大会）／授業研究会／挨拶運動／個人ファイル（12 年間）による進路指導／郷土学習／部活交流 【運営体制】 小中高一貫教育推進本部会議（県教委）／小中高一貫教育地区推進委員会	【高校支援】 小中高一貫教育事業（県）／小中高一貫教育を含む特色ある学校づくりの推進（市の教育振興基本計画）
長崎県五島市 奈留地区 （旧奈留町） 2,600 人	【指定等】 宇久地区に同じ 【構成】 小 1 校・中 1 校（併設校／施	【教育課程】 4 － 3 － 5 の区分／小 1 からの英語教育／新設教科「奈留・実践」／小中	【高校支援】 小中高一貫教育事業（県）／島留学制度（高校生，県）

25㎢ 1市5町合体 (2004)	設一体／高と渡り廊下で接続)・高1校 【県立奈留高校】 普通科1学級(計34名，全員連携中卒)／連携中の7割台が進学	高の乗り入れ授業／保護者への生活習慣についての協力要請／つなぎ授業／研究授業／合同行事(遠足，体育大会，百人一首大会，中高合同マラソン) 【運営体制】 宇久地区に同じ	【市の総合戦略】 奈留高校魅力化推進／しま留学制度(小中学生，市)
長崎県小値賀町 2,600人 26㎢	【指定等】 宇久地区に同じ 【構成】 小2校(うち分校1)・中1校(小中施設一体)・高1校 【県立北松西高校】 普通科1学級(計46名，全員連携中卒)／連携中のほぼ全員が進学	【教育課程】 4－3－5の区分(修了証授与式実施)／新設教科「グローアップ科」「遣未来使学」／小中高間で乗り入れ授業／小6と中1の合科授業／つなぎ授業／キャリア教育／授業研究／小中高合同行事(遠足／海浜清掃等)／家庭学習の習慣化 【運営体制】 宇久地区に同じ	【高校支援】 小中高一貫教育事業(県・町)／部活動遠征費補助(町) 【町の総合戦略】 幼・小中高一貫教育の推進／離島留学受入
大分県宇佐市安心院・院内地区 (旧安心院町・旧院内町) 10,300人 261㎢ 1市2町合体 (2005)	【指定等】 連携型中高一貫教育校(2000) 研究開発学校(2015～) 【一貫教育の構成】 小11校(うち分校1)・中2校・高1校 【県立安心院高校】 普通科2学級(計213名)／県外からの入学者あり／連携中の約8割が進学	【教育課程】 新教科について2－3－3－4の区分設定／新教科「地球未来科」／小1から英語学習／小中への乗り入れ授業／個人カルテ(12年間)による指導／高の文化祭に中3参観／高校体験入学 【運営体制】 研究開発推進会議(兼：小中高長会議) 【連携型選抜】 新教科の学習のまとめ提出	【高校支援】 市の教育振興基本計画に小中高連携教育の推進を明記 【市の総合戦略】 県外からの移住に対する支援制度(市)

注：総合戦略には，「まち・ひと・しごと創生法」に基づく「地方版総合戦略」の内容を記載
出所：各地域の小中高一貫教育に関する教育委員会資料，学校要覧，報告書などから作成

校支援等」の欄のようにさまざまなかたちで高校教育への支援を行っている。

(3) 小中高一貫教育の取り組みと成果

6事例は，いずれも研究開発学校ないし教育課程特例校(小・中学校)に指定されている関係で，活発なカリキュラム開発を行い，併せて6－3－3とは異なる学年の区分(ステージと呼ぶ場合がある)を設けている。新教科の開発，教科指導やキャリア教育などの活動の系統化，低学年からの英語教育，さらには，乗り入れ授業や交流授業を小中高間で幅広く実施していることに特色がある。

小学校同士，中学校同士の連携強化，さらには幼稚園や保育園を加えた取り組みへ発展した地域もある。

複数地域の教育委員会や学校において認識されている，小中高一貫教育の主な成果を列記すると以下のようである。

地元からの高等学校進学割合が高くなった。大学進学実績（とくに国公立大学）が向上した。小規模校の課題である学習意欲，積極性，社会性が上級学校の生徒との交流により改善した。小中高一貫教育の指導の重点であるコミュニケーション力・英語力などが高まった。下級生が上級生にあこがれをもち，上級生は下級生の面倒見がよくなり自信がつくなど，豊かな心が育った。小中高のカリキュラムの系統性や児童生徒の教育課題が明確になり，その対処も含めて教職員の教育力の向上につながった。免許外の教科指導が解消した。学校行事や郷土学習を通じて，地域住民の小中高一貫教育に対する理解が高まり，協力が増した。以上のように，小中高一貫教育には目を見張る成果があり，小中一貫教育の成果とも共通するものも多い。

3. 小中一貫教育の制度化と義務教育学校

(1) 小中一貫教育の制度化

2014 年 7 月の教育再生実行会議第五次提言を受けて，中央教育審議会は，文部科学省の「小中一貫教育等についての実態調査」（以下，実態調査）の結果などを参考に審議を行い，同年 12 月の答申において小中一貫教育の制度化を提言した。翌年の法律改正を経て，2016 年 4 月より義務教育学校及び小中一貫型小・中学校の設置が可能になっている。

小中一貫教育の取り組みの先駆けは，いじめ，不登校，暴力行為などのいわゆる中 1 ギャップの解消や自尊感情の育成をめざして，呉市の中学校区で始まった研究開発学校の実践研究（2000 年）にさかのぼる。その後，中 1 ギャップの解消や学力向上などの義務教育段階の改善・充実をめざした研究開発学校や構造改革特別区域指定による実践研究は増えていった。呉市のほか，品川区や京都市などの取り組みはよく知られているところである。その一方で，研究開発学校などの国の研究指定を受けることなく自治体独自に展開する類似の取り組みも全国に広がり，小中連携教育との境界が不明確なままに小中一貫教育と呼ぶ取り組みが盛んに行われるようになった[5)]。そのようななか，文部科学省は小中一貫教育を「小中連携教育[6)]のうち，小・中学校が目指す学校像を共有し，9年間を通じた教育課程を編成し，系統的な教育を目指す教育」と定義し[7)]，事態調査を実施した。

(2) 実態調査にみる小中一貫教育

2014年5月を調査時点とする実態調査では，小中一貫教育を実施している学校は全国で1130校であることがわかった。施設分離型が最も多く882件(78%)，次いで施設一体型148件(13%)，施設隣接型59件(5%)の順である。また，研究開発学校や教育課程特例校制度による特例の活用は全体の20%，一人の校長が小・中学校を兼務しているのは12%，4－3－2などの6－3とは異なる「学年段階の区切り」を設けているのは26%であった。

また，小中一貫教育は，生徒指導，学習指導のほかに教職員の意識改革にも成果があったことが明らかとなった。その一方で，「教職員の負担感・多忙感の解消」などの教職員のかかわる問題が最大の課題があることが浮き彫りになった。

さらに，施設の一体性が高く指揮系統が一本化されているほど，つまり運営体制の一体化が進んでいるほど成果の認識も高いこともわかった。

(3) 先進事例にみる小中一貫教育の実態

実態調査は，上記のように小中一貫教育の全体像を明らかにした。しかし，自治体や学校が小中一貫教育の導入や推進のための検討資料としては，併せて個々の事例を単位とした取り組み内容や取り組み体制の詳細にかかわる知見が必要となる。このような観点から行われた調査研究に，国立教育政策研究所「小中一貫教育の成果と課題に関する調査研究」がある。

当調査研究は，先進事例と目される全国20市町村26件の訪問聞き取り調査に基づき，小中一貫教育の導入の経緯，取り組み内容，成果・課題などについて分析を行っている[8)]。調査結果の要点を以下に示す。

第一に，先進事例の取り組みは大きく3つの段階に整理できる。「Ⅰ　教職員交流の実施」「Ⅱ　日常的な乗り入れ授業の実施」「Ⅲ　接続する区切りにおける一体性の深化」である。施設一体型ではⅠの段階にとどまる事例はなく，他方で施設分離型ではⅢの段階にまで展開するケースはない。また，Ⅲの段階の事例には教育課程特例校が多く，施設分離型でⅡの段階にある学校の多くには教職員加配がある。このように，施設形態や教職員配置などの条件によって，取り組みには展開の可能性や制約が存在する[9)]。

第二に，小中一貫教育といえども教育課程の編成の前提となるのは，あくまでも小学校学習指導要領と中学校学習指導要領であり，学年段階の区切りを教育課程編成の区分として厳格に用いることは現実的ではない。指導の重点や指導体制（教科担任制，乗り入れ授業など）の特色づけ，学校生活の課題克服と行った教育課程運営における工夫として用いることが妥当である[10)]。

第三に，小中一貫教育の成果を上げるためには教育委員会の支援が大事である。支援内容には，加配教員の配置，兼務発令，人事配置の工夫などの人的条件整備，施設や校務支援システムなどの物的・財政的条件整備，教育課程の開発，指導助言，成果普及や研修の充実などの教育課程・教育指導面の条件整備がある[11)]。

第四に，教職員の多忙化・負担感軽減への取り組みの必要性である。教職員の負担軽減の取り組みをした学校のほうが，教職員満足度，小中一貫教育による総合的な評価，学力向上や不登校減少などの成果についても強く実感されている[12)]。

(4) 義務教育学校と小中一貫型小・中学校の設置

小中一貫教育の制度化に伴い義務教育学校の要件が定められたが，要点は，①修業年限9年間，②一人の校長，1つの教職員組織，③原則小学校・中学校の両免許状を併有，④9年間の教育目標の設定および9年間の系統性・体系性に配慮した教育課程の編成である。ただし，修業年限は前期課程6年と後期課程3年を合わせたかたちであり，免許状についても当分の間は小学校免許状で前期課程，中学校免許状で後期課程の指導が可能となっており，小中一貫型小・中学校との大きなちがいは②にすぎない。教育課程の特例（独自教科の設定や指導内容の入替・移行）の扱いにも差はほとんどない。

さて，制度化されて1年目の2016年度に義務教育学校に移行したのは，全国で22校（施設一体型19校，施設隣接型3校）であり，小中一貫教育導入の際の校舎新改築の有無を調べると約7割の15校が該当する。したがって，今後，校舎改築などを契機に義務教育学校の設置が進むことが予想される。

4. 学校段階間の連携・接続と教育経営の課題

(1) 小中高一貫の学校間ネットワークの構築

① 制度に基づくネットワークの構築

最近，地方創生の観点から小規模高等学校を存続させ，地域との連携を模索する動きは強まっており[13]，今後，小中高一貫教育の導入を模索する自治体が増える可能性がある。では，第2節の先進事例のような小中高一貫教育はどのようにすれば実現できるのか。

先進事例では，連携型中高一貫教育の導入に加えて，研究開発学校に指定されていない地域においては教育課程特例校（小・中学校）の指定を受けていることに注目する必要がある。これにより小中高が協働できる体制ができ，実践研究組織を設けて小中高全体で特色あるカリキュラムを編成して成果をあげたといえる。したがって，小中高のネットワークの構築は，小中高一貫教育推進を左右する最も重要な課題である。見逃してならないのは，小中をつなぐ制度と中高をつなぐ制度の両方が欠かせないという点である。小中一貫教育の導入は市町村の判断で決定できるが，中高一貫教育はそうではない。設置者のちがいを超えて市町村と都道府県が，地域の教育課題，小中高一貫教育の必要性や効果，実現可能性などを共通認識し連携・協力していけるかが小中高一貫教育実現のための重要な鍵となる。

② 学校運営の工夫によるネットワークの構築

むろん，上記のように制度によらず，緩く連携・接続することは可能である。実際に，中学校への出前授業，中学生の高等学校体験入学，高校生による中学生への部活指導，夏休みなどにおける小学生に対する高校生の学習補助，合同の地域清掃，教職員による協議会開催など，小・中学校との間で生徒や教職員の交流を行っている高等学校は全国に少なくない。そこでは，高等学校への不本意入学や中途退学抑制の効果もみられる。なかには，小中高の校長間で協定を結んで推進しているケースもある。可能な連携・接続の取り組みから始めて小中高間のネットワークをつくり上げる，そのような学校運営の工夫もたいへん意味がある。

(2) 義務教育学校の設置と運営の課題

① 義務教育学校設置の課題

小中一貫教育の制度化を受けて，市町村では改めて小中一貫教育を推進するか否か，推進するとすれば，①義務教育学校，②小中一貫型小・中学校，③従来のように制度によらないで小中一貫教育を実施する学校のどれを選択するかの検討が必要となる。1つの自治体で複数の形態の導入も考えられる。

ところで，義務教育学校の設置は，小学校と中学校の施設を一体的に整備して設ける，つまり小学校と中学校の統合というかたちで行われることが多く，さらには，小学校同士，中学校同士の統合を伴うケースもある。したがって，自治体の学校適正配置政策の一環として行われるわけであるから，学校適正配置の基本的考え方の整理が重要になる。

学校配置の基本的考え方にかかわり，小中一貫教育導入に際して配慮されてきた観点や基準の1つに公平性をいかに担保するかがある。義務教育学校の場合，小中一貫教育の大きな成果が期待されると同時に，実際に成果が上がっているとみられるだけに，そうではない学校との教育内容や施設条件のちがいをどう扱うかが問題となる。全国には，すべての中学校区を義務教育学校にしたケース，自治体で共通する小中一貫教育の教育課程を開発して小・中学校全校が取り組むケース，義務教育学校を特認校として他学区からの入学も認めるケース，学校選択制により義務教育学校も選択できるケースなどがあり，これらは公平性を考慮した対応である。他方，地域事情や課題に対応するかたちで，各中学校区で独自の小中一貫教育を展開してきた自治体もある。その代表的な自治体の1つが京都市である。京都市では，全市での小中一貫教育実施をめざしているが，施設形態，教職員組織，学校段階の区切り，取組内容などに多様性がみられる。この状況を西川（2015）は，「教育制度の整備改善をすべての学校を人的・物的に同じ条件にする平等性の原理から，その地域の状況に応じた必要な施策を実施する公正性の原理に転換している」と分析している。

義務教育学校の設置の際に，その前提としての公平性と公正性の捉え方の整理・検討は避けて通れないものと考えられる。

② 義務教育学校運営の課題

続いて，学校運営に関する課題について整理する。

まず，義務教育学校の組織上の特徴は，これまで小学校，中学校と別々に教えていた教職員が，同じ義務教育学校の教職員として同じ立場で一緒に職務にたずさわるところにある。したがって課題の第一として，義務教育学校にふさわしい学校組織の構築があげられる。とくに学校規模が大きい場合には，ライン体制を強化して組織的に機能させることが重要であり，先進事例では校務分掌における副校長の配置などに工夫がみられる。

つぎに，カリキュラム上の特徴としては，教育課程の特例が活用できる点にある。特例を生かさなければ，義務教育学校になる意味は半減するともいえる。2016年度の義務教育学校22校のうちほとんどが，特例を活用していたり検討中であったりする[14)]。また，カリキュラム編成に密接にかかわる学年段階の区切りについては，15校が6－3とは異なる区切りを設けている。課題の第二は，義務教育学校としての特色あるカリキュラムの編成にある。義務教育学校としてのねらい，めざす目標，児童生徒の特性や課題，教職員の配置状況などをふまえて，効果的な特例の活用や学年段階の区切りの設定を行いながら編成する必要がある。

また，義務教育学校がめざす取り組みの段階は，第3節（3）で述べたⅡやⅢであると考えられるが，この段階の取り組みは教職員の高いモラールと労力に支えられている。課題の第三は，教職員の多忙化・負担感の軽減である。充実した取り組みを行えば行うほど教職員の多忙化・負担感は増す。軽減の努力は当然のこととして，今後，成果を検証しながら取り組みを精選することも検討の余地がある。

さらに，第四として取り組みに伴う課題がある。繰り返しになるが，義務教育学校では特例を活用した特色あるカリキュラムを組むことが多い。このため，後期課程から新たに入学してくる生徒や転校生に対する補充学習などの指導が十分に配慮される必要がある。また，4－3－2などの6－3とは異なる学年段階の区切りを設けて，区切りを重視した指導を徹底した場合には，その区切りにおいて中1ギャップに似た新たな「ギャップ」が生じることがある。そのような場合，学年段階の区切りの運用を見直すことも必要となる。

課題の第五は，教育委員会による学校支援である。支援の内容については，第3節(3)に詳しく述べているので，ここでは割愛する。

(3) 地域振興に向けた教育経営の課題

ところで，第1節でみたように，学校段階間の連携・接続を要請する現代的背景に地域振興がある。第2節の小中高一貫教育の取り組みから，地域振興につながる高等学校を軸とする活発な活動の様子がうかがえた。義務教育学校と地域振興の関係はこれまでふれてこなかったが，先進事例によると，小学校と中学校が1校になることにより地域がまとまって応援や支援をしやすくなるなどによる地域結束の促進，学校施設と地域施設の複合化による地域と学校の連携強化，学校施設整備に伴う地域再開発による地域活性化などの効果がみられる。学校段階間の連携・接続が地域振興に貢献するようになるには，教育委員会だけの構想では限界があり，首長部局との密な連携と協力があってこそ実現できる。教育行政の枠を超えた関係者の連携・協力体制をいかに築くかが，教育経営の新たな課題となってきたと認識できる。　（屋敷和佳）

注

1) 文部科学省「公立小学校・中学校の適正規模・適正配置等に関する手引～少子化に対応した活力ある学校づくりに向けて～」2015年，24頁。
2) 連携する高等学校と中学校の組み合わせを1校とした場合である。
3) このうち小国町と小値賀町の取り組みについては，文献・参考資料に掲げる科学研究費成果報告書に詳しい。

4) 屋敷和佳「小中高一貫教育からみた小中一貫教育の課題」国立教育政策研究所『小中一貫教育の課題に関する調査研究』教育制度・行財政・経営班（最終報告書），2008年，12頁。

5) 西川は，この状況を「定義すら曖昧なままに実践が先行している」と課題を指摘している。西川信廣・牛瀧文宏『小中一貫（連携）教育の理論と方法』ナカニシヤ出版，2011年，「はじめに」。

6) 本講座の第5巻第3章2.(2) 学校間連携（小中一貫教育，義務教育学校）も参照されたい。

7) 一般的に，「小中高一貫教育」および「中高一貫教育」は，教育課程の特例が活用できる制度の下にあるものをさす。他方で「小中一貫教育」は，この定義のように教育課程の特例の活用が前提となっておらず，同列ではないことに注意が必要である。

8) 国立教育政策研究所『小中一貫教育の成果と課題に関する調査研究』平成27年度プロジェクト研究報告書（研究代表：渡邊恵子）2015年。なお，国立教育政策研究所編『小中一貫　事例編』（東洋館出版社，2016年）は，報告書の一部を市販本として編集したものである。

9) 屋敷和佳「学校の組織と運営」同上報告書，220-221頁。

10) 工藤文三「教育課程の編成と運営」同上報告書，213-214頁。

11) 植田みどり「教育委員会の支援」同上報告書，228-231頁。

12) 宮﨑悟「教職員の多忙化と負担感の軽減」同上報告書，248頁。

13) たとえば岐阜県では，県立高等学校活性化計画策定委員会の審議のまとめ（2016）で，望ましい学校規模を下回る高等学校については再編統合の検討対象とするとされたが，翌年，県教育委員会の検討のまとめでは方針を転換し，小規模校の利点を生かした教育や，地域活性化への貢献への期待から当面は学校を維持するとされた。

14) 文部科学省「小中一貫教育の制度化に伴う導入意向調査について」2016年，6頁。

文献・参考資料

天笠茂「日本の文教政策における小規模校化への対応と政策課題」『日本教育経営学会紀要』第57号，第一法規，2015年，154頁

西川信廣「小中一貫教育の制度化」日本教育評価研究会『指導と評価』2015年4月号，日本図書文化協会，2015年，8頁

平成26～29年度科学研究費補助金研究成果報告書「小・中・高等学校の再編整備と地域創生を視野に入れた教育施策」（研究代表：天笠茂），2017年

第10章　地域・社会に開かれた教育課程の創造と地域教育経営の課題

1．思考力・創造力を含めた資質・能力観への展開と教育経営創造の課題

(1) 資質・能力観への転換とカリキュラム・マネジメントの課題

本章では，次世代を見据えた資質・能力や生きる力を高めるうえで，近年大きな課題となっている「社会に開かれた教育課程」を創造するカリキュラム・マネジメントの必要性と，そのための地域教育経営の課題を捉えることを目的としている。これまで学校現場では所与の前提であると思われていた教育課程は，地域・子どもの現実に応じ思考力を育成するカリキュラムの創造がいっそう求められるようになった。そのため，カリキュラム・マネジメントも学校経営のプライオリティとなっており，それを支える地域教育経営も重要な課題となっているからである。

次世代のカリキュラム・マネジメントを進めるためには，教室・学校のなかだけでなく，学校・家庭・地域を通じた地域教育経営の創造的な対応がいっそう重要な課題となっている。総合的な学習の時間が提起された2000年のあと，2003年ごろから学校現場の重点は総合的な学習の時間から教科の学力に急速に関心が移っていった。この点について天笠茂は，「カリキュラムで授業や教育活動を考え，実践や学校の在り方を見つめる発想や方法を得る機会を逸した」と指摘している[1)]。また「カリキュラムを基盤としたマネジメントこそ，学校経営の柱をなすもの」であるが，カリキュラムをマネジメントするスクールリーダーが育たなかったことを指摘している。

学力問題の大きな潮流として指摘されるように，もともと知識の詰め込みに傾斜した学習のあり方が反省され，2002年実施の学習指導要領では教科内容量の削減と総合的な学習の時間が導入された。一方で2003年・2006年の国際学習到達度調査では日本の順位が下がったことで，学校経営のあり方を多面的に改善する前に，日本の学力低下と学力向上が大きな課題となった[2)]。

一方，学校での学力の向上が必ずしも社会のなかでの生きる力と連動しない部分があり，学力と生きる力が対峙的に捉えられる傾向もあった。この矛盾の要因の1つは，学校現場の実践において知識・技能が所与のものとして固定的に捉えられ，知識・技能が応用的・創造的な思考力に展開していない傾向が強

かったからである。本来的には教科の知識は生活の基本知識であり，学校の知識と生きる力とが矛盾するわけではない。したがって学校での知識を基盤にしつつも，それをどのように発展させていくかのカリキュラムの考え方の転換が求められていた。

このような反省に基づき，2011年の中央教育審議会（以下，中教審）答申「今後の学校におけるキャリア教育・職業教育の在り方について」[3]では「基礎的・汎用的能力」の概念を打ち出し，「人間関係形成・社会形成能力」「自己理解・自己管理能力」「課題対応能力」などが重要であるとした。とくに「課題対応能力」は，特定の知識・技能で対応できる段階から状況に応じた創造的な対応能力が求められており，これらのキャリア教育に求められる能力が伏線となって，生きる力に向けた資質・能力論につながっている。

近年はさらに次世代に求められる能力としては，急速な技術革新と社会変化のなかで，知識と知識を結びつけながら，未知の状況に対応できる思考力・判断力・表現力などを育成していく必要がある。そのために学校での学力の概念も知識・技能の習得にとどまらず，それを活かして何ができるようになるかを検討し創造的に対応していく力が求められている。このため「思考力」を基盤としながら「実践力」「基礎力」と結びつけながら「資質・能力」を発展させていくキーコンピテンシーも提起された[4]。これらの資質・能力の蓄積が長期的に生きる力となっていく。

このような次代に求められる資質・能力を鑑みると，教科ごとの知識・技能だけでなく，それらを使いこなす幅広い資質・能力が求められる。その指導方法も従来の教科書の説明中心的な授業から，社会の現実や教科間の横断的・総合的な内容と連動するなどの発展的な指導方法の転換が求められている。このような状況下では，生きる力を見据えた資質・能力論と新学習指導要領を結びつけながら，カリキュラムや指導法を創造的に展開していくカリキュラム・マネジメントを学校全体で進めていく必要がある。

(2)「社会に開かれた教育課程」と教育経営創造の課題

生きる力の育成に向けた学校教育のあり方が問われるなかで，中教審答申「次期学習指導要領等に向けたこれまでの審議のまとめ[5]」では，キャリア教育などの観点をふまえながら，生きて働く知識・技能の習得と未知の状況にも対応できる思考力・判断力の育成が課題として提起されている。これらを含めて新しい時代に必要となる資質・能力とそのための「社会に開かれた教育課程」が提起された。「社会に開かれた教育課程」が提起するものは，学校教育の学習活動だけでなく，きわめて社会とのつながりを意識した内容であり，将来的な生きる力の基礎となる資質・能力を発展させる学習活動を求めるものである。

社会全体の教育的課題と連動した「社会に開かれた教育課程」は，単に個々の教科の知識・技能の総体ではないため，指導方法やカリキュラム全体のあり方を捉え直す必要がある。すなわち，教科と教科を結びつけ教科横断的な思考を促す指導への転換，教科書を用いながらも社会の現実と結びつけた授業方法の転換などが求められる。このような指導を展開するためには，「何を学ぶか」の内容だけでなく，「どのように学ぶか」の方法・学習過程の改善も不可欠で，「主体的・対話的で深い学び」が併せて提起された[6]。

このような「社会に開かれた教育課程」や「主体的・対話的で深い学び」を実現するために学校全体として検討しなければならない経営的な課題は，以下の点である。

第一に，「社会に開かれた教育課程」の具現化のための学習活動の創造とそれを可能にするカリキュラムマップ再編のマネジメントである。すなわち，「社会に開かれた教育課程」や「主体的・対話的で深い学び」を具現化するうえで有効な方法の１つである，“地域を探求する学習活動”や地域づくり教育などの，地域と連携した学習活動をマネジメントすることである[7]。このためには，地域と連携した学習活動がどの教科・領域と結びつくか，教育課程全体での位置づけを明確にする「学びの地図」を学校全体で明らかにしなければならない。

第二に，地域協働活動を中核とした地域運営学校の創造である。学校の教育課程を生きる力にまでつなげていくためには，授業だけでなく生徒指導・生活指導や地域行事・学校行事などのあらゆる教育活動において地域と連携した地域学校運営を計画することである。その１つが地域学校運営協議会を核にしたコミュニティスクール構想によるマネジメントである。[8)]

第三に，「チームとしての学校」の組織エンパワーメントの教育経営の創造である。すなわち新たなカリキュラムを創造するうえでも，教職員の組織力を発揮するための学校の組織エンパワーメントは不可欠であり，そのための教育経営を計画することである。[9)] 学校は官僚組織や会社組織のようなヒエラルヒーは弱く独立した教育指導権をそれぞれが有しているが，学級経営を教師個々の指導責任にのみ依拠することはできない。教職員の適材適所による分業とともに，ミドルリーダーを含めてこれらを統合し，協働性を発揮した集団的・協働的な組織経営が必要になってくる。[10)]

第四に，教育課程経営のための学校・地域協働研修の確立と地域教育経営の創造である。個々の教職員の指導力を学校全体に活かし，学校の協働性と組織的な教育力を高めるためにも，教職員の研修計画をマネジメントすることである。個々の指導方法がある程度自立的に展開できる学校教員の力量は，職人的な技能に頼ることが多くなるが，学校全体で個々の教職員の力量向上を支援することがあってはじめて学校全体の組織力や凝集性も高めることができる。この個と集団の研修をマネジメントすることが，学校全体の組織的な経営力を高めていく。

2.「社会に開かれた教育課程」の創造と地域教育経営

(1)「社会に開かれた教育課程」の具現化と地域探求型学習活動

「社会に開かれた教育課程」は，それ自体の科目があるわけではない。すなわち，あらゆる教科を指導するときに教科と教科を結びつけて思考したり，学んだ知識を現実社会に応用していく考え方であるため，あらゆる教科の発問のなかで，その意識づけを推進していかなければならない。そのため「社会に開かれた教育課程」は特定の単元内容が明確に存在するわけではない。

このような「社会に開かれた教育課程」を推進するうえで，地域を探求する学習活動は，具現化する上で実行しやすい学習活動となる。地域探求型学習活動は，学習者自身が学んだ各教科の知識を総合的に結びつけながら，自らの調べ活動によって，新しい知見や所見を生み出す活動となる。したがって，教師が各教科のなかで横断的な内容をつくらなくとも，学習者自身が創造的に捉えていく姿勢と自ら学ぶ方法を身につけていく。地域探求型学習活動は，「社会に開かれた教育課程」の唯一の学習活動ではないが，最も具現化しやすい学習活動の１つである。

地域探求型学習は教科の学習と異なり，学校・教師にとっては得点などの成果がすぐにはみえてこない場合が多い。しかし学校・教師は，このような地域探求型学習活動の長期的な意義を理解し，管理職を中心に学校全体で生きる力の１つの階梯としての地域探求型学習活動を進めていく必要がある。

⑵ 地域探求型学習活動の普遍化とカリキュラムマップの再編

地域探求型学習活動が効果的に展開できるためには，その活動だけ単独で展開するのではなく，教育課程全体のなかで位置づけることと，内容を普遍化する科学的な手法が不可欠である。すなわち地域の学習内容をあらゆる学びと連動させていくこと，探求活動の調べ方を通じて個別事例を科学的・普遍的に深みをもたせていく科学的な分析方法が不可欠である。

その改善のためには第一に，地域探求型学習活動が教科・総合的な学習の時間・特活などといかに連動させていくかのカリキュラムマップを教師がもっておく必要がある。カリキュラムの関連性は，学年を超えた教科の体系的な内容や教科間の内容を伴うために，学校全体で検討していく必要がある。

第二に，個々の地域の事例を調べる際にも，地域の事例が普遍的か個別的かを区別する発想と方法をもつ必要があり，事例の特性を相対化したり普遍化したりする方法を捉えておく必要がある。また個別的であるとしたら，普遍的な特性との相違とその相違の理由を捉えておく必要がある。調べたことを普遍化しまとめるうえでは，事例の位置づけを明確にし，客観的に捉えるようにしていかなければならない。たとえば個々の地域の社会現象・自然現象を，統計的に捉えたり，新聞の歴史的な事実経過から捉えたり，評価に関して多くの地域住民などのアンケートをとったり，自然現象を他地域の自然現象や生態系と比較したりすることなどである。また身近にみえる地域の現象を，普遍的な記述を載せている各教科教科書の記述や関係書の記述でどのように捉えられているか，地域と全国・世界の比較を行うことも重要である。

このように地域探求型学習活動が，“這い回る経験主義”に陥らないためには，事例を普遍化し科学的に捉えるカリキュラムマップが不可欠である。この普遍化・科学化の発想と分析方法は，学校全体のカリキュラムを捉える経営課題として検討していく必要がある。

地域探求型学習活動に合わせたカリキュラム再編のあり方としては，第一に，地域探求型学習活動と教科の年間時数の再編を伴う。とくに教科と関係する内容と単元は，どの教科・単元の時数との読み替えをするかの年間のカリキュラムが不可欠となる。第二に，教科との関連が明らかになれば，教科の指導内容を全部教え込むのではなく，教科書を自分で調べさせたり発表させたりするなど，指導方法の再編も不可欠となる。第三に，教師だけがこれらを指導するのではなく，地域の専門家や地域住民に指導を仰ぐなど，地域カリキュラムと地域人材のコーディネートが必要となる。

これらは結果として，指導内容・指導方法を含めた年間カリキュラムのマッピングと横断型カリキュラムに発展していくため，教育課程を再編する経営戦略の“大まかな策定”が必要となる。“大まかな策定”の意図は，探求型学習活動は，最初から結論がみえているわけではなく，探求活動の進展のなかで柔軟に対応していく部分が含まれているということである。このように地域探求型学習活動は，地域と連携した教育課程経営と地域学校経営が不可欠の課題となる。

3. 地域協働活動を中核とした地域運営学校の創造と地域教育経営

(1) カリキュラム・マネジメントと地域協働活動

地域探求型学習活動を含めたカリキュラム・マネジメントを進める場合にも，学校のなかだけではカリキュラム・マネジメントを進めることはできない。本来的な地域の素材を有効に活かすためには，学校も開かれた教育経営をめざし，地域に貢献する活動を進めていく必要がある[11)]。また地域の専門家・地域人材が学校の教育活動に協力的になる条件は，地域人材をコーディネートし，学校の教育活動のなかに活かしていく必要がある。

学校・子どもが地域づくり活動・地域ボランティア活動・地域を探求する学習活動などの地域協働活動に積極的に取り組んでいるからこそ，地域住民も学校・子どもの教育活動にも支援してくれるようになる。学校・子どもの地域教育活動は学校づくり活動になり，地域の学校教育活動は，地域づくり活動になる。すなわち地域協働型の教育経営を進め，日常的に学校と地域が連携している体制をつくる必要がある。

(2) コミュニティ・スクールによる開かれた学校づくりと地域教育経営

日常的な学校と地域が連携した体制は，2004 年の中教審答申「今後の学校の管理運営の在り方について」[12]において，学校運営協議会制度を有するコミュニティ・スクール（地域運営学校制度）として提案された。さらに 2015 年の中教審答申「新しい時代の教育や地方創生に向けた学校と地域の連携・協働の在り方と今後の推進方策について」[13]では，「地域とともにある学校への転換」と「学校を核とした地域づくりの推進」の両方をあるべき姿とし，「全ての公立学校がコミュニティ・スクールを目指すべき」であるとした。このようなコミュニティ・スクールは，学校のあらゆる教育活動や運営を地域と協働して進めるために，地域教育経営をトータルに推し進めるものである。

コミュニティ・スクールを進めるためには，学校教員だけで地域をコーディネートできるわけではないので，地域のなかで地域を組織化し地域活動をファシリテートする地域コーディネーターの存在が不可欠となる。地域コーディネーターを含めて地域全体を組織的にコーディネートできる地域学校協働本部が設置されなければならない。このような組織化は，教育委員会と連携した学校管理職が中心となって進めていくことになる。そのため地域を組織できる経営的な発想が学校管理職に求められる。

また学校のなかでは，地域連携担当分掌を設け，地域との窓口となり，学校全体の地域協働活動を企画運営するとともに，学校運営の基本方針を検討していく学校運営協議会を，学校教育活動の活性化につながるようにマネジメントしていく必要がある。

このように学校管理職をはじめとしてこれからの学校・教職員には，地域学校協働活動をコーディネートする地域学校協働本部，および学校運営協議会を含めたコミュニティ・スクールの両方をマネジメントする地域教育経営のリーダーシップが求められる。この地域教育経営力が結果として「社会に開かれた教育課程」をマネジメントする指導力となっていく。

4.「チームとしての学校」の組織エンパワーメントと地域教育経営

学校と地域が連携した地域協働活動を進めるためには，コミュニティスクールが重要な媒介となるが，さらに2015年に併行して提案された中教審答申「チームとしての学校の在り方と今後の改善方策について[14]」では，チームとしての学校の重要性が強調された。このチームとしての学校は，地域協働型学校組織マネジメントをめざすものである。

その視点は，まず学校内において「専門性に基づくチーム体制の構築」「学校のマネジメント機能の強化」「教員一人一人が力を発揮できる環境の整備」を中核にして教職員が協働性を発揮できる経営を構築していくことである。これは学校内の協働性を発揮し，教職員のエンパワーメントを進めていく経営であるといえる。このためには学校経営全体として，授業・学級経営・生徒指導・地域活動・保健管理などのあらゆる教育活動においてチーム学校体制を確立していく必要がある[15]。

さらに学校内の協働性のうえで，「学校と家庭，地域との連携・協働」によって，「共に子どもの成長を支えていく体制を作ること」や，「警察や児童相談所等との連携・協働により，生徒指導や子供の健康・安全等に組織的に取り組んで行くこと」が重要な課題になるとしている。地域の専門家のなかには，スクールカウンセラー・スクールソーシャルワーカー・生徒指導推進協議会委員・部活動指導員など直接的に家庭教育・生活指導にかかわる専門家も少なくないが，これらの専門家や地域住民が学校教育活動にかかわることで，学校・教師がいっそう学習指導・生徒指導などの教育活動に重点的に取り組むことができる。

このため「チームとしての学校」は集団的な教育力の向上，すなわち教職員の力を発揮し地域と連携する地域教育経営を推し進めることとなる。子どもたちの協働性も教職員のチームとしての学校の協働性に学びながら発展していくとともに，学習においても地域のさまざまな専門家に依拠しようとする態度を身につけていくことができる。

5．教育課程経営のための学校・地域協働研修の確立と地域教育経営

(1) 異学年・教科間の教育課程経営と校内教員研修

これまで教員は個々の学級担任・教科担任の自立性が強かったために，個々の授業研修が中心で，組織的な学校経営や教育課程経営にはかかわってこなかった。一方，学校全体として教科と教科や，異学年間の教科の連関を模索するならば，各教員が担当している学年・教科を超えて，他学年・他教科と関連していると感じる内容について相互に出し合う研修が不可欠である。学年・教科間の関連性をそれぞれの教員が出し合うことで，全体として教科横断的な内容が結びついてくる。

このような学年間・教科間の関連性があるかもしれないという意識があるだけでも，子どもたちへの問いかけとして，「○○教科で習うことと結びつけて欲しい」とか「○年生で習ったように」という意識づけをすることができる。他教科・異学年を意識することで，一般的な「他の教科・既習内容と結びつけよう」という問いかけをさらに明確な内容をふまえて意識づけることができる。このような１つ１つの教科間の問いかけが，学習過程における教科横断的な内容を実現していく。このような教科横断的な内容は，ベテラン教師であれば自然と経験のなかで身についてくるが，これを意識的な教員研修として学校経営全体で取り上げ共有化する必要がある。この共有化が学校の組織力でもある。[16)]

「学びの地図」は，最初から完成されたものはできないが，教科単元を進めていくなかで，各教師は教科横断的な内容についても気づいていく。そのために，１週間に一度程度の定期的な意見交換や気づきのペーパー化によって，発展的に教科横断的な「学びの地図」を作成していく教育課程経営が求められる。

(2) 保護者・地域専門家の教育課程理解と「チームとしての学校」の協働性

一般的にも保護者・地域に学校教育内容を理解してもらうことは重要である。さらに「社会に開かれた教育課程」の一環として地域探求型学習活動などを行う場合には，思考力・実践力や教科学習とのつながりなどを捉えていくという教科横断的な思考力などの狙いを明確に打ち出しておく必要がある。地域の専門家に心がけてもらうこととしては，その地域の学習内容自体を会得することよりも，考え方・調べ方や，総合的な知識の応用が求められることを理解していただくだけでも，教科横断的で創造的な発想を高めることができる。

また保護者にとっては試験や受験のほうが身近に感じるが，地域探求型学習活動がすぐに得点の向上に現れなくても，生きる力の育成のために長期的な視点で子どもの発達を応援できるように理解していただくことが重要である。PTA 総会・保護者懇談会や学校通信を使って，地域探求型学習活動の目的などを伝えていくことで，徐々に保護者全体として思考力・判断力などを育成する教育目的を応援してくれる保護者が増えてくる。生きる力や「社会に開かれた教育課程」を進めるうえでは，保護者の狭い意識がきわめて桎梏（しっこく）になる場合が少なくないが，保護者への理解の働きかけと研修機会をもたないかぎりは，カリキュラム・マネジメントも推進することはできない。

このように保護者・地域と連携した教育活動を進める場合には，保護者や地域にも学校の教育課程方針を理解してもらうようにしながら，チームとしての学校として，教職員の研修に加えて，保護者・地域への研修機会の提供も学校組織と地域教育経営の重要な課題となっている[17)]。

6. 教育課程経営のリーダー育成と組織的・協働的な地域教育経営の課題

これまでの学校経営の担い手は，校長・教頭・主幹などの管理職の教員らであるというイメージが強かった。しかし教育課程経営は個々の教員の力量向上だけでなく，学校全体のカリキュラムの有機的な連関をめざすものであるため，カリキュラム・マネジメントは全教職員がかかわらなければ発展していかない。そのため，まずはカリキュラム・マネジメントのプロジェクトチームを設定し，何人かの教員を核にしながらカリキュラムの見直しを進めていかなければならない。このプロジェクトチームが，教務部・教科集団・学年団などの学校組織全体に提案していく責任と権限を与えることが重要である。このような提案と実行を繰り返していくなかで，自分の時間割や指導方法だけでなく，教育課程全体を見わたせる視点が身についていき，そのなかから教育課程を考えるリーダーが育っていく[18)]。

また教職員研修としては，博物館・公立図書館・科学館・史資料館・役所情報化などの専門機関と連携しながら，全教職員が地域に関する情報の所在や資料収集の方法などを学ぶ研修機会が必要になる。管理職や一部の担当教員だけでなく全教職員が地域の施設・専門家と連携することが，より具体的なカリキュラムの再編を考える条件になる。

地域と連携した教育課程経営にとっては，地域の窓口となる地域連携部と密接な連携をとりつつ，保護者・地域を巻き込んだ教育課程を考えなければならない。そのために校内における分掌連携とともに保護者・地域への啓発活動・学習活動をどのように進めるかを企画運営することも組織的・協働的な学校経営の課題となる。

「主体的・対話的で深い学び」の指導方法に関しても，教科の指導および地域探求型学習活動における指導内容と指導方法が一体化して提案されているため，どの程度子どもの主体的な判断に任せるか，どのような指示が必要となるかの方法は，未確立のものである。したがって「主体的・対話的で深い学び」の指導方法も試行しながら，教職員の交流による研修を進めていくほかない。新しい指導内容・方法を取り入れる教育課程経営は，学校外の研修機会で多様な指導方法の情報を入手するとともに，学校内でそれを実践して交流していくしか方法はない。

このようにカリキュラム・マネジメントを含む教育課程経営に関しては，学校全体の組織的・協働的な対応のなかで学校教育力の向上をはかりつつ，そのなかから具体的な教育課程経営を実践的に担えるリーダーの育成が求められる。

（玉井康之）

注

1) 天笠茂『カリキュラムを基盤とする学校経営』ぎょうせい，2013年，3頁。
2) 学力政策の変遷と教育経営の課題については，天笠茂「今日の学力政策と教育経営の課題」(日本教育経営学会編『日本教育経営学会紀要』第53号，第一法規，2011年）を参照。
3) 中央教育審議会答申「今後の学校におけるキャリア教育・職業教育の在り方について」2011年。
4) 現代の「資質・能力」論の整理としては，国立教育研究所編『資質・能力　理論編』(東洋館出版，2016年）を参照。
5) 中央教育審議会答申「次期学習指導要領等に向けたこれまでの審議のまとめ」2016年。
6)「主体的・対話的で深い学び」の系譜については，教育課程研究会編『「アクティブ・ラーニング」考える』(東洋館出版，2016年）を参照。
7) 地域を探求する学習活動の方法としては，内山隆・玉井康之『実践　地域を探求する学習活動の方法—社会に開かれた教育課程を創る』(東洋館出版，2016年）を参照。
8) 初期コミュニティ・スクールの展開と成果については，佐藤晴雄編『コミュニティ・スクールの研究』(風間書房，2010年）を参照。
9) エンパワーメントについては，浜田博文編『学校を変える新しい力—教師のエンパワーメントとスクールリーダーシップ』(小学館，2012年）を参照。
10) スクールミドルを活かした学校経営については，小島弘道・熊谷愼之輔・末松裕基『学校づくりとスクールミドル』(学文社，2012年）を参照。
11) 開かれた教育経営の系譜とあり方については，新井郁男『教育経営の理論と実際』(教育出版，2016年）を参照。
12) 中央教育審議会答申「今後の学校の管理運営の在り方について」2004年。
13) 中央教育審議会答申「新しい時代の教育や地方創生に向けた学校と地域の連携・協働の在り方と今後の推進方策について」2015年。
14) 中央教育審議会答申「チームとしての学校の在り方と今後の改善方策について」2015年。
15) チーム学校については，加藤崇英編『「チーム学校」まるわかりガイドブック』(教育開発研究所，2016年）を参照。
16) 学校の組織力については，浜田博文編『「学校の組織力向上」実践レポート』(教育開発研究所，2009年）を参照。
17) 学校組織論としてのチーム学校の意味については，浜田博文「公教育の変貌に応えうる学校組織論の構築へ」(日本教育経営学会編『日本教育経営学会紀要』第58号，第一法規，2016年）を参照。
18) スクールリーダーの多面的な育成については，天笠茂『学校経営の戦略と手法』(ぎょうせい，2006年）を参照。

第11章 学校がかかえる近隣住民とのトラブルと新たな関係づくり
―学校も地域住民の一人である―

1．児童生徒問題から施設問題へ

高校生のとき，私はサッカー部に所属していたのですが，近隣住民から多く苦情がきて，部活顧問の先生から指導を受けたことがあります。そのいくつかをあげると，①サッカー部で使っているグラウンドの砂が，春先になると風で舞い上がって洗濯物が砂だらけになる，②サッカー部の生徒と思われる何人かが，学校帰りにコンビニやスーパーなどで買ったものを店頭で食べているため，買い物や通行をする際の妨げになっている，③部活後に学校外のグラウンド（公園など）で夜遅くまで練習している生徒がいる。ボールが壁にあたる音や話し声がうるさい，といったものでした。

当時の部活顧問や学校の対応は，以下のようなものでした。①への対応：昼休みと部活の練習後に，当番制でサッカー部員がグラウンドに水をまくことにした。しかし広いグラウンドに人力で水をまくには限界があり，苦情がやまなかったため，1年後にスプリンクラーが導入された。②への対応：学校全体として，登下校中の買い食いが一切禁止になった。③への対応：サッカー部全員が部活動終了後に，キャプテンや副キャプテンなどに毎日，何時に帰宅したかの報告をする。それらをまとめて顧問に報告する。

いま考えると，どれも具体的な「解決策」であったと思います。しかし，①については，昼休みを奪われるため生徒の中で不満の声が多くあった。②は厳しすぎたため守らない生徒が多くいて，実質には機能しなかった。③については生徒の負担が大きすぎたと感じています[1)]。

部活動の際の騒音やかけ声，ボール音やブラスバンドなどの楽器音，授業中の歓声は，あふれんばかりのエネルギーをもった子どもたちが集まる場所なので「袖振りあうも他生の縁」という言葉もあるように，学校のもつ特性を理解してほしいと学校側は願っている。ただ隣接する民家に，病人がいるなどの事情や，深夜勤務などの就労・就寝状況の激変によって，そう簡単には折り合いがつかないこともあるし，長い間に近隣の人が内部でため込んできた感情の爆発が，ときとして起きることも残念ながらある。

2011年10月11日には，東西で似たような事件が同時ニュースとして伝えられた。埼玉県入間市の中学校に，約半年間で1683回の無言電話をかけ続けて業務妨害したとして，35歳の男性が逮捕されたが「近所の生徒がうるさい」ことが動機だったという。同日の午後1時，大阪市住吉区の私立高校に，校門から81歳の老女が侵入し，昼休み時間中で生徒100人ほどがいるなか，校庭にあったゴールネットに灯油をまいて焼いたという事件が発生した。逮捕された容疑者は「子どもたちの声や，ボールを蹴ったり，壁に当てたりする音がうるさかった。朝早くから迷惑していた」と供述した。学校側は騒音とは認識せず，クレーマーの一人だと見ていたという[2)]。

この第2部の主題は「地域創生と地域教育経営の課題」となっており「地域」が重要なキーワードとなっている。では学校・園は，いま「地域」とどれほど調和的にあるのだろうか。最初から両者には親和性があるものとして論理を展開することはまちがっていないだろうか。本章では，教育機関と地域の新たな関係づくりを「近隣トラブル」という角度から考察することにしたい[3)]。

2. 地域住民と学校・園の関係性の変容

学校・家庭・地域の連携がいわれながらも，そう簡単ではない。最初から学校という存在に対しては，必ずしも誰もが好意的なものではない。ひと昔前までは，世間の一般的な風潮が，学校という存在に対して一目置くことが普通にあり，子どもがたくさんいた時代には，大目に見られてきたことは確かだ。

しかし今，急激な少子化と高齢社会が進み，個人生活の私事化が尊重されるようになれば，お互い様文化は薄くなり，地域社会のなかでの学校や園の位置づけが変容するのは当然ともいえる。昔からあった子どもたちのぶしつけな振る舞いや喚声，砂ほこりや植栽や，はては現代的な設備である夜間照明やエアコンの室外機の風や音も，学校に対する苦情やトラブルとして拡大しつづけている。子どもたちのことなんだから，公共的施設だから，昔から存在していたから，といった価値観だけでは，合意をとりつけることがむずかしい。

筆者が調査に協力した質問紙調査「学校の保護者対応とトラブルに関する研究」では「対応が難しい無理難題・理不尽な要求事例」を1校につき1件のみあげるという設問を組み込んだが，神戸市の校長会による調査（2013年12月）でも大阪府の校長会の調査（2014年3月）でも，回答の1割以上が保護者対応ではなく「近隣住民とのトラブル」を指摘した。いまや近隣住民との関係づくりやトラブルは，質的にも量的にも無視できない重大問題になっている[4)]。

すでに2010年9月18日には，京都地裁で私立高校でのエアコン室外機設置とその騒音をめぐって原告が学校隣接地の地域住民となった訴訟の判決が出され，2014年9月には神戸地裁で保育園児の声をめぐる裁判の公判が始まり，後者は「子どもの声は騒音か」と，マスコミでも大きく取り扱われている。

「“今すぐ，校内放送のマイクの音を止めろ！”“眠れない。仕事に差し支えたら給料保障をしてくれ！”などと何度も電話で抗議を受けている」「学校から出たドッジボールが車に当たった。誰が当てたか調べろとの要求。調べてもそれはわからないと答え，教頭が車を確認に行ったところ傷もなくたいしたことがなかった。謝罪したが，後日になってフェンスを高くしろと言われ，車の修理代を請求された」「体育大会における保護者の駐車に対して大声で“全部を学校が撤去しろ”と再三要求され，学校として丁寧に説明と謝罪をしても理解してもらえず，警察を呼ぶ状況にまで発展した」「散歩中に低学年の子どもにからかわれたりする。学校で体罰でも行って，しつけなどをちゃんとしろという暴言をいくども受けた」「コンビニの店長から，生徒による万引き，ゴミのちらかし，喫煙などの問題行動を，すべて学校の責任とされて責められ続けている」。これらは，筆者が2005～2014年までの間に計5回行ってきた調査「学校が抱える保護者や近隣住民とのトラブルで混迷を深めるケース」の，ほんの一部である。

話し合いを重ねることで収束していったものもあるが，教育委員会・警察・保健所または弁護士や議員が介在してもなお解決に至らず，対立の激化あるいは絶縁状態になっているケースも相当数ある。繰り返し過剰な要求が行われたり，被害感情をもつ近隣住民の本当のイラダチの源が別に存在している，あるいは内因的要因をかかえているなど，簡単には収束しない事案も確かに存在する。

3. 問題の構造と権利の調整

現代は，住まう者の静謐な周辺環境も同時に大事にされるべき社会でもある。急速に進む高齢社会は，老人世帯と一人暮らしを増加させ，発達途上の子どもが普通にもつ行動に対する無理解も進んだ。また産業構造の変化によって，夜間労働者の増加は，生活と睡眠の時間帯をより多様にさせていった。このような状況変化は，必然的に「学校は迷惑施設」と捉える傾向を強めていくことになる。事実，近隣住民にとって学校・園から，自分たちは一方的に被害を被っているという悪感情（多種多様，一方的で被害者感情が募る）をかき立てる内容は，表 11.1 ように多岐にわたる。

ゴミ焼却場や精神病院あるいは刑務所などの施設の必要性は認めるが，その近所に住む住民にとって望ましくないと考える公共施設＝「迷惑施設」あるいは NIMBY（ニンビー）（not in my backyard；私の裏庭にはつくらないで）に，学校や保育園・幼稚園などが想定されないために，どのような改善策を考案していくかは，喫緊のテーマである。人間の成長発達に欠くことのできない環境の豊かさの確保と，近隣との「おりあい」のつけ方，そして相互が納得する方法原理の提示につなげることは，どうすれば可能になるのだろうか。

学校・園と近隣住民の間に生じるトラブルは，単に“社会に寛容性がなくなっ

表 11.1　学校・園が近隣住民に与える「迷惑」環境や行為の分類

人間の生身の行動に関するもの	■通常の教育活動に伴う児童・生徒の声，■校舎から近隣住宅への視線，■登下校中のぶしつけな振る舞い，■大量の人数での移動（通学路，校外活動を含む），■学校行事や部活動に伴う声や音（太鼓，ブラスバンド，野球のかけ声，サッカーやテニスボールなどの打撃音），■子どもの路上への飛び出し，■学校行事や保育園の送り迎えの際の保護者の駐車・駐輪　など
人工的なもの	■学校のチャイム・スピーカーによる放送音，■大量のエアコン室外機の音と風，■夜間照明，ピストル音（陸上競技）　など
学校・園がもつ環境に起因するもの	■校庭の砂ぼこり，■植栽（落ち葉，毛虫），■ボール類の飛来　など

表 11.2　子どもの発達・学習権の保障 VS 隣人住居の平穏という人格権の保障

対立から紛争へ（LOSE-LOSE 関係）		紛争の緩和から善隣関係へ（WIN-WIN 関係）
・先住民争い（学校が先にあった） ・公共的施設（がまんしろ） ・子どもの声（しかたがない） ・子どもの問題行動（指導の限界） ⇒度重なりエスカレートする苦情 　学校や園への脅迫や妨害行為		・近隣住民の我慢や苦労を推し量る ・改善のための配慮や具体策を講じる ・顔の見える関係づくり（事前告知、あいさつ、お礼） ・地域貢献（清掃活動、学校行事への招待、成果還元） ⇒善隣的・互恵的関係（学校行事への協力、子どもの見守り・安全活動への参加、総合学習の外部講師）

た”といった感覚的なものではなく，「迷惑施設」研究に代表されるように，科学的に整理し解明すべき課題が存在している。そして表 11.2 のように〈精神的自由として一定の保護が与えられるべき住民の住居の平穏〉と〈成長発達過程にある多数の子どもを育てる機関として保障されるべき環境〉の間のおりあいや調整をどのように図るかで，対立関係が激化するか，善隣関係へとつながるかのちがいがある。

4. 見落とされがちなこと

狭い車内や機内での赤ん坊の泣き声を“うるさい”と感じ，その親が何もしないことに腹を立てる人は多くいる。しかしこの場合は，我慢すればいいのはせいぜい 1 時間ほどで，その後に子どもが泣き疲れて眠るか，乗り物は目的地に着いてしまう。あるいは，自分の意思でそのような状況から脱出（バスや電車を降りる）すればいいし，耳をふさぐという自己防御が可能でもあろう。

ところが学校や園の周辺住民は，休日を除けば（中学・高等学校は部活動もあるのでほぼ毎日）一定のほぼ断続的な「騒音」に悩まされる。そこが終の棲家であればなおさら，逃れることはできないし，自宅で耳をふさがなければいけない立場に，なぜならなければいけないのかという不快感が沸く。そこになんらかの「改善」が行われないかぎりは，やはり苦情や改善要求は必然化する。

学校近隣トラブルで見落とされやすいのは，被害状況から抜け出せないという「不可避性」にあるが，さらに保護者対応トラブルとのちがいは，その消滅する時点のちがいである。保護者対応トラブルの場合は，基本的に子どもが学校や園を卒業する段階で「切れる」ようにして収束していくことがほとんどである。ところが近隣トラブルは「どちらかが居なくなるまで続く」という深刻さをかかえているという，ほぼ“日常的なトラブル”となっている。苦情の電話が毎日かかってくる，不満を口に出す住民が，子どもの動向を見張っているなど，教職員も気が気でないが，住民も気が立っているような臨戦態勢にある。

この日常性トラブルを考える際に，法律論としては「受忍限度」論がある。騒音や振動，日照時間や臭いや煙などによって平穏な日常生活が脅かされている場合，一般の人が社会通念上，我慢（受忍）できる程度の被害をさす。その範囲内であれば，受忍限度内として損害賠償などは認められないが，それを超えている場合には，差し止めや違法行為による賠償請求の対象となるものである。公害訴訟でも近隣トラブルでも判断基準として用いられるが，①音や臭いなどの発生源側の行為が正当な権利行使に基づくものなのかどうか，②正当な権利行使だとして，その被害を受ける側が常識的に考えて我慢すべき範囲に収まっているかどうかが問題となる。しかしそれはケースにもより，双方がどれほどの我慢や改善の努力を重ねてきたかによっても，司法の判断は分かれる。

それでもトラブルが収束していったケースのいくつかをみると，学校・園側の交渉窓口となる担当者の変更がきっかけになっている場合が多い。木で鼻をくくったような態度をとる校長から，温厚で社交的な校長に替わったことで，住民側の強硬的な態度が和らいだりするし，男性から女性の担当者に替わったとたんに，問題がまるく収まっていくこともある。住民からの訴えを聴く耳をもつという姿勢だけでなく，担当者の変更がトラブル解決の仕切り直しのチャンスにもなっている。新しい担当者が前任者から引き継ぎの際に，過去の経緯をある程度は聞きつつも，先入観をそれほどもたずに相手の主張やホンネをもう一度聞き直す姿勢をもつように，工夫してみる価値はあると思う。

だが，そういった努力をすべてぶちこわすのが学校や園側が「自分たちのほうが公共性をもっている」という意識で住民に立ち向かう場合である。「非対等性」による交渉態度は，よりいっそう住民の被害者意識を逆なですることになる。「錦の御旗」を掲げる的発想では“折り合いをつける”気持ちではなく“一方的に我慢させられる”憎悪がふくらんでいく。

また「学校のほうが先にあった」ということを主張し「学校があることがわかって引っ越してきたはずだ」という感覚も問題になる。この“先住民争い”は根強いものがあり，それは園や学校側も使うし，住民の側も使う。昔から「後から来た新参者」をよそ者扱いする意識は強い。

5.「当事者」としての生徒たち

学校・園のかかえる近隣トラブルでは「音や声をめぐるトラブル」が最も多い。それは確かに騒音計で測ることもでき，多くの自治体の環境保護条例などでは50 〜 60デシベルが基準となっている。だがそれよりも低い数値であったとしてもトラブルは起きることがある。

「騒音問題総合研究所」(2017年設立) を主宰する橋本典久 (前・八戸工業大学大学院教授，音響工学) さんは，昔も今も子どもの声は変わらないが“人間関係の変化”が大きいという。「音の大きさは心理的要素が大きいのです」「人は意味を感じながら，うるさいと感じたり，敵意をもったりと，いろんな感じ方をします」と。つまり，子どもの顔もわからないような騒音は，受け手側にとっては被害者意識だけが残るということである。そこで橋本さんは「煩わしい音」と書く「煩音(はんおん)」として考えるべきだという。つまり「騒音」であれば，音量を下げることである程度は解決できるが，煩音の場合には人間関係が絡み，心理的にうるさく感じてしまうものであり，相手への誠意ある対応がポイントになるということである[5)]。

だとすれば，近隣トラブルの元となる“苦情の当事者は児童生徒”ということになる。第1節で紹介した学生が経験したトラブルの場合でも，ひたすら謝罪を繰り返し，理解を求めることに腐心しているのは，もっぱら部活顧問や教職員や校長・教頭だ。生徒たちはいつもその結果だけを知らされ，受動的に動かされている。学校がすべてをかかえ込むのではなく「どうしたらいいかな」

と相談をもちかけることから打開の道が見つかることもある。生徒たち自らが「トラブルを解決する知恵と力」をつけ，経験値を高めていくことの重要性がある。

脚光を浴びるようになった「PISA 型学力」は「生徒がそれぞれもっている知識や経験をもとに，自らが将来の生活に関する課題を積極的に考え，知識や技能を活用する能力があるかをみるもの」だとされる。さらに「教員による一方的な講義形式の教育とは異なり，学修者の能動的な学修への参加を取り入れた教授・学習法の総称」として，もてはやされている「アクティブ・ラーニング」もあるが，それが学校の教室内にとどまるかぎり，ほとんど意味がない。

PISA 型学力＝問題解決力というのならば，それはごく身近なところにある。小学校はむずかしいだろうが，中学校や高等学校が直面する近隣トラブルは，まさしく具体的で日常的で，生徒たち自らの利害（学校生活）と直接的に結びついているものであり，傍観者として成り行きを見守る存在ではない。

苦情を申し出る近隣住民からすれば，生徒たちの存在や行動が，本来的なトラブル原因であるにもかかわらず，教師がすべて前面に出てきて対応し，生徒たちに謝らせることもせず，当事者である彼らにトラブル解決の方法を尋ねようともしないことにも腹が立っている。そこにそもそもの限界があるのではないか。それが生徒たちの成長のチャンスをも奪ってはいないか。

冒頭の学生のレポートは，次のように締めくくられていた。

> 先生の授業で苦情やクレームに関することを学び，私が感じたことは，先生だけでなく生徒たちとも連携して，学校全体あるいは部活全体で誠意のある対応を考えることの重要性です。クレーム・苦情の対応は“学校側や先生らの仕事”であるというイメージが強くありましたが，生徒とともにそれらを解決するための方法を考えるということは，すごく良いことであると感じました。サッカー部や学校への苦情に関しても，先生たちだけでルールを決めて対応するだけでなく，生徒とともに解決策を考えれば，もっと違ったアイデアが出てきたり，不満や負担を感じる生徒は少なくなっていたのではな

いかと思います。また当事者である生徒にとっても，学校の校則やルールについて考える，良い機会になったのではないかと思います。

6. どうしてもダメだったら

第5節で述べたように，誠意を見せ折り合う条件を工夫しても，解決しないケースはいくつもあるだろう。その場合には，簡易裁判所への「調停の申し立て」や，最後は「訴訟」という法的手段に依らざるをえないが，現状の苦しさから逃れたいという思いで，無理難題の要求を受け入れたり，暴走させてしまうこともある。

2005年ころにワイドショーで大きく取り上げられた奈良県の，いわゆる「騒音おばさん」事件（2007年に最高裁で懲役1年8カ月が確定）では，「引っ越し，引っ越し」と大声で叫び，ＣＤラジカセで大音量の音楽を鳴らしつづけた様子がいくども映し出された。彼女の異様な行動の背景には，内面的な苦しさがあったことが推察できる。

生活騒音をめぐるトラブルから，嫌がらせだけでなく殺傷事件に発展してしまうケースは後を立たない。それが具体的に世間に周知されるようになっていったのは，1974年に発生した神奈川県平塚市の県営集合住宅での俗称「ピアノ騒音殺人事件」であった。音に敏感であった男性は，常日頃から階下に住む住民に「ピアノの音がうるさい」との苦情を申し立てていたが，ついに被害者宅に侵入し，子ども2人（8歳と4歳）と母親を包丁で殺害した。男は「迷惑かけるんだから，スミマセンの一言位言え，気分の問題だ……」との走り書きのメモを残していた。この犯人は，聴覚過敏を患っていたことが明らかになっている。だからといって何をやってもいいということではない。暴走させないための工夫，他者の仲介による紛争緩和も積極的に行うべきだろう。

「そんなことをしたら，近隣住民との関係が壊れはしないか」という懸念もあるだろうが，第三者的な存在が間に入ることによって，泥沼状態や膠着状況が快方に向かっていくこともある。何よりこのような事案は，すでに当事者双方では関係改善が望めない状況でもある。

増え続ける一般的な近隣トラブルに対応して，苦情や相談を受け付ける「市民相談室」といった窓口が設けられている自治体が多い。さらに警察関係でも相談窓口があり，生活の安全に関する不安や悩みの相談に乗る「警察相談専用電話（# 9110）」も開設されている。学校近隣トラブル事案にどこまで対応してもらえるか，事例によってはむずかしいが，このほかにも弁護士会との連携協力を図りながら運営されている「法テラス」（日本司法支援センター）や，裁判外訴訟解決手続（ADR）としての「かいけつサポート」もある。

7．学校・園も町内会に入ろう

「公共性を錦の御旗」として振りかざすことも「先住民争い」をすることも，現代社会の学校・園の近隣トラブルの解決には役に立たない。また現実に困惑している状況に理解のない，当事者意識のない人たちから「寛容性がない」と片づけられる問題ではなくなっている。では，どうしたらよいのか。

その１つの方策は，当事者である児童生徒たちが，直接にその住民からの苦情・クレームと向き合いながら，折り合うべき可能な方策を探ることであると第５節で述べた。そしていま，もう１つ付け加えるとすれば，学校や園も「町内会（自治会）に入ろう」ということにある。

やや驚かれるかもしれないが，学校・園も一方向からしかモノを見ず，住民も同じであるとすれば，学校や園が率先して，同じく「地域に住まう人間」として地域のための組織に入り，同じ課題を考え意識を共有することから始めることが何よりだと思うからである。つまり「学校や保育園も地域に住まう住民の一人である」という意識を，これからの時代にもてるかどうかだ。

確かにいま，町内会は要る，要らないという議論がある。組織率もどんどん下がり，高齢化も深刻になっている。その問題は別にして，その地域の課題を一緒になって考える姿勢が大事だということだ。学校・園にも住所表記があり，そこを住処にはしていないが，そこに位置していることは事実である。そして地域住民が学校・園に迷惑をかけることはほとんどないが，学校・園は地域に迷惑をかけ続けている存在である。

学校・園も町内会費用を納めよう。敷地面積は広いが，一軒分（1世帯分）でいいと思う。それなら年間で1万円程度だから，このお金は教育委員会にかけあって「地域連携費」として支出してもらう。そして町内会の役が回ってきたら，校務分掌の1つとして位置づけて教職員で手分けする方向を考えるべきだと思う。コミュニティ・スクールが増えつつあるが，町内会にも入らなくて，どうしてコミュニティ・スクールと名乗れるのか。住民と対等の関係で語り合うことで，今までもこれからも学校・園は共存していく必要がある[6]。

（小野田正利）

注

1) 筆者の担当した教職科目「特別活動論」の講義（2016年度）を履修した大阪大学大学院学生のレポートから（許可を得て引用）。
2)『スポーツ報知』2011年10月12日付。
3) 教育関係雑誌で，学校と近隣トラブルをテーマとした特集は，筆者が編集責任者となった『季刊教育法』第176号（エイデル研究所，2013年）の「学校近隣トラブルをどう解決するか」が最初である。ここでは教育判例として「京都府私立高校エアコン騒音訴訟」を取り上げ，座談会のほか弁護士や専門家らによる数本の論文を掲載している。保育園の建設差し止めをめぐって神戸市で訴訟の提起が行われて全国ニュースになったのが2014年9月なので，遡ること1年半前の刊行であった。
4) 小野田正利「学校近隣トラブル再考（1）～周辺住民との摩擦」『内外教育』第6383号，時事通信社，2014年。
5) 橋本典久『2階で子どもを走らせるな！—近隣トラブルは「感情公害」』光文社，2008年，同『苦情社会の騒音トラブル学—解決のための処方箋，騒音対策から煩音対応まで』新曜社，2012年。
6) このテーマを総合的に扱った研究書として，小野田正利『「迷惑施設」としての学校—近隣トラブル解決の処方箋』時事通信社，2017年。

第3部
学校改善とスクールリーダーの育成

第12章 学校改善とスクールリーダー
—「学校改善の支援に関する国際比較研究」の成果から—

1. 「学校改善」とは何か

「学校改善（School Improvement）」流行りである。この語を冠した文献，プロジェクト，プログラムなどをさまざまな場で目にする。たしかに，学校をめぐって多くの困難な状況が存在する今日，学校を改善していくことは必要である。しかしながら，あまりにも安易に，そして多義的にこの言葉が用いられているのではないだろうか[1)]。単に，新たに学校へ導入される試みをさすこともあれば，学校の枠を超えて「教育改革」の意味で使われる場合もある。また，この言葉が対象としているレベルも，その主体もさまざまである。さらには，「学校組織開発」「学校開発」「学校革新」など，類似の言葉も存在している。

この言葉が国際的に普及した契機の1つは，1980年代半ばにOECD CERIによって展開された「学校改善に関する国際共同研究（ISIP）」であった。この研究は，当時欧米諸国で顕在化しつつあった人口減少や経済不況などによる財政力の低下，青少年の非行や学力低下などの問題に，学校がいかに対応すべきであるのかを模索するものであり，新しい社会的要請に応えうる学校改善の方策が検討された。具体的には，「学校改善の過程の機能に関する知識や予測を確保し，小規模また大規模に，学校改善の過程を立案し運営していくことに関与する各種段階の教育行政，意思決定及びもしくは，（外部からの）指導助言の技術の開発に貢献する」[2)]ことがめざされ，「学校改善」をひとまず「1つまたは2つ以上の学校で，最終的には教育目標を今以上に効果的に達成することを目指して，学習条件やその他の関連する学校内の諸条件を変革することを目的とする組織的・継続的な努力」（下線筆者，以下同じ）と定義づけた。

しかしながら，こうした定義については，完全ではなく，目的や範囲，方法などが曖昧であること，また概念として定着しているとはいえないことなどが繰り返し指摘されてきた[3)]。ISIPにかかわった中留武昭も「『学校改善』研究を進めていくうえでは，教育の質（Excellence ／ Quality），教育の目標（Goals），教育の効果（Effectiveness ／ Performance），協働（Collaboration），組織開発（OD），支援・援助（Support）などのキーワードが大きな研究『課題』とされており，これらをめぐって，誰が，いつ，何を対象にどのように改善を行うのかが，それぞれの国ごとに多様であった[4]」と振り返っている。

ISIP後，日本教育経営学会として取り組んだ共同研究「学校改善に関する総合的研究[5]」においては，各研究部会で「学校改善」の定義が検討されている。歴史・理論研究部会では，「教育経営にかかわる，国際的な研究集会の報告書や諸外国の著書にうかがわれる『学校改善』についての支配的な概念」として，「教育目標を効果的に達成することを究極的な狙いとして，学校の全体的な教育力を向上させるために，学習環境として影響力をもつ諸条件の改善を目指して行われる体系的で継続的な活動」をあげる。そしてこの概念では「改善の対象が学校の内外にわたって広範であり，改善の努力が具体的・組織的・継続的で，その成果が学校全体の改善につながる活動を学校改善という」と説明している。そのうえで，日本の先行研究の特質として，学校の全体的な教育力を総体的に向上させるというより，学校の部分的な改善策である場合が多いことを指摘している[6]。

また，調査研究部会では，「学校改善と呼ばれる現象は，……一定の価値志向性を内包しながら現象的には多様」であり，定義することが困難であると認めつつも，「子どもを主体とし，子どもを育て，自立させることを目指して，学校を活性化させるため，学校の組織・活動の構造化を行い，教育実践の向上を図ること[7]」と概括的に定義づけた。

上記２つの研究部会が日本の研究と実践を研究対象としているのに対し，比較研究部会は，アメリカとイギリスにおける研究と実践を研究対象としている。「学校改善の基本的視座」として，両国における学校改善研究の軌跡と改善の戦略，改善のための新しいパラダイムモデルを検討したうえで，両国の「学校改善の内的条件」と「学校改善の支援機構」について分析している。そして最終的に「学校改善」を「個々の学校が一定の教育効果を高めていくために，学校外の支援を得ながら，なお固有の自律的な社会的組織体として，学内，外の諸条件を開かれた協働によって改善していく経営活動[8]」と定義づけた。

このように「学校改善」はさまざまに定義されているものの，ISIPやアメリカ，イギリスといった諸外国における「学校改善」認識と，日本の教育制度・実態を見据えた「学校改善」認識の差異はいくつか見いだすことができよう。それはまず，学校改善の目標についてであり，欧米諸国においては，「教育目標を効果的に達成すること」や「教育効果を高めていくこと」であるのに対し，日本では「学校の活性化」となっている。また，学校改善の範囲も，前者では学校内の諸条件の変革であるのに対し，後者では学校内外の諸条件の変革が意図されている。つまり，諸外国では，学校内の諸条件を変革するための「学校外部からの支援」という構成になっており，内的・外的条件における双方向の影響についての視点が弱かったといえる。

2. 2012～15年国際交流委員会の「学校改善の支援に関する国際比較研究」

(1) 研究課題

ISIPや学会共同研究「学校改善に関する総合的研究」が展開されたのは，どのような時代であったのだろうか。日本では，1970年代後半以降，非行や校内暴力，体罰，いじめ，不登校など，学校病理現象が深刻化の一途をたどり，社会における学校の位置づけという根本的な問題を含みつつ，学校のあり方が問われていた。折しも，臨時教育審議会において21世紀の社会における教育課題に対応しうる学校への抜本的な改革をめざし，議論が展開されていた。

アメリカでは，「小さな政府」「地方分権主義」「リベラル路線の修正」を旗印に経済・財政双子の赤字を乗り切ろうとした共和党レーガン政権下で，教育改革の第一の波，第二の波を経験し，連邦教育補助金改革とも相まって「学校に基礎を置く経営」が推進されていく時代である。イギリスでは，保守党サッチャー政権下で「小さな政府」をめざし，規制緩和による民間活力の導入が進められ，1988年教育改革法により市場原理を導入し，教育水準の向上と効率的な学校運営を模索していくことになる。ドイツでは，1989年にベルリンの壁が崩壊する直前であり，1960～70年代前半の大規模教育改革後，緊縮財政の下，長期的教育計画への懐疑が生じ，また，政策上の基本的立場のちがいが先鋭化したこともあり，改革が行きづまっていた。ニュージーランドでは，膨大な財政赤字をかかえるなか誕生した労働党ロンギ政権によって政治・経済上の構造改革が行われ，1989 年教育法制定により，100 年以上の歴史を有する教育委員会制度が廃止され，教育制度が大きく変化していく時代であった。

その背景に共通するのは，緊縮財政と「小さな政府」であり，こうした条件の下で，各国において行財政改革と一体化した教育改革が行われていく。それは NPM 型教育改革とも呼ばれ，各国において「学校の自律性」改革とともに展開され[9]，常に「アカウンタビリティ」が問われていくことになる。こうした一連の改革が進められる際に，スローガン的な意味合いも込めて「学校改善」という言葉が多用される。その後，グローバル化が進展したこともあり，いずれの国においても，「教育の質の保証」の問題がクローズアップされ，PISA などの国際学力調査の結果向上へと焦点化された教育政策が実施されていくが，それにより，「学校改善」という言葉の使い方は国によってその重点のおき方が異なっていく。共通する大きな流れのなかで，各国，多様なレベル・主体・方法における「学校改善」とその「支援」が行われているが，そこには「学校改善」概念把握，学校改善支援の主体・方策の力点の差異が存在し，それぞれ固有性がみられる。その国ごとの社会的・文化的文脈が存在している。

2012 ～ 15 年国際交流委員会はこうした問題意識に基づき，「学校改善の支援に関する国際比較研究」に取り組んだ。そこでは第一に，アメリカ，イギリス，ドイツ，ニュージーランドの 4 カ国の教育の基本的な制度枠組みと特性（たとえば，教員の社会的位置づけやキャリア形成など）を提示したうえで，1980 年代以降の学校改善をめぐる政策および研究動向を整理し，当該国において主流となってきた学校改善支援の主体や方策などを明らかにした。教育改革の進展状況をつぶさに追い，学校改善およびその支援に関していかなる方向性が志向されてきたのかを時間軸で整理し，支援の含意（「支援を求める側の自律性，主体性を尊重する立場」もしくは「支援を求める側を他律的に望ましいとされる方向に導こうとする立場」[10]）からあらためて分析を行った。第二に，各国における今日の学校改善支援のトレンドとバリエーションについて提示した。それぞれどのような新たな制度やツールが導入されているのか詳細を明らかにし，最後に，学校改善の支援構造が今日どのように変容してきているのかについて明らかにした。

(2) 学校改善支援の主体・方策の概要

アメリカ，イギリス，ドイツ，ニュージーランドにおける学校改善をめぐる政策と学校改善支援の主体・方策は，以下のように整理される。

■アメリカ　1980年代以降，連邦政府が学校改善の推進にイニシアチブを発揮しており，とりわけ2000年代以降は，教育アカウンタビリティ制度の下，多様な利害関係者によるネットワーク構築による問題解決や学区システム全体での改善アプローチが志向されてきた。こうした文脈における学校改善支援の方法は，地方政府による，学業達成のアセスメントを主たるツールとした単位学校への支援あるいは介入のシステムと，規制緩和施策を契機として形成されてきた民間機関の提供する支援の複合であるとされる。

■イギリス　1980年代後半の学校現場への権限委譲という機構に焦点を当てた改革（分権改革の第一段階），1990年代以降のスクールリーダーシップ開発という「個人・集団など行為者（agent）」の力量開発に焦点を移す改革（分権改革の第二段階）を経て，2000年代以降，国家主導から学校群主導によるリーダーシップ開発，とりわけミドルリーダーシップ開発の変化へと移行してきた。そして新政権の主要施策として導入されたティーチング・スクール（teaching school）制度は，他校支援にとどまらず，独自の研修開発・提供により，教員とスクールリーダーの資格・養成を国家主導から現場主導に移すことが意図されており，リーダー育成システム自体の改革を担うものであり，分権改革の新展開とされている。

■ドイツ　1980年代に構築された「学校開発」論を基盤として，学校組織の質と学校システムの質の保証・開発を意図するという，英語圏諸国とは異なる学校改善の取り組みが行われている。半自律的なアウトプット制御が志向されるものの，学校には「学校プログラム」開発により固有の教育上の「プロフィール」の形成が求められ，そのためのツールの開発によって学校改善を支援するという方法がとられてきた。しかしながら近年導入された目標協定制度は，学校開発の目標を明確化し，開発プロセスを促進することを意図しているが，学校監督との間で協定を結ぶというこの仕組みは「契約管理」の一形態でもあることから，その「支援」の内実が問われることになる。

■**ニュージーランド**　1980年代末に自律的学校経営が導入されて以降，「学校支援」は1つのフィールドとして捉えられ，2000年代初頭にはその類型化が行われ，改善に向けてのターゲットが絞り込まれている。これまで評価と支援が連動する学校評価システムが形成されてきたが，2010年代に入り，「生徒の学習到達度の向上」に向け，国全体の教育システムを改善し，学校改善につながる一貫した質の高い支援システムの構築が意図されている。そして，学校からの主体的な行動によって支援が行われる従来の方式から，各学校のチャーターや第三者評価結果に基づき，危機的な状況にある学校と必要とされる支援レベルを教育省が決定し，トップダウンで支援活動を展開するという方式へと転換された。しかし，これに対する反発も強く，こうした新学校支援システムが実際にどのように機能するのかが注目される。

これら4カ国における「支援」が，前後の文脈とあわせていかなる意味において使用されているのか，すなわち，支援を提供する側が，支援を提供される側の主体性を尊重し，文字どおりサポートに徹するのか，支援を提供する側が一定の指向性を有し，支援を提供される側の行動変容や「望ましさ」への転換を迫るのかといった観点から捉え，次のように整理した。

アメリカは，支援を求める側（支援対象）を他律的に望ましいとされる方向に導こうとするスタンスをとりつつ，その成否について当事者（州や学区など）のアカウンタビリティを問うことで集権的行政を実現しているとみることができよう。またイギリスは，Ofstedによる学校査察の制度変容も経験しながら，1990年代に隆盛した地方当局による支援を求める側（支援対象）の自律性，主体性を尊重するスタンスが弱まり，teaching schoolにみられるような促進型・管理型支援の融合タイプへと変化してきている。ドイツの目標協定制度もまた，促進型・管理型支援の融合タイプとみることができるだろう。ニュージーランドについては，まさに支援を求める側（支援対象）の自律性，主体性を尊重するスタンスから，支援を求める側（支援対象）を他律的に望ましいとされる方向に導こうとするスタンスへの転換が図られている。

(3) 学校改善支援の主体・方策のトレンド

本研究では続いて，4カ国における学校改善支援の主体・方策のトレンドとして，アメリカにおけるアカウンタビリティ・システムを通じた学校改善とその支援の実際，イギリスにおける自己改善型学校システムの展開と課題，ドイツにおける学校改善支援における「目標協定」制度導入の意味，ニュージーランドにおける「学校のニーズ対応型」学校支援から「政府主導型」学校支援への転換の試みについて検討を行い，さらに学校改善支援の主体・方策のバリエーションとして，アメリカにおけるチャータースクールによる教育行政改革と学校改善，ドイツにおける学校改善支援策としての教員研修改革の動向を紹介した。最後に，それぞれの国の文脈で展開されている学校改善支援の特徴を以下のように整理した。

■アメリカにおける今日の学校改善支援　連邦の補助金政策による方向づけの下，NCLB法に基づく各州のアカウンタビリティ・システムに基づく政府等の主体によるかかわりを主軸としており，それは，学区等の裁量の余地は認めながらも，支援対象を他律的に望ましいとされる方向に導こうとするものであった。しかしながら，州主導の認証評価と併置して，自発的な地域認証協会の改善支援獲得の動きもまた存在している。

■イギリス（イングランド）における学校改善支援　政府を主な主体とする学校間競争から，地方当局の積極的な介入へと重点を移してきたが，2010年以降の「自己改善型学校システム」では，支援の主体・方策の方向性を大きく変えることが意図され，「ティーチング・スクール」という教員や校長の研修，力量形成を先導し，他校支援の役割を優秀校に与える制度が導入された。学校群という単位における取り組みや学校間の支援・連携が重視されるとともに，地方当局の役割がさらに縮小され，政府は直接介入ではなく認証等の役割に重心を移すなど，政治・行政のあり方も変化してきている。学校および学校群と国の関係がどう変化し，いかなる課題が生じているのかをはじめ，未知数の部分も多いが，ティーチング・スクールの認定のあり方からは，認定基準だけでなく，予算を通じた，国の関与，規制が強くなっているとも解釈できる。

■ドイツにおける学校改善支援　学校開発のツールの開発とともに，近年ではとくに教員研修によって学校改善を支援するという特徴を有しており，教育研究所を含む学校監督庁，大学（研究者），外部評価組織を主要な学校改善支援の主体とみなすことができる。近年ほぼすべての州で導入されている「目標協定」は，「新制御」政策の1つではあるが，学校の現状分析を起点とし，学校自らが学校監督との「対話」により，PDCAサイクルにおいて学校の質の開発と質の保証をめざすものであり，そのための学校内部プロセスを学校外部プロセスに連結する機能を果たす学校改善支援のツールの1つであった。学校自らが目標を設定し，どのような方法でいつまでに到達するかを考え，学校の構成員の承認を得るというプロセスに，学校監督も必要に応じてかかわり，具体的な助言を行うこととなるため，学校監督にとっては，こうした学校開発プロセスへの「同行」という任務の比重がいっそう増すことになる。また，校内研修は，こうした学校改善サイクルに位置づけられようとしている。

■ニュージーランドにおける学校改善施策　学校評価と学校支援のネットワーク化を基盤として展開されてきた点に特徴があり，とくに学校支援については，他国よりも早い段階からその必要性が認識され，徐々にシステム化されてきた。教育委員会制度を廃止し，教育行政機能を分化したことにより，民間機関を含めた学校支援機関が教育行政機関とは別に多数存在し，それらのいくつかは教育政策上も一定の地位を形成してきた。教育省とのコントラクトが学校支援の財政基盤になっていることもあり，支援機関間での競争により支援プログラムの質が担保されているとみることもできる。現在の学校支援は，①政府による財政支援の下での支援機関による個別学校へのコンサルテーション的支援，②政府による財政支援の下での支援機関による研修プログラム，③営利的性格を有する学校支援プログラム，④危機的状況にある学校への行政による学校介入の4つに大別される。ところが2010年代以降，「生徒の学習達成度の向上」という教育目標の達成に向けて，国全体の教育システムを改善し，学校改善につながる一貫した質の高い学校支援システムを形成するため，「学校ニーズ対応型」の学校支援システムから，「政府主導型」への移行がみられるなど，抜本的な改革が進められている。

ISIPの時代における「学校改善」の対象は，「学校の中心的な利用者に最も近い基本単位」としての個々の学校であり，「学校自体の意志決定と実践の能力を強化」することがめざされていた[11]。そして，学校内の諸条件を変革するために[12]「学校外部からの支援」が必要とされ，こうした外部支援は，ISIP-book No.7において，「一つの学校において学校改善を援助又は促進する過程であり，基本的には学校外部に雇用されている個人によって提供される」と捉えられ，支援の提供主体として教育行政機関や高等教育機関，研究機関，民間企業，教員組合や専門職団体，教科書会社などがあげられ，支援が提供されるレベルも，全国，州，地方，地域などさまざまであった。

しかし今日，イギリスにおける「自己改善型学校システム」のように，学校間の支援・連携が重視され，特定の学校から別の学校への支援や，さらにはリーダー育成のシステム改革を担うような制度改革も生じている。また，ニュージーランドにおけるクラスター（Community of Schools）ごとの学校支援も同様の改革として展開されていく可能性もある。学校改善支援の主体・対象自体が入り組んできており，またそれとともに教育行政が実質的に果たす役割が一層みえにくくなってきている。各国における改革の展開を見据えるとともに，こうした「教育経営」構造の変化を再措定する必要があろう。

3. 学校改善におけるスクールリーダーの果たす役割

(1)「学校の自律性」改革に伴う教員の役割変容

これまでみてきたように「学校改善」は，1980年代初頭における学校問題の顕在化・深刻化への対応から生まれたものであり，各国において緊縮財政・「小さな政府」という条件の下，個々の学校に焦点を当てた「学校の自律性」改革が展開された。そこでは個々の学校の権限強化と裁量余地の拡大が意図され，それは教員・生徒・父母によって担われるものと考えられた。

しかしながら，主として各成員の権利の側面が強調された1960～70年代とは異なり，1980年代後半以降，関与者のコンセンサスを重視しつつ，外からの支援を得ながら，個々の学校が自らを一連のマネジメント・サイクルにおいて改善していくことが志向された。このマネジメント・サイクルを回すツールとして着目されたのが，「学校プログラム」や「学校評価」であった。たとえばドイツでは，学校プログラム導入による学校改善が意図され，学校評価はそのプロセスの一環に位置づけられた。学校プログラムには，学校の教育方針および到達目標が明示され，改革責任者・予定表・学校予算枠内での財源を記した目標到達のための具体的措置，授業と学校生活を包括した教育課程，内部評価の実施取り決めなどが記述される。こうした学校改善には，人事上および財政上の事項も含まれることから，教員，校長ともに新たな役割が期待されるようになってきた。

教員には，定められた教育内容の伝達ではなく，生徒が不確実な社会を生きていくために必要な学習過程を，教員自らが権限をもって組織できる能力が求められ，そのためには，教員が多重に監視され孤立化した状況を改善し，ともに学ぶ機会を活用することが必要とされた。共通の目標を意識し，協力して授業を計画し，学校プログラムにおいて学校会議などの協働機関，とりわけ地域の納得が得られるような教育を実施し，目標の到達点がどう評価されるのかを判断する力が必要であると考えられた。

そして，このような「学習する教師」とともに学校は，「学習する組織」となることが求められてきた。「人として，組織として学ぶ能力がある場合にのみ，学校の質を持続して改善することに成功する」[13)]のであり，そうした組織は，従来の学校とは異なる新たな活動方法，組織文化，参加文化を必要とするものであった。[14)]

(2)「学習する組織」としての学校におけるスクールリーダー

「学習する教師」や「学習する組織」の基盤にあるのが，Learning Communityの思惟である。その起源はデューイにまで遡り，1910年代以降の新教育運動において世界に広がり，1970年代アメリカにおけるオープン・スクールなどの革新主義的教育改革へ継承されていったとされる。日本においては，1990

年代はじめに佐藤学らによって「学びの共同体」概念が紹介され，その後，学校改革運動として「学びの共同体」づくりが進められてきた。これは，ショーン（Schön, Donald A.）の提示する「反省的実践家」としての教師モデルに基づいている。ショーンは，専門的知識や科学技術を合理的に適用する専門家を「技術的熟達者」と呼び，今日のようにもはや複雑で不確実な社会においては，こうした専門家では，問題を解決しえないとして，この新たな専門家像を提示したのであり，反省的実践家は，「状況との対話」に基づく「行為の中の省察」によって，複雑で複合的な問題に立ち向かう。彼らは，自らの実践フレームを知ることによって，実践の現実にフレームを与える別の方法の可能性にも気づく。そのため，専門家コミュニティにおいて，問題解決に適切なフレームとして適用可能である互いに葛藤する複数のアイデアをいかに具体化するかに心を砕くことになる。その際，反省的実践家には，自らの実践と同僚の実践を省察し学びあうことが求められ，そのような場，すなわちLearning Communityを形成することが必要となる。

こうした教員がともに学び合うこと（Professional Learning Community）によって学校を改善するというプロセスにおいて，校長は変革促進者（Change Agent）としての役割を果たすキーパーソンであり，学校教育目標を明確化し，責任をもってその達成に必要な活動を組織できるよう自ら研鑽することが求められている。校長は，もはや博識な思想家や組織の監督者ではなく，協働者の学習過程を組織し，その課題解決のために彼らが最善を尽くすよう鼓舞する者である。

こうした任務はさらに重要となり，またその権限も拡大されてきたため，1人ではなくチームとして（ドイツでは「学校経営層」「制御グループ」など呼称される）担うようになってきている。（南部初世）

注

1）同様のことを，小島弘道は次のように指摘する。「『学校改善』という日常的で一種軽い響きがするゆえに，その後の学校改善研究を停滞させ，魅力を失ってきたのではないか。その理由として，School Improvementというのは，本来総合的で構造化された教育改革論，学校改革論であったことが忘れ去られ，テーマが個別化され，つまみ食い的な研究に陥ったからではないか」。小島弘道「外国・国際社会の教育経営にかかわる教育政策・実践・研究は日本の教育研究（教育経営学研究）にいかなる価値を生み出したか―日本教育経営学会（学会活動および研究者の問題意識と立ち位置）を視野に考える」（日本教育経営学会国際交流委員会第3回公開研究会レジュメ，2015年5月17日）。

2)『学校改善に関する国際共同研究日本チーム報告書』1986年，8頁。

3) たとえば，牧昌見「論説 教育改革と教育研究」2017年，https://www.nier.go.jp/kankou_kouhou/126-23.htm；篠原清昭編著『学校改善マネジメント―課題解決への実践的アプローチ』ミネルヴァ書房，2012年，3頁。

4) 中留武昭『自律的な学校経営の形成と展開―臨教審以降の学校経営の軌跡と課題②自律的経営への離陸と展開』教育開発研究所，2010年，92-93頁。

5) 学会内に学校改善研究委員会が設置され，1988-89年度文部省科学研究費補助金を得て実施された（代表：高倉翔）。「学校をよくする条件は何か（学校をよくしている条件は何か）」をテーマとして設定し，「①学校活動を妨げ，もしくは助長している条件は何か，②学校改善のための効果的な行政作用は何かといった角度から，学校改善について，日本の実践，理論，方策の系譜を明らかにするとともに，アメリカ，イギリスでの学校改善への取り組みの姿を浮き彫りにする…さらに日本の学校改善に対する関係者と関係機関の意識と取り組みの実態を明らかにすることにより，学校改善に関する研究を深化，発展させること」をめざすものであった。日本教育経営学会・学校改善研究委員会編『学校改善に関する理論的・実証的研究』ぎょうせい，1990年，iii頁。

6) 同上，121-122頁。

7) 同上，345-346頁。

8) 部会長であった中留による定義。同上，335頁。

9) たとえばヴァイスは，「多元主義，分権化，規制緩和，学校の自律性，さらなる多様化，教育における父母の権限強化は，多くの先進国の教育政策における新しい指導原理である」と述べている。Weiß, M., “New guiding principles in educational policy：the case of Germany”, *Journal of Education Policy*, 1993, Vol.8, p.307.

10) 高妻紳二郎による整理。日本教育経営学会国際交流委員会『学校改善の支援に関する国際比較研究』2015年，3-9頁。

11)『学校改善に関する国際共同研究日本チーム報告書』前掲，6頁。

12) ISIP内でも，その問題意識が個別学校の内部条件にあったことが認識されている。Miles, M.B. & Ekholm, M., “What is School Improvement ?” In：W.G. van Velzen, *Making school improvement work : a conceptual guide to practice* (*ISIP-book no.1*), Acco Leuven, 1985, pp.48-55.

13) Ruep, M. & Keller, G., *Lernende Organisation Schulverwaltung – LOS!：Begründung, Praxisbeispiel, Anregungen*, Auer Verlag, 2004, S.6.

14) Risse, E. (Hrsg.) *Schulprogramm – Entwicklung und Evaluation*, Luchterhand, 1998, S.147.

第13章　今日の教育課題と学校改善

1. 今日の学校をめぐる課題と学校改善

近年のわが国の学校では，確かな学力の向上，いじめや不登校といった生徒指導上の課題への対応，さらには特別支援教育の充実や貧困問題への対応など，学校のかかえる課題が複雑化・多様化している。これらの課題に対応するためには，個々の教員が個別に教育活動に取り組むのではなく，校長のリーダーシップのもとで，学校全体として教育活動に取り組む体制をつくり上げ，学校の教育力・組織力を高めていくことが重要になっている。このような背景のもとで，中央教育審議会（以下，中教審）の答申では，「チームとしての学校」(2015年)が提言された。

この答申の以前には，「学校の自主性・自律性の確立」(1998年)，「学校の教育力（学校力）の強化」(2005年）の提言があり，さらには教育改革国民会議の報告において「学校に組織マネジメントの発想を取り入れる」(2000年）ことの提言が行われてきた。これら一連の提言は，学校の組織運営の見直しや学校のマネジメントモデルの転換を通じて，個々の学校の組織力（変革や改善の能力）の向上を意図したものであったといえよう。

こうした学校のかかえる課題や教育政策の動向とかかわる教育経営の重要なテーマとして，「学校改善」をあげることができる。「学校改善」は，OECD/CERI（経済協力開発機構／教育研究革新センター）による国際学校改善プロジェクト（1982～86年）を契機に普及・定着したSchool Improvementの訳語である。そこでは，学校改善が「（最終的には）教育目標のより効果的な達成を目指して，1つの学校ないし複数の学校における学習条件やその他の関連する内部的条件の変革を目指した体系的・持続的な努力」と定義された。教育経営学会の主な研究成果としては，『学校改善に関する理論的・実証的研究』(1990年）があり，1990年代には学会の課題研究や研究紀要の特集において学校改善がテーマとなり，その後も多くの論考や具体的な事例研究が蓄積されてきた[1)]。

現在，学校改善は，教育委員会や大学においても使用される用語となった。たとえば，2007年に実施された「全国学力・学習状況調査」の結果の分析として，全国の複数の都道府県教育委員会が，『学校改善のためのガイドライン』

（大阪府）や『学校改善支援プラン』（秋田県，京都府，高知県など）を作成し，学校改善の計画や方向性を示した。より最近では，全国に創設されている教職大学院のコース名や授業科目名として，学校改善が使用されている場合がみられる。

しかし，近年の教育経営の研究と実践をめぐる状況を眺めると，「学校改善」が，「組織開発」や「学校づくり」や「学校改革」と同義的に理解されたり，「学校改善」の研究の背景や特質を考慮することなく使用されるといったように，概念理解や用語使用において，少なからず困難な問題をかかえているように思える。先の学校改善の定義自体，「概括性・抽象性を強く帯びた内容であり，細部に曖昧さを残している」ため，「実践者にとっての理解を難しくしている」（大野，2012，22頁）だけでなく，「学校改善」の研究と実践の発展にとっての障壁となっているように思われる。このような現状に鑑みれば，あらためて「学校改善」の本来の背景や特質を理解したうえで，その意義や課題について検討する必要がある。

そこで本章では，1990年代以降に積み重ねられてきた欧米諸国（とくにアメリカ・イギリス）における「学校改善」の研究成果を参照しつつ，「学校改善」研究の背景や特質や比較的新しい動向について整理・検討したうえで[2)]，わが国の教育経営の研究と実践における展望と課題について考察を加える。

2.「学校改善」研究の背景

(1) 教育改革戦略の限界

1980年代以降のアメリカやイギリスでは，政府主導による大規模な教育改革が実施されてきた。それらは，カリキュラム（科学・技術・基礎スキルの強調），アカウンタビリティ（試験の実施と結果の公開），ガバナンス（学校への権限の委譲），市場原理（学校選択制），教師の地位（組合の地位や交渉協定への攻撃）に焦点をあてる傾向にあった。こうした教育改革は，児童生徒の学習到達度レベルの向上をめざしたものの，十分な影響力をもちえず，「政策は何が重要であるかを命令することができない」（McLaughlin，1990，12頁），「教室にねらいを定めた改革が不可逆的に教室のドアを突破することはほとんどない」(Cuban, 1990, 11頁）という結論や主張が導かれることとなった。

教育改革が期待されるほどの影響力をもたない理由は，①多くの教育改革の構想（例：自律的学校経営，教員評価，外部査察）が，児童生徒の学業成績に間接的な影響力をもつにすぎないこと，②教授・学習が組織される方法（教室実践の変革）と学校の組織的な条件（学校の組織編制の改変）の双方にアプローチしていないこと，そして，③システムのパースペクティブ（政策枠組みの全体的な一貫性，政府の政策と学校の実践との深遠的な一貫性）を欠いていることにあった。これらの実際的な課題を克服するためには，実際に政策を学校レベルで戦略的に実行するための「学校改善」のパースペクティブが必要であった。

(2)「効果的な学校」研究の限界

「学校改善」研究の発展とより密接に関連するのは，「効果的な学校（effective school)」研究である。「効果的な学校」研究は，アメリカにおける教育機会均等に関する調査報告書『コールマンレポート』(1966）に対する反論を嚆矢として始まった。報告書作成の中心人物であった社会学者コールマン（Coleman, J.S.）は，その報告書の要旨のなかで，次のように述べた。

「教育機会の不均等の源泉は，第一に家庭そのもの，及び家庭を直接取り巻く文化的な影響にあるように思われる。その次に，家庭の影響力をなくして学力を向上させることに対する学校の効果のなさ，そして家庭とその環境の社会的影響を永続化させている学校の文化的な同質性にある」(Coleman, 1966, 73-74頁)。

この指摘は，学校における生徒の学力が，一次的には，家庭とそれをとりまく環境（地域社会）の影響を最も強く受けること，そして二次的には，学校がこの影響を克服してやれない「無力さ」に由来することの問題を投げかけるものであった。

『コールマンレポート』の結論部分は，のちに「学校無力論」や「家庭背景決定論」という見解をもたらしたが，この定説に敢然と立ち向かい「学校の力を改めて見直そう」という視点から研究を行ったのが著名な黒人の教育者エド

表 13.1　効果的な学校と非効果的な学校を識別するために観察された諸要因

レベル	安定的な成績優秀校	安定的な成績不振校
生　徒	生徒が課題にかける時間は多いか中程度である	生徒が課題にかける時間は低いあるいはまばらである。生徒が授業を抜け出して学業の時間を減らす
	学校は生徒に学業意識をつくる	学校は知性的に無秩序である
教　室	計画的な学業の奨励	のんびりしたペースの授業進度
	教師たちは学業計画を明確に示す	最小限の計画から無計画まで（カリキュラムに従う，形だけやったふりをする）
	双方向的な授業が適度に多い－「実際にやってみよう」など	双方向的な授業の割合は低いないしまばら
	教師は新しい教授技術を模索する；多様性のあるカリキュラム	教師は孤立の中で教える；多くの印刷物とワークブック
学校と校長	親しみやすく真剣な学業の雰囲気－「私たちは教えるために，生徒たちは学ぶためにここにいる」	親しみやすい場合もあるが，学業に焦点化されていない－「子どもたちがよい態度でいれば，もっとうまく教えることができるのに」
	学業の時間の尊重；正確なスケジュール	学業的な焦点の欠如；指導時間を長く見積もるスケジュール
	校長はカリキュラムや指導の詳細を熟知しており，具体的に言及する。校長は学校にとって新しい知性的な経験を探し求めて取り入れる。	校長は学業について具体的に議論することがめったにない。校長は自分の仕事を官僚制的に定義する。
	校長は新しい教師を積極的に雇用する；焦点化された学校全体の職員発達；校長は効果のない教師を異動させる	校長は新しい教師を受動的に受け入れる；冗長な職員発達；校長はめったに教室を観察しない（「本校の教師はみな素晴らしい」）
	学業の「成績優秀者」を目立つように掲示する	学校の学業的な報奨はない

出所：Stringfield & Teddlie, 1991, p.362 を一部修正

モンズ（Edmonds, R.）であった（鍋島，2003，36 頁；志水，2009，10 頁）。エドモンズは，都市部の厳しい環境や地域にあっても高い学業成績を収めている学校の特徴を，①生徒の基礎的スキルの獲得の強調，②生徒に対する高い期待，③強力な管理職のリーダーシップ，④生徒の進歩の頻繁なモニタリング，⑤学習に対する秩序ある環境に整理した。通称「5 要因論（five factor theory）」と呼ばれるこの結果は，のちのさまざまな「効果的な学校」研究において支持・追認されてきた。

ただし，「効果的な学校」研究は，高い教育成果を収める学校の特徴を明らかにしたが，「そこへの行き方」，すなわち「効果的でない学校は，どうすれば効果的になれるのか」というプロセスについて明らかにするものではない，と

いう限界をかかえていた。こうした限界を克服するために「学校改善」が注目されてきた。「学校改善」は，「変革を管理するための学校の能力を強化するだけでなく，生徒の成果を高めるための変革の戦略」(Harris, 2002, 10頁）であり，学校の一時点（スナップショット）ではなく，「効果的な学校」へと学校文化を変革していくプロセスへの焦点や志向性をもっているからである[3)]。

(3)「効果的な学校」研究と「学校改善」研究の統合

1980年代後半以降になると，「効果的な学校」と「学校改善」の統合をめざす研究の動向が生まれてくる。たとえば，ストリングフィールドとテッドリー(Stringfield, S. & Teddlie, C., 1991）によるルイジアナ州の中等学校を対象とした長期的な研究では，安定的な成績優秀校（「効果的な学校」）と安定的な成績不振校（「非効果的な学校」）の特徴が，生徒，教室，学校の3つのレベルから対比的に描かれた（表13.1を参照)。この表にある「安定的な成績不振校」から，「安定的な成績優秀校」へと変革するプロセスを支援する戦略を考案することが，「学校改善」の研究にとっての重要な課題となった。

3.「真正の学校改善」アプローチ

では，1990年代以降の「学校改善」研究は，どのような考え方に基づいて，学校改善を支援するための戦略を考案してきたのか。欧米では，この課題に取り組む膨大な研究がみられるが，ここでは，イギリスにおける学校改善の指導的な研究者ホプキンス(Hopkins, D.）の議論に注目する。ホプキンスが提唱する「真正の学校改善(authentic school improvement)」とかかわる原理・価値基盤，戦略，そして学校の成長状態に応じた改善戦略に関する知見は，1990年代の「学校改善」研究のさまざまな知見を発展的に統合したものと理解できるからである。

(1)「真正の学校改善」の原理と価値基盤

ホプキンスによれば，教育改革に対する従来の「学校改善」の努力は，短期的な「応急処置」やご都合主義的な対応を招き，長期的な影響力をもつことに失敗してきた。こうした課題を克服するために，ホプキンスは，より理論的な

表 13.2 「真正の学校改善」の原理

真正の学校改善の原理	学校改善の理論的・研究的・政策的・実践的な影響力の例
到達度焦点型	生徒の学習の向上に対する道徳的・社会的な正義の責任，そして教授・学習の質における揺るぎない焦点
向上心のエンパワー	（デューイ，フレイレ，ステンハウスの伝統における）解放，個人的責任の増大，スキルや自信の向上という道徳的要請
研究を基礎とし，理論が豊富である	多様なカリキュラムと教授プログラムないしモデルの開発に対して強固で経験的に支持される教授・学習や組織開発戦略の活用（たとえば批判理論の哲学的伝統におけるアプローチの位置）
文脈特有性	文脈の特有性の重要性や「万能サイズ」の変革戦略の虚偽性を指摘する現代の学校効果研究の影響
能力構築の性質	持続可能性を保障する必要性，専門職の学習共同体の涵養，そして現場のインフラやネットワークの確立
探究推進型	行為を活性化し，裏づけ，方向づけるためのデータの活用。「反省的実践家」倫理の影響力と普及と活用への関与
実行志向型	変革の経営についての研究（とりわけ個々の意味の重要性，教室効果の一貫性，および活発な実行に対する関与の創造）
干渉主義者（戦略的）	「レヴィン流」のアクションリサーチと組織開発の原理・戦略の影響力，および現代の開発計画の重視
外的な支援	多くの国家的な教育政策の集権化／分権化の対立は，実行を促進するためのネットワーク化や外部支援機関を重視する。
体系的（システム的）	これは政治的現実を受け入れる必要性だけでなく，水平的・垂直的に方針の一貫性を確保する必要性，さらにはシステム内部の創造性と相乗作用を発揮するための圧力と支援の活用とも関連する。

出所：Hopkins，2001，p.18 を一部修正して作成

一貫性や実践的な示唆をもつ価値を基盤とする原理に基づいたアプローチとして，「真正の学校改善」を提起する（「真正の学校改善」の原理は表 13.2 を参照）。

「真正の学校改善」プログラムは，たとえば次のような特徴をもつ。

- 試験の結果や点数よりも広い意味での学習と到達度の向上に焦点をあてる
- 変革プロセスにかかわる者に学習のスキルや変革の主体性を与える
- 効果の実績をもつプログラムに基づいて戦略を基礎づける
- 学校固有の文脈に関心を向け，特別な文脈の分析を基礎とした戦略を構築する
- 連続的な改善を支援する組織的な条件の構築をめざす
- 教室実践や生徒の学習の質に連続的な焦点をあてる　など

「学校改善」の努力が成功を収めるためには，これらの原理や特徴に裏づけ

られた学校改善プログラムが考案されなければならない。[4)]

また，「真正の学校改善」は，一貫性のある明瞭な価値基盤に基づいて考案されている。それは，教育研究において確立されてきた3つのパースペクティブ（実証主義，解釈主義，批判理論）の対比を通じて理解することができる（表13.3を参照）。

実証主義では，現実は客観的なものと理解され，かつての「研究－開発－普及（RDD）」モデルに典型的にみられるように，変革に対するトップダウン型アプローチを採用する。それは，変革が単線的であり，権威ある人物によって着手され，外的圧力によって動機づけられることを前提とする。研究は，複雑なデザインや精緻な統計分析を通じた技術的な志向性をもつ。学校改善の戦略は，官僚制的で，「その場しのぎ」的で，偏狭な成果を基礎とする。

表13.3　学校改善の価値基盤

志向性	実証的－分析的	解釈的・状況的	批判的
根源的活動	知性的・技術的な活動（私たちを自然界と関連づける）	コミュニケーション（私たちを社会世界と関連づける）	省察（私たちを自身や社会世界と関連づける）
関心	世界の知性的・技術的な統制（効率性・確実性・予測可能性）	経験的に意義深く，真正の間主観的な理解（行為者にとっての意味）	暗黙の隠れた前提を透明化することによる人間の条件の改善
知識形態	法則的知識（事実，一般化，因果関係の法則，理論）	状況的知識（解釈的な意味の構造を知ること）	規範的知識（人間・社会の条件の改善をめざす思想と行為に関する知識）
理解	事実の観点	人々が状況に与える意味の観点	省察の観点
知ること	経験的	意味の付与	行為と省察の組合せ
説明すること	因果的・機能的・仮説演繹的な推論を行う	動機・共通の意味・真正の経験を明確にすることで共鳴的な琴線に訴える	行為の呼びかけに対して土台となる省察されない側面を突きとめる
個人／世界の関係	「私たちが世界に影響を及ぼす」	「私たちは社会世界の中にいる」	「私たちが世界を省察し転換する」
現実	外側にあるもの	間主観的な構成	プラクシス（思想と行為）
生活	確実性と予測可能性によって説明されうるもの	神秘（ミステリー）である	改善されうるもの
学校改善の焦点	官僚制的政策の選択肢や偏狭な成果の測定を活用した短期的なもの	プロセスと文化，そして調和的な学校環境の創造	（生徒の学習を強調する）真正の介入とエンパワメント

出所：Hopkins，2001，pp.23-24を一部修正して作成

解釈主義では，現実は社会的に構成されるものと理解され，個々の学校の文脈や状況，そして学校内部の変革の能力の開発に関心を向ける。教育問題は，教師の解釈に根拠づけられる主観的な特徴をもつと考える。研究は，人々が生活する経験の洞察や，人々が経験する出来事の意味を解釈する方法といった，実践的な志向性をもつ。学校改善の戦略は，調和的で支援的な文化の創造プロセスに焦点をあてる。

これに対して，批判理論では，現実はプラクシス（思想と行為）と理解され，暗黙の隠れた前提や意図を明るみに出す「省察」に焦点をあてる。批判理論の中心概念は，人々が自分の生活に影響力と方向性を行使することを可能にする「解放」である。学校改善の戦略は，学業到達度，介入，能力構築だけでなく，生徒の学習を強調する。

「真正の学校改善」は，学校改善の努力のなかで，学校成員たちを変革の「犠牲者」ではなく，変革プロセスの「経営者」にすることをめざすものである。そのための最重要の原理は「解放」と「エンパワー」であるため，「真正の学校改善」は，批判理論アプローチの志向性をもっている。

(2)「真正の学校改善」のための戦略

「真正の学校改善」が，単なる理念型にとどまるのではなく，学校や教師の実践に影響力を有するためには，学校内部のプロセスや方法論に焦点をあてなければならない。そのためには，学校改善が「実現可能になる条件」を明らかにする必要がある。ホプキンスが考案する「真正の学校改善」のための戦略は，「能力構築の次元」と「戦略的な次元」から構成される（図 13.1 参照）。

「能力構築の次元」は，学校と教室のレベルでの条件と関連する（図 13.1 の横のライン）。学校開発のための条件は，①職能発達へのコミットメント，②学校の方針と決定に職員・生徒・地域社会を関与させる努力，③「変革型」リーダーシップ，④効果的な調整戦略，⑤探究と省察の潜在的な恩恵に対する真剣な関心，⑥協働的な計画活動へのコミットメントである。教室実践のための条件は，①真正の関係性（良質・開放・調和的な教室の関係），②規則と境界（生徒の行動について設定する期待），③計画・資源・準備（適切な教材へのアクセス），

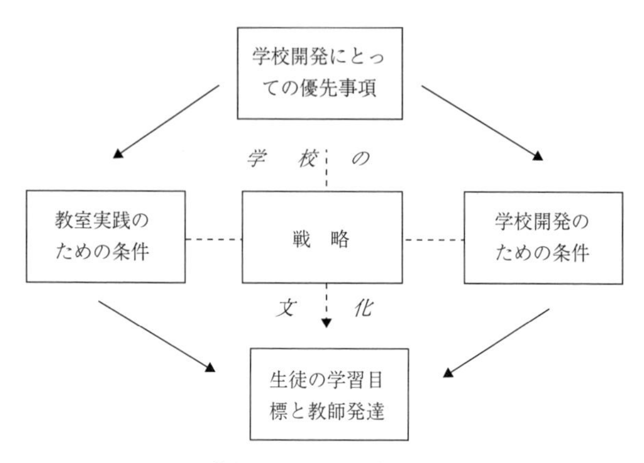

図 13.1 「真正の学校改善」のための戦略
出所：Hopkins，2001，p.111

④教師のレパートリー(多様な授業スタイル・モデル)，⑤教授上のパートナーシップ(実践の検討と改善に焦点化した教室内外の関係)，⑥教授についての省察(自身の実践の真価を問うこと)である。

「戦略的な次元」は，優先事項と戦略と成果と関連するプロセスである(図13.1の縦のライン)。優先事項は，その学校の現状や実態から確認された議題であり，学校の使命，国家の改革要求，教授・学習との関連，生徒や職員の成果をふまえて設定される。戦略は，カリキュラムや組織的な優先事項を実行するために行われる熟慮的な行為である。これらの一連の努力は，生徒にとっては，試験の結果だけでなく，批判的思考，学習能力，自尊感情の向上といった成果に帰結し，教師にとっては同僚性，専門職的学習の機会，あるいは応答責任の高まりといった成果に帰結する。

最後の要素は，学校文化である。「学校改善」の戦略は，学校の内的条件の変革を通じて，学校の文化の変革を導く。学校の構造(システムや環境)の変革と学校の文化(成員の価値・規範・期待)の変革は，密接に関連する相互依存的なものである。

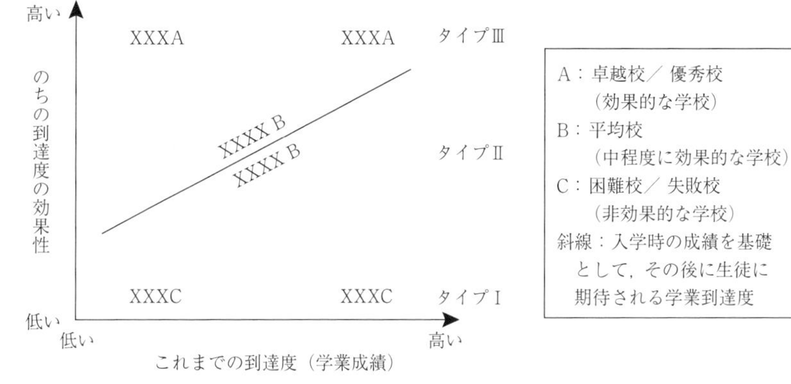

図 13.2　学校改善の戦略を検討するための枠組み

出所：Hopkins, 1996, p.45 を修正

(3) 学校の成長状態に応じた改善戦略

ホプキンスによれば，学校改善のための「万能サイズ（one size fits all）」のアプローチは存在せず，学校種や学校規模のちがい，さらには学校の効果・改善のレベルのちがいによって，方法論や戦略が異なるという。たとえば，図13.2 の C の位置から B の位置へ学校を移行するための戦略は，B の位置から A の位置へ学校を移行するための戦略とは質的に異なる。より具体的には，学校の成長状態（特定の学校文化）に応じて，3 つのタイプの戦略がある。

タイプⅠ戦略は，困難校が中程度に効果的になることを支援する戦略である。この戦略には，高いレベルの外部支援を含める必要がある。学校が改善を継続する能力を構築するために，基礎カリキュラムと組織的な課題へ明確に焦点をあてる。タイプⅡ戦略は，中程度に効果的な学校がより効果的になることを支援する戦略である。これらの学校は，学校開発の優先事項を洗練し，具体的な教授・学習の課題に焦点化する必要があり，この活動を支援するために，学校内部の能力を構築する必要がある。これらの戦略は，ある程度の外部支援を含むことが多い。タイプⅢ戦略は，効果的な学校であり続けることを支援する戦略である。学校が自身の支援ネットワークを探し出し創造するため，必ずしも外部支援を必要としない。

このような「学校改善」の戦略は,「学校および学校のニーズは同じではないこと,そして時間をかけて変化することを認識するモデルであり,『その場しのぎ(quick fix)』の変革を越えて,長期に及ぶ持続可能な変革へと移行させるもの」(Hargreaves, 2003, 152頁)である。

4. 学校改善の研究と実践の展望と課題

以上のような「学校改善」研究の特徴を概観してみると,「学校改善」は,理論的・研究的な原理や価値基盤によって裏づけられた戦略的枠組みの開発を志向することがわかる。では「学校づくり」や「組織開発」との関係については,どのように考えればいいだろうか。

斎藤喜博によれば,「学校づくり」とは「学校を創造性を持ったきびしい集団に組織すること」(1970, 359頁)である。「学校づくり」は,もともとは教育実践運動のなかで使われてきた経緯がある(南部, 2009, 186頁)ため,学校全体をよりよいものにするプロセスへ関心を向ける点は共通するが,理論的・研究的な価値基盤に裏づけられた戦略的枠組みを開発する志向性は希薄である。これに対して,「組織開発」は,組織の活性化や組織力の向上を実現するためのさまざまな理論や手法の入った「包括的な箱」のようなもの(中村, 2015, 8頁)であり,その考え方は「学校改善」の研究に取り込まれている。「真正の学校改善」では,とくに表13.2の「研究を基礎とし,理論が豊富である」や「干渉主義者(戦略的)」の原理に,「組織開発」の影響力を看取することができる。

わが国の教育経営学では,これまでに「学校改善」に関する数多くの研究や文献が蓄積されてきたが,近年の英米の研究の蓄積と比較すると,質と量の両面において十分とは言いがたい。そこで最後に,これからのいっそう高度で精緻な「学校改善」研究の発展のために,わが国の「学校改善」研究の展望と課題について若干の整理をしておきたい。

(1) 理論的研究の展望と課題

「学校改善」の研究は，教育研究だけでなく，一般経営の組織論やリーダーシップ論の成果を取り込みながら発展してきたため，それらの理論を深く理解することが重要になる。たとえば，近年の欧米の学校経営研究では，学校改善の戦略としての「専門職の学習共同体」が注目されているが，その基礎となる「学習する組織」論や「実践共同体」論，あるいは「変革型リーダーシップ」論や「分散型リーダーシップ」論に関する精緻な検討が併せて必要である。

(2) 実証的研究の展望と課題

わが国における「学校改善」の実証的研究は，事例研究が多くみられる。これは「効果的な学校」研究が量的研究の志向性をもつのに対して，「学校改善」研究が質的研究の志向性をもつことに由来する。しかし，「効果的な学校」と「学校改善」の統合をめざす研究動向をふまえれば，混合研究法（mixed method）を採用する新たな試みが注目されてよいだろう。その場合の研究者モデルは，「効果的な学校」の「科学者」，あるいは「学校改善」の「人間主義者」ではなく，両者を統合した「プラグマティスト」になる。

(3) 近接領域との研究関心のちがいをふまえた展望と課題

わが国の教育経営学における「学校改善」研究は，国際学校改善プロジェクトを経て大きな盛り上がりをみせたものの，1990年代後半から現在に至るまで，当初の勢いは衰えつつあるように思える。一方，近接領域に目を向けると，教育方法学では「学びの共同体」の議論が，教育社会学では「力のある学校」論が台頭してきた。前者の「学校は内側からしか変わらない。しかし，外からの支援がなければその改革は持続しない」（佐藤，2012，48頁）という指摘は，学校改善の研究の知見と合致しており，後者の「力のある学校」づくり（志水，2009；芝山，2009）は「学校改善」研究の理念や志向性と重なっている。今後，学校の変革能力（内部条件）や学校に対する適切な支援（外的支援）を解明するためには，教育方法学や教育社会学の研究の動向や成果から学びつつも，教育経営学の独自性や特殊性を生かしたアプローチが必要になるであろう。

（織田泰幸）

注

1) たとえば，学会の課題研究として「学校改善研究の課題」(1991年)，「教育経営研究の学術性と実践性に関する検討」(1992年) が取り組まれ，『紀要』では「指導主事と学校改善」(1994年) という特集が組まれた。1993～96年にかけては，シリーズ「学校改善とスクールリーダー」(全10巻) が刊行され，学校改善の主導者としてのスクールリーダーの役割について多様なテーマから検討が行われた。2000年代には，『学校経営研究における臨床的アプローチの構築』(2004年) において，学校改善を支援する教育経営の研究と実践の新しい関係性が模索され，中留武昭監修『信頼を創造する公立学校の挑戦』(2007年) において具体的な学校改善の事例研究が行われた。ほかにも主な文献としては，たとえば牧編 (1991・1995)，中留編 (1998・2003)，篠原編 (2012) といった書籍があり，藤原 (1997)，佐古ら (1999)，北神 (2010)，勝野 (2016)，吉村 (2017) の論考がある。
2) 本章の全体の記述は，ホプキンス (Hopkins, 1996・2001) を参照している。
3)「学校効果」(効果的な学校) 研究は，各種の高度な統計的手法を用いて学校がもつ「力」を計量的に明らかにしようとする学術的な志向性をもつ。これに対して，「学校改善」研究は，より現場に近いところから発想された，「よりよい学校をつくる」という実践的な志向性に導かれた研究の流れである。前者が「インプットとアウトプットとの関連性」を見いだそうとするのに対して，後者はその関連を生み出すプロセスの解明をめざす (志水，2006，28頁)。
4)「真正の学校改善」の原理は，社会心理学者レヴィン (Lewin, K.) のアクションリサーチやグループダイナミクスの遺産，さらにはマイルズ (Miles, M.) の組織健康の概念を発展させ，学校組織の問題解決能力や環境変動への対応能力の向上をめざした「組織開発」の原理や手法を継承している。

文献・参考資料

大野裕己「学校改善の方法」篠原清昭編著『学校改善マネジメント』ミネルヴァ書房，2012年，19-40頁

勝野正章「学校評価と学校改善」小川正人・勝野正章『教育行政と学校経営（改訂版）』放送大学教育振興会，2016年，220-233頁

北神正行「学校改善と校内研修の設計・経営」小島弘道監修／北神正行・木原俊行・佐野享子『学校改善と校内研修の設計』学文社，2010年，154-170頁

斎藤喜博『斎藤喜博全集第3巻』国土社，1970年

佐古秀一・久我直人・大河内裕幸・山口哲司「省察と協働を支援する学校改善プログラムの開発的研究―その理念と基本的構想」『鳴門教育大学研究紀要（教育科学編）』第14巻，1999年，53-60頁

佐藤学『学校を改革する』岩波書店，2012年

篠原清昭編著『学校改善マネジメント』ミネルヴァ書房，2012年

芝山明義「学校改善研究と『力のある学校』論の課題」志水宏吉編著『「力のある学校」の探究』大阪大学出版会，2009年，287-304頁

志水宏吉「イギリスにおける教育改革の動向と『効果のある学校』論」『部落解放研究』部落解放・人権研究所，2006 年，18-32 頁
――編著『「力のある学校」の探究』大阪大学出版会，2009 年
藤原文雄「学校改善と校長のリーダーシップ―80 年代以降の校長研究を振り返りつつ」浦野東洋一編著『現代校長論』同時代社，1997 年，191-259 頁
中村和彦『入門 組織開発―生き生きと働ける職場をつくる』光文社，2015 年
中留武昭編著『学校文化を創る校長のリーダーシップ―学校改善への道』エイデル研究所，1998 年
中留武昭・論文編集委員会編著『21 世紀の学校改善』第一法規，2003 年
中留武昭監修／八尾坂修・増田健太郎・伊藤文一編著『信頼を創造する公立学校の挑戦』ぎょうせい，2007 年
鍋島祥郎『効果のある学校―学力不平等を乗り越える教育』解放出版社，2003 年
南部初世「学校づくりと保護者・地域住民」小島弘道編著『学校経営』学文社，2009 年，186-202 頁
日本教育経営学会・学校改善研究委員会編著『学校改善に関する理論的・実証的研究』ぎょうせい，1990 年
牧昌見編著『学校改善と校長のリーダーシップ―20 事例とその分析』第一法規，1991 年
――編著『学校改善の課題』第一法規，1995 年
吉村春美「校長のリーダーシップと学校改善」中原淳編『人材開発研究大全』東京大学出版会，2017 年，705-727 頁
Coleman, J.S., "Equal School or Equal Students?", *The Public Interest*, No.4, Summer, 1966, pp.70-75
Cuban, L., "Reforming Again, Again, and Again", *Educational Researcher*, Vol.19 (1), 1990, pp.3-13
Hargreaves, A., *Teaching in the Knowledge Society*, Open University Press, 2003
Harris, A., *School Improvement: What's in it for Schools?*, Routledge, 2002
Hopkins, D., 'Towards a Theory for School Improvement', in Gray,J., Reynolds,D., Fitz-Gibbons, C. & Jesson,D. (eds.), *Merging Traditions-The Future of Research on School Effectiveness and School Improvement*, Cassell, 1996, pp.30-50
――, *School Improvement for Real*, Routledge, 2001
McLaughlin, M.W., "The Rand Change Agent Study Revisited : Macro Perspectives and Micro Realities," *Educational Researcher*, Vol.19 (9), 1990, pp.11-16
Reynolds, D. & Stoll,L., 'Merging School Effectiveness and School Improvement-The Knowledge Base', Reynolds,D., Bollen,R., Creemers,B., Hopkins,D., Stoll,L., & Lagerweij,N., *Making Good Schools : Linking School Effectiveness and Improvement*, Routledge, 1996, pp.94-112
Stringfield, S. and Teddlie, C. 'Observers as Predictors of Schools' Effectiveness Status', *Elementary School Journal*, Vol.91 (4), 1991, pp.357-376

第14章　学校改善における「支援」の意義

1. 自律的学校経営と「学校支援」

1980年代の臨時教育審議会を契機に学校の裁量権の拡大が進み，1998年中央教育審議会（以下，中教審）答申「今後の地方教育行政の在り方について」では，教育委員会と学校との関係について「教育委員会の関与が必要以上に強過ぎて学校の主体的活動を制約している」と指摘されるなど，学校の自主性・自律性の確立をめざす方向性が確固たるものとなった。一方，同答申は「学校が危機に陥った際に学校任せにするなど緊急の事態の場合の学校に対する支援体制が十分ではない」点も指摘し[1)]，学校が自主的・自律的に特色ある教育活動を展開するためには，①教育委員会と学校の関係の見直しと学校裁量権限の拡大，②校長・教頭への適材の確保と教職員の資質向上，③学校運営組織の見直し，④学校の事務・業務の効率化，⑤地域住民の学校運営への参画の５つの視点からの改善が必要であるとした。そのなかで具体的改善点の１つとして「教育委員会の支援機能の拡大」をあげ，学校を支援する体制の整備強化を提言している。ここでいう「支援機能」は，学校事故の事後対応など学校が緊急事態や危機的状況に陥った場合を想定していると捉えられる。

一方，2004年の中教審初等中等教育分科会教育行財政部会学校の組織運営に関する作業部会「学校の組織運営の在り方について」（作業部会の審議のまとめ）では，学校の権限拡大に伴う学校の組織体制の再編の観点から「学校運営を支える機能の充実」を提言し，組織的な学校運営を進めるためには管理職の適材確保や組織体制の整備などと同時に，「教育委員会が学校を支援する機能を強化することが不可欠である」と指摘している[2)]。

さらに，2015年の中教審答申「チームとしての学校の在り方と今後の改善方策について」では，学校がかかえる課題の複雑化・多様化が進む現状において「チームとしての学校」を推進してくためには，教育委員会による専門的支援（傍点は筆者）が必要であるとし，指導主事や管理主事等の資質・能力の向上や，指導主事などがその専門性を十分に発揮できるような環境の整備を求めている。学校への支援機能の観点からの指導主事の力量形成については，2013年の中教審答申「今後の地方教育行政の在り方について」において，「指導主事等教育職の職員については，行政的な仕事をこなすことで精一杯になることなく，専門職として教育現場に対するリーダーシップを発揮できるよう，資質向上に努める必要がある」との指摘がなされている。

諸外国の例を含め，自律的学校経営の傾向が強まるにつれて，さまざまな場面で「支援」という用語が多用され，その必要性・重要性が強調されるようになってきている。しかしながら，上記の諸答申をみても「支援」の定義は一様ではなく，具体的な支援対象，支援方法，支援者に求められる要件などについても未整理のままである。学校改善に向けた学校支援のあり方についての検討は途上にあるのが現状である。

2. 学校改善における「支援」とは

(1)「支援」の定義

高妻(2015)も指摘するように，学校に対する支援(学校支援)のあり方は社会状況や学校や子どもをとりまく環境と密接につながるものであり，一様ではない。1983～1986年にかけて展開されたOECD／CERIによる学校改善に向けた国際共同研究プロジェクト(International School Improvement Project：ISIP)が取り上げた6つの研究領域の1つに，「学校改善のための学校外部からの支援」がある。ここでいう「支援(support)」は「学校改善を援助もしくは促進する過程」と定義され，「学校が外部の手助けなしに学校改善を行うことは可能ではあるが，外部の支えを得られれば改善の度合いと効果は格段に高まる」とし，学校改善に対する外部からの支援の価値に着目している[3)]。そして支援の形態を，①研修，②コンサルテーション，③情報および資源の提供の3つに類型化している。

またThe World Bank(2010)は，初等・中等教育におけるsupervisionとsupportに関する5カ国(イングランド，フィンランド，オランダ，ニュージーランド，韓国)の比較研究を行い，そのなかで支援に類する用語(Evaluation，Support，Inspection，Supervision)について表14.1のように定義し，その関係性を整理している。これらの用語は，その機能を完全に切り離して定義できるも

表 14.1　支援に類する用語の定義

Evaluation	成果およびプロセスの両面における個人ないし組織のパフォーマンスに関する内部・外部からの評価
Support	個人ないし組織に対する資源（時間，専門知識，助言，財的物的資源，教育機会等）の提供
Inspection	確立された規則，規定，基準の順守に対する検証
Supervision	評価（evaluation，ときに inspection）の結果を活用した個人ないし組織に対する定期的な監督を通し，指導すべき対象に直接的に行う指導

出所：The World Bank (2010) Supervision and Support of Primary and Secondary Education : A Policy Note for the Government of Poland, p.3 をもとに筆者作成。

のではなく，重なり合う部分をもち合わせているとしている。

さらに藤田（2004）は，学校に対する外的支援を次の 4 つに類型化している。

①学校改善を担う教師個々人，および学校全体の教育力向上のための支援（例：各種外部研修機会の提供，校内研修の企画・立案，および研修そのものに対する指導助言など）

②学校改善推進のための支援（学校改善のための企画・立案や組織づくり，教育および学校経営に関する問題解決などに対する指導や援助，学校改善に資する実践例，そのほかの情報の提供など）

③学校改善のための基礎的条件整備（教員配置・異動にあたっての合理的な人事，施設，設備，機器，教材などの整備とそのための財政措置など）

④学校改善に対する理解と協力（保護者，地域住民の協力，支援の獲得，地域の教育資源の利用）。

一方，諸外国に目を向けてみると，自律的学校経営システムの導入と同時に学校支援がシステム化されたニュージーランドにおける学校支援の具体的内容は，①学校の管理職や教職員，また学校理事会委員をはじめとする学校のガバナンスにかかわる人材の資質向上をねらいとした研修プログラムの提供（研修機能），②個々の学校経営の状況に応じたコンサルテーション（コンサルテーション機能），③危機的状況にある学校に対する教育省による法的介入（学校介入）の 3 段階に大別することできる。[4)]

他方，経営学における組織行動論において，エドガー・H. シャインの理論をもとにした「支援学」では，「支援とは，何らかの意図を持った他者の行為に対する働きかけであり，その意図を理解しつつ，行為の質を維持・改善する一連のアクションのことをいい，最終的には他者のエンパワーメントをはかることである」と定義している[5]。この定義に基づく「支援」においては，被支援者の意図の理解，行為の質の維持・改善，そしてエンパワーメントが鍵となる。それゆえ，支援は固定化されたシステムではうまくいかず，「支援システムは定常状態にあるというよりは常に『ゆらぎ』が発生している不均衡状態にある」とされる。また金井（2011）は，「内容の専門家（コンテント・エクスパート）になるのが大事なこともあるが，過程の促進者（プロセス・ファシリテーター）になる」ことで，「支援する側にも，支援される側にも，自律的に学ぶ機会を提供する」としている。この見方が，支援が「自律」や「自己決定」とセットで語られる所以であろう。

(2) 学校改善研究にみる「学校支援」

先述のISIP報告書で指摘されたように，国際的にみて学校支援に関する研究は歴史が浅い[6]。日本においては，ISIPに参加した日本チームが，ISIPが取り上げた6領域のうち，「学校改善を促進するための校長及び教職員組織等の学校内諸条件」「学校改善のための学校外部からの支援」「学校改善のための政策」の3領域について調査研究を実施している。その成果報告書（1986年）において，学校支援の2つの方法として，①校長や教頭，そのほかの教師を対象とする講習会，セミナー，講義などの開催，②指導主事の学校訪問があげられている[7]。さらに，学校改善に外部支援を適切に実施するために必要な点として，①“学校に焦点を当てた”研修の推進，②指導行政の改善，③地域の教育力の活用，④学校改善に役立つ研究開発（R&D）の緊要性があげられている[8]。

また中留（1991）は，ISIPおよびアメリカの学校改善運動の軌跡をふまえ，学校改善を「個々の学校が一定の教育効果を高めていくために，学校外の支援を受けながら，なお固有の自律的な社会的組織体として，学内外の諸条件を開かれた協働によって改善していく経営活動の努力の体系」[9]と定義づけている。

ISIPの研究内容，そして中留による学校改善の定義のいずれにおいても，学校改善における重要な視座の1つとして「学校の内と外の支援を得ること」があげられている。学校改善は，あくまで個々の学校の創意に基づいて内部条件を再編・整備しながら行われるべきものであり，改善の主導権は学校自体におかれるべきものであるが，そこに限界があることも事実である。ゆえに，学校改善は学校外の支援を受けつつ「開かれた協働」[10]によって進められることが効果的であるといえる。

一方で，日本教育経営学会学校改善研究委員会による「学校改善に関する総合的研究」(1988-1989年)において実施された学校改善に有効な条件についての調査では，「大学（大学教員）からの支援」「学校外部の研究団体や研究センターからの支援」といった外部からの支援に関する条件は有効性が低いという結果が示されている[11]。この結果から「学校の改善課題はその学校の状況等に応じて多様なものであり，そのための有効な条件にも違いがあるという前提のものでの援助の在り方を講じていくこと」，さらに「そうした多様な指導・援助が可能になる当事者能力を高めていくこと」の必要性が指摘されている。

外的支援の中核を担う教育委員会，とくに専門的指導助言者として最も重要な役割を果たすべき指導主事について，その非専門化や形式的な学校訪問といった課題は，現在でも完全には払拭されてはいない。2007年8月に出された学校評価の推進に関する調査研究協力者会議第一次報告「学校評価の在り方と今後の推進方策について」では，学校評価に基づく支援・改善など関係機関の役割のあり方について，「学校全体のマネジメントの在り方に関する指導主事等による指導・助言の機会を充実することも考えられる」とし，さらには「教育委員会などが，学校の管理職や一般の教職員を対象として，それぞれに期待される役割を踏まえた研修や，指導主事などを対象とした研修などを充実することが必要」としている。

(3) 外的支援としての「コンサルテーション」

学校がかかえる課題がより複雑化するなかで，個々の学校経営の実態を診断し，課題を明らかにしてその効果的な解決を支援するコンサルテーションの需要が高まっている。

シャイン（2002）は，組織の問題解決過程を外部コンサルタントが支援・援助する機能を「プロセス・コンサルテーション」と呼び，3つのモデルでそのあり方を類型化している。ここでいう3つのモデルとは，①「情報－購入型（専門家）モデル」，②「医師－患者モデル」，そして③「プロセス・コンサルテーション・モデル」である[12)]。①は，被支援者が自らでは共有できない何らかの情報や専門的なサービスを支援者から購入するというパターンであり，被支援者は問題を診断する力はあるが，その解決策のための専門知識を支援者に求めるものである。これに対し②は，組織の管理者が「点検してもらうため」に支援者を呼び入れるパターンであり，自身では問題の所在が明確にすることができないというものである。そして③は，支援者が被支援者との関係を築き，それによって被支援者が自身の内部や外部環境において生じている出来事のプロセスに気づき，理解し，改善に向けた行動ができるようになるというパターンである。

大学教員・研究者などが行ったコンサルテーションの実践事例研究は，すでに多数報告されている[13)]。2007年に日本教育経営学会実践推進委員会が実施した，学校経営コンサルテーションにかかわる学会員を対象としたアンケート調査と，その結果をふまえたかたちで開催された実践フォーラムでは[14)]，コンサルテーションの形式的なタイプには，「①恒常的継続的関わり，②研究開発学校など一定の時期での期限付き関わり，③緊急的な対応が迫られる場合」という3つの分類が示され，こうした関係は指導主事や一部の研究者で賄うことの限界が指摘されている。また，多くの場合は上記シャインによる分類のなかの「医師－患者モデル」としてコンサルテーションが行われている場合が多いこと，コンサルテーションのゴールは「変革主体が内在化されること」にあること，そして「コンサルテーションのニーズがどこにあり，誰が誰に対してコンサルテーションを行うのか」という主客構造が多様化していることなどが指摘されている。

3. 日本における「学校支援」の展開

(1) 文部科学省「学校マネジメント支援に関する調査研究事業」

「教育再生会議第2次報告」(2007年)や「骨太の方針2007」(2007年), そして「教育振興基本計画」(2008年)などにおいて, 教員が子どもと向き合うことができる環境づくりが強く求められたことを背景に, 学校支援(学校マネジメント支援)は「今後の学校運営の在り方に直結する重要課題」と位置づけられ, 文部科学省は2008年度から3年間にわたり「学校マネジメント支援に関する調査研究事業」を実施した。これは校長のリーダーシップの下, 組織的な学校運営が行われ, 教員が児童生徒に向き合う時間を確保するとともに, 心身ともに健康な状態で児童生徒の指導にあたることができるようにすることを目的として, 学校事務の外部委託, 校務分掌の適正化, 保護者などへの対応, メンタルヘルス対策などの研究課題について, 都道府県教育委員会などに調査研究を委託して実施されたものである[15)]。この事業の実施により, すべての都道府県・指定都市教育委員会において, 学校マネジメント支援についての実践的な取り組みが実施されることになり, 結果として多くの自治体において学校支援に対する認識が高まり, 多様な学校支援の取り組みが展開されるようになった。教育委員会による学校支援へ取り組みとしては, 学校業務改善アドバイザーの派遣やツールの提供, コンサルテーションの提供などが広く展開されている[16)]。

(2) 外部人材による学校支援

そしてより多くの学校にとっての身近な学校支援が, 保護者・地域による学校支援ボランティアであろう。地域全体で学校や子どもたちの教育活動を支援する「学校支援地域本部」や「放課後子ども教室」の取り組みなど, 全国各地でその地域の特色を生かしたさまざまな活動が活発に展開されている。

2015年の中教審答申「新しい時代の教育と地方創生の実現に向けた学校と地域の連携・協働の在り方と今後の推進方策について」をふまえ, 学校運営協議会の設置の努力義務化やその役割の充実などを内容とする, 地方教育行政の組織及び運営に関する法律の改正(2017年4月1日施行)が行われるなど, 保護者・地域住民・学校が「どのような子どもを育てていくのか, 何を実現していくのか」という目標・ビジョンの共有を図りつつ，地域とともにある学校づくりを促進していくことが求められている。そのなかで学校運営協議会は学校支援の提供者，さらには学校づくりの連携・協働者として位置づけられ，学校支援の総合的な企画・立案，連携・協力の促進の観点から学校運営協議会において学校支援に関する総合的な企画・立案を行い，学校と地域住民などとの連携・協力を促進していく仕組みとしていく方向性が明確に打ち出されている。実態調査の結果からも学校運営協議会の学校支援機能の必要性とその効果が明らかにされており[17]，保護者や地域住民といった学校に身近な外部人材による学校支援は，今後より一層幅広く展開されていくことが見込まれる。

4．今後の課題

これまで述べてきたように，学校支援に対するニーズは高まりつつあるが，一方で学校改善に向けた学校支援のあり方についての検討（とくにその成果をふまえた検討）はまだ十分に成しえているとは言いがたく，対処療法的に学校支援が拡大しているのが現状である。今後ますます学校支援へのニーズが高まり，そのあり方が問われてくることをふまえ，以下，いくつかの観点から検討すべき課題を指摘したい。

(1) 教育委員会による学校支援機能の強化

先述の中教審初等中等教育分科会教育行財政部会学校の組織運営に関する作業部会「学校の組織運営の在り方について」(2004年）や中教審答申「今後の地方教育行政の在り方について」(2013年）などで指摘されたように，組織的な学校運営を進めるためには管理職の適材確保や組織体制の整備などと同時に，教育委員会の学校支援機能の強化が不可欠である。そのためには，第一に教育委員会による学校支援のシステム化をいかに図るかが鍵となろう。具体的には，①「支援」をいかに捉えるのかを教育委員会内および教育委員会と学校間で共有する（支援の定義化），②学校がどのような支援を必要とするのかを分析したうえで（学校課題に有効な支援内容の把握），支援対象と支援内容を検討する，③学校支援の成果を形成的に評価していく手法を開発する（成果の把握）といった，システムの構成要素を整備していく必要がある。とくに，②にあるニーズ分析や③の支援の成果の把握は，学校が実施する学校評価と学校支援を連動させるという視点が有効となる。

第二に，学校への支援機能の観点からの指導主事の力量形成を図る必要がある。とはいえ，学校支援が社会状況や学校や子どもをとりまく環境と密接につながるものであり一様ではなく，学校支援に関する研究蓄積も乏しい現状においては，教育委員会に求められる学校支援機能も対処療法的になりがちである。加えて，指導主事の採用方法や配置状況は教育委員会により異なるが，指導主事が不足していたり，マネジメントに関する経験や知識が十分ではない状態で指導主事として配置される場合は少なくない。学校に対する支援機能の観点からの指導主事の育成指標の開発とそれに対応した研修の整備は喫緊の課題である。

(2) 支援者としての外部人材に対する研修機会の確保

保護者や地域住民といった外部人材による学校支援が今後より一層幅広く展開されていくことが見込まれる今，ますます多様化していく支援者としての外部人材による学校支援機能の向上や強化を図るためには，外部人材に対する研修をより強化していく必要がある。これは，支援機能の強化という観点からだけでなく，コンプライアンスに対する意識啓発の観点からも不可欠な点である。

日本では研修の主体としては教育委員会が想定されるが，一例として先述のニュージーランドでは保護者や地域住民を中心に組織される全国の学校理事会が加盟する団体組織が研修主体となり，多様な研修プログラムを開発・提供している。加えて，月間情報誌の発行，ハンドブックや新規委員向け入門ガイドをはじめとする学校理事会委員の責務に関するさまざまな資料の作成・頒布を通じた情報提供を行っている。提供される研修は領域ごとにレベル１～３に分かれており，受講者は経験などに合わせて適切なプログラムを受講する仕組みになっている。こうした研修プログラムの提供にあたっては，全国の学校理事会の現状や要望を常に把握し，それを教育政策の動向や課題と照らし合わせてより効果的であり必要性が高いと判断される研修内容，研修形態を模索し，常

にアップデートしている点は強みといえよう。（福本みちよ）

注

1) 中央教育審議会「今後の地方教育行政の在り方について」（答申），1998年，http://www.mext.go.jp/b_menu/shingi/chuuou/toushin/980901.htm#3-2（2017年4月1日確認）。
2) 中央教育審議会「学校の組織運営の在り方について（作業部会の審議のまとめ）」，2004年，http://www.mext.go.jp/b_menu/shingi/chukyo/chukyo0/toushin/05051801.htm（2017年4月1日確認）。
3) Karen Seashore Louis, Wim G.van Velzen, Susan Loucks-Horsley & David P. Crandall, External Support Systems for School Improvement, *Making school improvement work: a conceptual guide to practice*（ISIP-book No.1）, 1985, p.184.
4) 福本みちよ「自律的学校経営と学校支援—ニュージーランドの学校支援システムにみる学校支援の機能変容」『東京学芸大学紀要.総合教育科学系』Vol.68 no.2，2017年，372頁。
5) 脇田愉司「支援とは何か」日本社会臨床学会『社会臨床雑誌』11巻1号，2003年，28頁。
6) Karen Seashore Louis, Wim G.van Velzen, Susan Loucks-Horsley & David P. Crandall, op.cit.,p183.
7) 奥田真丈代表『学校改善に関する国際共同研究日本チーム報告書』1986年，208頁。
8) 同上，265-266頁。
9) 中留武昭「School Improvement（「学校改善」）研究の成立と展開」『奈良教育大学紀要』第40巻第1号（人文・社会），1991年，125頁。
10) 同上，39頁。
11) 日本教育経営学会・学校改善研究委員会『学校改善に関する理論的・実証的研究』ぎょうせい，1990年，452頁。
12) E.H. シャイン『プロセス・コンサルテーション—援助関係を築くこと』白桃書房，2002年，10-27頁。
13) たとえば，佐古秀一・中川桂子「教育課題の生成と共有を支援する学校組織開発プログラムの構築とその効果に関する研究」（『日本教育経営学会紀要』第47号，2005年，96-111頁），佐古秀一・垣内守男・松岡聖士・久保田美和「学校組織マネジメントを支援するコンサルテーションの実践と成果（Ⅰ）—高知県教育委員会と鳴門教育大学のチームコンサルテーションに関するアクション・リサーチ」（『鳴門教育大学研究紀要』第30巻，2015年，147-166頁）など。
14) 水本徳明「学校経営コンサルテーションの意義と課題」『日本教育経営学会紀要』第50号，第一法規，2008年，206-215頁。
15) 文部科学省では，これ以降も「学校運営支援」として学校業務改善アドバイザー派遣事業などの調査研究事業を継続している。
16) たとえば，熊本県立教育センター「学校経営コンサルティング事業」（三重県教育委員会「学校マネジメントシステム」）など。
17) 中央教育審議会「新しい時代の教育や地方創生の実現に向けた学校と地域の連携・協

働の在り方と今後の推進方策について」(答申), 2015年, 19頁。

文献・参考資料

金井壽宏『組織行動論におけるクリニカル・アプローチ』(神戸大学経営学研究科 Discussion paper), 2011年

高妻紳二郎「『支援』というワードの含意―提供する側と提供される側の往還関係構築に向けて」日本教育経営学会国際交流委員会『学校改善の支援に関する国際比較研究』2015年, 3-7頁

シャイン, E.H.『プロセス・コンサルテーション―援助関係を築くこと』白桃書房, 2002年

中留武昭「School Improvement (「学校改善」) 研究の成立と展開」『奈良教育大学紀要』第40巻第1号 (人文・社会), 1991年, 125-140頁

藤田弘之「学校に対する外的支援」金子照基・中留武昭編『教育経営の改善研究事典』学校運営研究会, 2004年, 33頁

The World Bank, *Supervision and Support of Primary and Secondary Education: A Policy Note for the Government of Poland*, 2010

第15章　学校改善実践とスクールリーダー

1. 学校改善力，自己更新力を育む学校づくりとスクールリーダー

わが国では1990年代以降，学校の自主的・自律性の確立に向けた学校改革が進められ，学校改善を担うスクールリーダーシップの重要性が強く叫ばれている。そこで想定されているリーダーシップとは，国内外の動向や教育政策，地域や保護者の思いといった学校をとりまく環境を読み解きながら，児童生徒の実態をふまえた学校課題をもとに，学校づくりのビジョンと戦略を明確に描き，共通理解のもと協働態勢をつくり，その実現を進めていく強力なスクールリーダーの姿である。学校改善や改革を推進するスクールリーダー像として注目を浴びた変革型リーダーシップ論も，変化の激しい環境において，ビジョンを提示しながら他者を導き動機づけ組織変革を起こすことを中核的機能とおく考え方である。しかしながら，そうしたなかで，個人のカリスマ性や英雄的なトップリーダーを想定することの限界を指摘する論も紹介されてきた。たとえば，分散型リーダーシップやミドルアップダウン型のリーダーシップ論は，新しい知を生み出す組織構成員の創発機能を大切にした考え方であり，学校としての意思形成やその機能の核としてのミドルリーダーの役割，共有されたリーダーシップの重要性を論じるものである。またウェブ型組織のように，上下・左右の直線的関係でコミュニケーション回路を捉えるのではなく，全階層・構成員が多方向でかかわり合うことで組織の一体性が生み出され維持されるという組織観やそこにおけるリーダーの考え方も，類似した流れに位置づくものであろう。

他方，さまざまに指摘される教育問題に対処すべく矢継ぎ早に導入される教育改革に対して，「外的な圧力以上に自分で生み出した内的圧力を基盤として，絶えず変化し成長し続ける」(センゲ，2003，4頁) 組織論，自己変革力や自己更新力を高めることで持続的な学校改善を推進する学校づくりに関する考え方が台頭する。学習する組織論や専門職学習共同体論である。そこで重要視されているのは，スナップショット的な学校改善の姿ではなく，自らの望む未来を創造する力を組織成員一人ひとりが高め，発揮できる組織であり，その育成を推進できるスクールリーダーシップである。岡東は「秩序維持のリーダーシップ

から，組織のカオス（混沌状態）を恐れない，むしろ，それを活用し組織の発展に結びつけるリーダーシップへの転換，あるいは，コミュニケーションにおいて形式情報の共有でもって，組織へ同調を求めるリーダーシップから，個々人の動機を集約し，意味共有を図りながら，組織意思を形成していくリーダーシップへの転換が志向されている。さらに，組織の構造や機能の変革にとどまらず，組織の文化変革を志向するリーダーシップの必要性も説かれている」（2000，20 頁）と述べる。本章で紹介する事例は，学校組織の教育改善力向上をめざして，教職員の内発的な動機を集約し，組織的な意思形成を図りながら学校改善を推進している事例である。以下，2016 ～ 2017 年度にかけた学校の変容を報告する。

2. 学校の組織的教育改善力の向上をめざした S 小学校の実践

(1) 学校の基本情報

S 小学校は D 県北部 H 市の中核的な学校であり，約 150 年の歴史を誇る。地域との連携も盛んで信頼も厚い。学校の小規模化が進み，同中学校区内には極小規模校も複数ある中，S 小学校は児童数 429 名，教職員 34 名である（2016 年度）。2016 年度に県の指定を受け，小学校英語教科化に向けてコミュニケーション力の育成をテーマに外国語活動に関する校内研究を推進してきた。

2014 ～ 2016 年度までの前任校長の時代は，個業化した教職員集団をいかに組織化するかを画策した時期であった。分掌組織はあるものの主任のみが動き，会議での決定事項も主任の独断で実行されないことがあったり，また実践も対症療法的であった。この状況を打破すべく，会議の実質化などの経営改革が校長の強い意向のもと実施された。教職員の不満は強かったようであるが，組織としてのかたちが整えられた時期といえる。2016 年度より A 校長が着任し，いかに教職員の実質的な経営参画を促し教育改善を図るかが課題になっている。S 小学校は校長の強力なリーダーシップに，ベテラン教諭，なかでも M 教諭（40 歳代前半。教職大学院に就学中で週に 2 ～ 3 度現任校などで学校支援をしている）をはじめとするミドルリーダーの動きが連動して，教職員の自律性を引き出すことで，組織の成長・成熟を促している事例である。なお，以下に使用した資料などはA校長やM教諭の作成した資料および聞き取りによるものである。

(2) S小学校の現状と学校改善に向けた考え方

① M教諭の問題意識と解決に向けた考え

M教諭は学校の現状に対して，次のような経営上の課題意識を有していた。

① 学校教育目標・ビジョン・戦略の共有不足，教職員のコミットメントの弱さ

学校の目標や方向性が管理職や一部の教員から与えられることが多く，教職員の意思が反映されにくい。また，多義的に解釈される曖昧なもののため共有されにくく，組織的な教育改善へのコミットメントを促す拠り所となりにくい。その結果，教育の不確実性への対応が個人に委ねられ，個業化が進んでいる。

② 組織の「断片化」（曽余田ら，2013）

学校内の個別の問題に対して，対症療法的な取組（例えば「めあてとまとめのある授業」「チャイムスタート」等）が要素分解的に設定される。そして，それぞれが解決されると自動的により高次の教育目標が達成されると考える。教職員は各自や各分掌の担当する範囲の職務には熱心だが，それ自身が自己目的化し，大局的な視点からその意義や相互の関連性・発展性を捉えられない。

③ 処方箋を求める傾向

学力や生徒指導など学校で生じる諸問題に対して，問題設定の枠組みの問い直しをせず解決の方策（戦術）のみを見直そうとする。その際，効果があると言われる実践を，その原理原則を踏まえて自校化させることなく「答え」として型通り適用しようとする。故に本質的な解決や改善に繋がらないことがある。

以上のことが教職員の思考・行動様式として慣習化され，学校文化として根付いていることが，学校が変わらず児童の成果につながっていかない要因であると考えたM教諭は，その解決の糸口を佐古の学校組織開発理論（2010）に見いだしている。同理論は，「子どもの実態把握（R）→教育期待に基づく課題の生成（P）→実践（D）→成果確認（S）」のプロセス（「内発的改善サイクル」）を組織変革の基本モデルと考え，教職員一人ひとりの自律性と学校の協働性を基盤にして，内発的な改善力を備えた学校づくりをめざすものである。M 教諭はこの考えを校長らに提案し，ほかの教職員を巻き込みながら取り組みを進めていった。

② A 校長の捉える S 小学校の実態・課題と学校改善の考え

A 校長は，「継続は後退」，つまり常に新しい風を入れて創造しつづけていくことが学校改善には大切であるという経営観をもった攻めの姿勢の校長である。児童の人権意識の低さ，教師主導の授業づくり，オープンスペースがあるにもかかわらず十分活かされていない閉じた教職員や児童の関係性，これらに大きな課題を感じ，「人権意識，授業を大切にする，授業改善」を全面に打ち出し，おおむね 3 年計画で学校改革に乗り出した。もともと A 校長自身が若手のころ，県内特別支援学校の創設にかかわった経験があり，自身の教育論の根底には人権や特別支援教育的な観点がある。A 校長は「共育」というコンセプトを掲げ，「4 つの壁」のメタファー（「教室」の壁を開く＝協育，「教師」の壁を開く＝協育，「教科・教材」の壁を拓く＝響育，「学校・地域」の壁を拓く＝郷育）で，教職員の意識と仕組みの改革を考え，開かれた創造的な学校づくりをしようとしている。

(3) 教職員の動機の集約による学校の方向性の模索（2016 年度）

① 運動会での失敗

2016 年度は，校内研修において S 小学校の考える「コミュニケーション力」の定義を教職員全員で行い（協働的な意思形成），授業研究に取り組んできた。だが，A 校長，M 教諭のこだわりの 1 つは，教育活動の全体が根っこでつながっているという相互関連性や連続性を教職員に意識させ，断片化を克服するというところにあった。そこで注目したのが運動会と学習発表会である。これまで運動会に関する会議は運営面の実務的な内容が多く，めざす児童像に向けて教育の質を高めるための議論になっていなかった。そこで，M 教諭は，A 校長が今年度の重点として掲げた「聴く力を育成する」「時・場・言葉を整える」を念頭に運動会の視点を設定し，先述の内発的改善サイクルに沿って表 15.1 を作成，各担任・学年団に R（児童の実態確認）から見通しをもった運動会の指導，および児童の実態に基づく成果と課題の評価と今後の展望を記述するよう提案した。しかしその結果は，これまでの「やりっぱなし」の実践に対して「振り返り」の重要性を教職員が意識するのに一定の貢献はしたものの，実践のねらいを吟味し方向性を生み出していくといった学校意思の形成や，方向性に照らして教育行為の価値や意味を省察するという自律性を育む営みにはならなかった。たとえば，「気持ちのよい挨拶，返事ができる」という目標に対して「言い直しをさせる」という実践が設定されているが，「挨拶，返事ができる」こと自体が目的化してしまい，その背後にあるS小学校が育みたい力に関して十分に考えられていない。教職員にとって「言葉（を美しく）」という視点は管理職から降ってきたもので自分事になっておらず，この取り組みは管理的なものに映り，表を埋めるための言葉が並んでしまった。

表 15.1　平成28年度S小学校運動会に向けて

目標	○体育学習の成果を発表する場であり，たくましい体力を養成し，運動能力の向上を目指す。 ○集団行動を学び，協力することを通して，社会性を育てる。 ○企画・運営に参加させるなど，児童会に積極的に取り組ませ，よりよい学校生活を創造する自治的な能力・態度を養う。
キャッチフレーズ	TEAM ◆◆（学校名）・結ぼう豊かな「絆」
視点	コミュニケーション活動の充実
	言葉（を美しく）
R（児童の実態確認）	○呼び捨て。○言葉遣いが悪い。 ○敬語を使えない。○下品な言葉。 ○気持ちのよい挨拶，返事ができない
P（目標）	○低学年でも呼び捨てをしない。 ○気持ちのよい挨拶，返事ができる
D（実践）	○言い直しをさせる。
S（成果検証）	○声を出す場面が増えたため，返事が多少大きくなった。低学年に進んで（伝わるように工夫して）話しかけている場面が見られた。
つなぐこと	○呼び捨てをしないように呼びかける

注：複数の視点のうち「言葉」，さらに高学年部のものを抜粋。

② 学習発表会での改善

この事態に対し，M教諭は校長らと相談のうえ，「何をめざして行事に取り組むのか，学校行事の価値について全職員で共通理解をし方向性を定めること，活動のなかで何にどうこだわることがめざす子どもの姿に迫ることなのかを考え明確にすること，各学年部・学年団で取り組みを推進しつつ，価値を探究し更新していくこと」を次の発展課題と捉え，次の大きな行事である学習発表会

表 15.2　平成 28 年度 S 小学校学習発表会に向けて

目　　標	・日常の学習の成果を発表するとともに，児童の表現力の向上をめざす。 ・協力して共通の目的を達成させることによって充実感を味わわせる。
取組の視点	思いを言葉で表現しよう
学　　年	5年
自分たちの取組の価値	1人1人が自分の役割を果たし，「大きな声」「大きな動作」「本気」で取り組むことを指導していく。また，一つのゴールに向けて団結することで，学年としての高まりを目指す。
実　態（R）（児童の姿）	普段から発表するときに大きな声が出にくい。 全体の中で，声を出すことに抵抗感を感じている児童多くいる。発表していても，他人事な児童がいる。
課　題（P）（めざす姿）	児童と共に考えたスローガンをもとに学習発表会をみんなで成功させる。学習発表会の成功のために，1人1人が，「大きな声」「大きな動作」「本気」で取り組む。成功に向けて進んで練習したり，自分で考えて行動したりする力を身につける。
実　践（D）	体育館の後ろまで届く声を意識させて指導する。クラスごとに見せ合いをし，いい発表の仕方を共有できるようにする。
検　証（S）	学年全員が「学習発表会を本気でする。」というめあてに向かってがんばることで，一丸となれた。そのことで，自信をもって，物事に取り組めるようになった。
次の活動へつなぐこと	5年生はチームだという意識のもと，最高学年に向けて，自分たちで学年や学校をよくしていこうという意識を高めていく。そのために，活動の目的を明確に伝え，めあてをもって，学習や委員会活動，行事などに意欲的に取り組むことができるようにする。

注：5年生のみを抜粋。

を活用することにした。具体的には，「コミュニケーション力」を学習発表会に当てはめるとどういうねらいになるのかを教職員全員で検討し「取組の視点」として設定，さらに，「自分たちの取組の価値」と題して，取り組みに対する「思い」を自由に書く欄を設け，実践も各学年の創意を重視するよう配慮した（表15.2）。その結果，運動会に比べ，教職員の主張やねらいが強く表れた記述が増え，校長やM教諭らは，教職員が自分たちの仕事には大きな方向性が必要であること，またそれは自分たちで生み出していけるのだという感覚を少しずつもち始めていることに手応えを感じた。また，参観した保護者からも「学校が何を大切にしているのかが伝わる学習発表会だった」というコメントを得た。通常，当日の子どもの生き生きした様子を喜ぶ声は多く聞かれるが，こうした学校の教育的意図やそれに基づく指導の過程を汲み取ったコメントは初めてであり，教職員の自信と自覚を後押しするものとなった。

③ 次年度のグランドデザインの検討―学校自己評価書の再構築―

学習発表会の価値をともに生み出す経験から育まれた教職員の自律性，組織性の萌芽を次年度の学校改善にどう活かすのか。その機運を次につなげるべく，12 月から年度末に向けて校内研修会を複数回もち，図 15.1 のような思考プロセスを経て，学校のグランドデザインを描いていった。

まず，図 15.1 下半分「実態把握（R）」に示されたように，児童の表面的な実態や問題状況に対して直接手立てを講じるのではなく，リフレクション（矢印①）を通じて，その根底にある問題を捉え，そこからビジョンの設定を行う（矢印②から「課題生成（P）」），さらにその姿に迫るために学校として「我々は何を

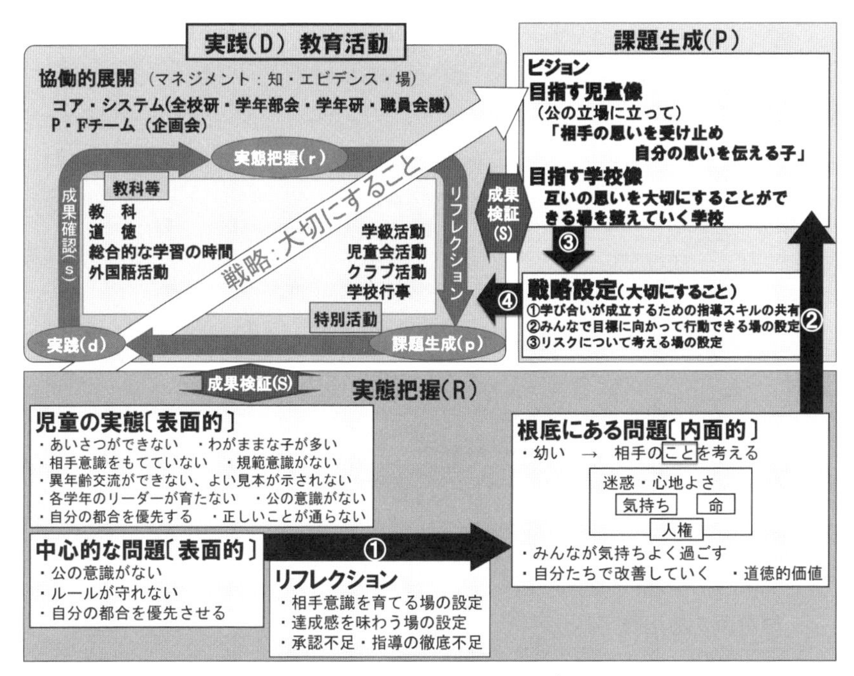

図 15.1　S 小学校組織開発モデル

出典：M 教諭作成

表 15.3　学校自己評価書の一部抜粋

	重点目標（大切にすべき取組）	取組目標（何をねらってどの取組を行うかの方策）		成熟度による成果指標（教員）（学校組織が成熟していることは，何をもって図られるべきか）	現状		成熟度による評価指標（児童）（取組の成果は，最終的に児童の学びの状態をもって測られるべきである）	現状	評価方法 評価指標（方策の実施状況・成果は，何をもって測ればよいのか）	
学び合う子	学び合いが成立するための指導のスキルの共有	各教員が年1回以上は公開授業を行い，児童が学び合う授業の在り方を研究する	3段階	研究主題・仮説等，自分達の考えを改善しながら実践を行っている。		5段階	学習課題をもって授業に参加し，教師・友達とともに授業をつくることができる。		○学び合いのステップ表に関するアンケートの実施（児童・教員） ◇学び合いのステップ表による自己評価（教員） ◇実践メモ交流の取組みと教職員の振り返り	
			2段階	授業研究の省察を次の授業に反映させ，工夫をしながら授業実践を行っている。		4段階	学習課題を理解し教員の発問や友達の意見と響き合った発言ができ，自分の活躍について自己評価ができる。			
			1段階	研修部の提案に沿って，提案授業を行うことができる。		3段階	自分の意見をもち，友達の意見に反応しながら授業に参加する。			
		学び合いのステップを念頭に，自分の指導を振り返りながら，次の段階を目指して授業を進める。	3段階	他の教員と協働的に改善に取り組んでいる。		2段階	教師の発問に反応し，指示に応じて授業に参加する			
			2段階			1段階				

出典：M教諭の枠組みをもとに教職員がまず第一弾として作成したものを一部改変

大切にして教育を行うのか」という価値を明確化することを大事にしている（矢印③から「戦略設定」）。さらに翌4月には，ビジョンの具現化に向けて，学校自己評価書を独自につくり変え[1]，研修部・生徒指導部・保健安全部といった各部や行事担当が学校の戦略からブレないよう，それぞれの基本方針や重点を考えることからスタートした（表 15.3 参照）。

(4) 学校，教職員にみられる変容

① 教職員の自律性の育ち

これまでＳ小学校の組織的な動きといえば，たとえば人権教育を行う際に，人権部が各学年の取り組み（戦術）を一覧表にして配付し情報共有するという

ものであったが，今年度は「前年度の取組の確認→今年度の児童理解の柱の設定（「違いを大切にする」）→各学年で児童の実態把握→課題設定→方向性の決定→取組の決定」という内発的改善サイクルで考えるようになっている。しかも，その柱や方向性は年度当初に決めた戦略に立ち返りながら作成されている。また，具体的な取り組みには運動会と学習発表会が入れられており，各教育活動を相互の関連性のもと捉えられるように変容してきていることがわかる。カリキュラム・マネジメントの意識が醸成されつつあるともいえるであろう。

②「動きながら更新する」動的な姿勢

2016年度当初，教職員は，管理職やM教諭からの意見やアイデアを「叩き台」としてではなく「答え」と受け取り実行するという「素直で真面目」な姿勢がみられた。しかし，今年度に入り，年度当初に作成した学校自己評価書の各成果指標について，1学期をふまえて修正する姿がみられ，改善プロセスのなかでゴールイメージを継続的に吟味・更新していることが見てとれる。つまり，「考えて実行する」ではなく，「やりながら考える。動きのなかから新たに方向性を生み出す」という組織の改善力を身につけつつあるといえる。

3. 考　察 ―学校の組織的改善力の構築を促すもの―

S小学校の実践はまだ2年目の途中であるが，組織的改善力の向上にむけた実践のポイントと考えられることを以下に示してみたい。

(1) ダブル・ループ学習を基盤とした協働―情報共有から共創―

2016年度は，A校長の「共育」という学校づくりのコンセプトのもと，教職員の相互交流の場を設定し，互いの実践や考えを共有する土壌づくりの1年であった。たとえばA校長は，個業性の強い教職員の壁を開き，授業改善を促す仕掛けの1つとして「実践メモ交流」を導入している。一方で，教職員のなかには，提案などに対して疑問や釈然としなさを抱いてもそれを表出することなくやり過ごし，その結果，改善につながらない状況もみられた。M教諭はこれを「防衛的思考」（C. アージリス）によって建設的な議論が阻まれる状況と問題視し，S小学校が協働を「実践に関する情報の共有」レベルで捉えていることに課題があると考えるようになった。

そこで1年目後半から2年目にかけては，1つひとつの取り組みの「質の向上」をめざし，教職員や学校組織の実践を暗黙裡に支える「使用中の理論（前提や枠組み）」（C. アージリス）の明確化やその妥当性の吟味を行うダブル・ループ学習を促す対話を重視している。たとえば前述の実践メモ交流では，①学級経営方針と取り組み，それに対する考えを示す（教育観の明確化），②実践をレポートにする。その際に児童の姿のエビデンスを示す（現状把握の質の向上），③実践メモ交流会を通じて，担任のもつ前提や枠組みを吟味・再構築したり，新たな取り組みを構想する（対話を通じた省察）を実施しようとしている。とくに，教職員が「自己との対話」を十分できるよう，M 教論は思考を解きほぐす問いを丁寧に投げかけたワークシートを作成するなど，工夫を凝らしている。

また，1年目の一連の取り組みを通じて，教職員のなかには次第に本音の疑問や抵抗感，葛藤を示すようになった者もいる（「重点が多すぎて意識ができない。RPDS サイクルがかたちだけの取り組みになる。各学年の思いや取り組みを言語化するよりも実践したほうがいい」など）。A 校長や M 教諭らは，こうした葛藤や衝突を「使用中の理論」の表出と捉え，行為の意味や価値を再考するオープンな対話の好機としている。このことが組織文化の変革につながっているのだろう。

(2) 多元的な経営空間の活用・創出による共同的なリーダーシップの展開

小島（2010）は，学校の意思形成過程で知恵や知見が交換され，問題や課題を解決する時間・空間を「経営空間」と呼ぶ。そして，「たとえばミドルに限らず，アイディアなどを持ちかけ，話をすることで，そのアイディアがビジョンや戦略の形成，または問題解決につながることは，ままある。そうしたことが組織における意思形成や決定のプロセスに多様に，かつ多元的に存在する組織こそ，ダイナミズムのある，いい組織だと言えるし，そうした組織を導くことがトップリーダーの仕事である。したがってリーダーシップ・プロセスには，複数のリーダーないしはリーダーシップが生まれ，または必要とされるし，そうあった方がよい」（36頁）と述べる。A 校長は一見トップダウン型校長である。しかし，そこに教職員の思いを引き出そうとする M 教諭の動きが連動し，ほかのミドルリーダーにも波及することで，組織内にダイナミズムが生じたと思われる。A 校長は，校内研修の全体協議や指導案の事前検討に至るまで校内の知識創造の場に可能なかぎり赴き，自身の教育観や授業観のもと対等なスタンスで議論に加わっている。各部の主任たちもフォーマルな場に限定せず日常的にさまざまな機会を捉えては自然と議論に加わるような動きがみられる。こうした多様で多元的な協議の場が「経営空間」として機能し，ほかの教職員のリーダーシップとその共有を誘発し，意思形成や決定のプロセスを支えていると思われる。

(3) 学校改善を支える「教育論」を深めるリーダーシップ

教職員の内発的な動機をもとに協働プロセスを経て策定した学校の方向性には教職員の納得感があり，経営主体としての成長を促すうえで一定の成果があったと思われる。しかしながら，教職員の納得性が高いことが自動的に教育的な質の高まりに結びつくわけではない。当然ながらそこには，地道な教育研究の積み重ねが必要不可欠である。1 年目の取り組みを経て，A 校長と M 教諭らが課題を感じたのは，教育的な質の物足りなさであった。そこで 2017 年度に入り，A 校長は S 小学校の発展課題として，「理論研究と実践研究の両輪から研究を進める」ことを明確に打ち出し，ミドルリーダーにその支援を指示している。2017 年度は，研究テーマとして「思いを伝え合い，豊かに関わり合える児童の育成～相互理解につながる主体的な学びを育む単元の在り方～」(仮)と題し，生活・総合的な学習の時間と道徳を中心に，各教科を横断的な視点で捉えたカリキュラムの再開発を進めている。その際，A 校長は「総合的な学習の時間」の本質的理解を促すための全員講読の文献を与え，事前に読んだうえで校内研修を行うようにしている。つまり，単なる how-to の指導論に終始するのではなく，社会・文化・政治的な文脈における「総合的な学習の時間」の意義を改めて読み解きつつ，深い教育論に根差した研究的な柱のある，今の S 小ならではのカリキュラムの構築および指導力の向上をめざしている。校長は校内の多様な経営空間の場での対話を大切にしているが，それは教職員と校長自身の，そして学校の意思決定の基盤となる教育論を練るプロセスといえよう。学校改善は実践を支える哲学，教育論の発展があって成し遂げられるものであり，学校改善力の育成はそれを練り上げる経営プロセスにおけるスクールリーダーシップの発揮に大きく左右される。S小学校の取り組みはその重要性を示した事例であると考える。（金川舞貴子）

注

1) 曽余田・曽余田 (2013) による高浜市立南中学校の事例を参考に作成した。

文献・参考資料

岡東壽隆・福本昌之編著『学校の組織文化とリーダーシップ』多賀出版，2000 年

小島弘道・淵上克義・露口健司『スクールリーダーシップ』学文社，2010 年

佐古秀一「学校の内発的改善力を支援する学校組織開発の基本モデルと方法論―学校組織の特性をふまえた組織開発の理論と実践」『鳴門教育大学研究紀要』第 25 巻，2010 年，130-140 頁

センゲ，P.『フィールドブック　学習する組織『5 つの能力』企業変革を進める最強ツール』日本経済新聞社，2003 年

――『学習する学校』英治出版，2014 年

曽余田浩史・曽余田順子「学校経営の目標概念群の構成と機能に関する事例分析 (1)」中国四国教育学会『教育学研究紀要 (CD-ROM 版)』第 59 巻，2013 年

第16章　スクールリーダーの質保証—国際比較の観点から—

1. スクールリーダー育成の国際的動向

(1) 教育政策の中心課題としての位置づけ

とくに1990年代以降，複雑さの高まる学校環境にあって，どのようによいスクールリーダーを育てることができるか，世界的に議論されている（Walker & Hallinger, 2013, 401頁）[1]。OECDやヨーロッパに加えて，シンガポールなど，アジア諸国でも精力的な取り組みが行われてきた（Pont *et al.* 2008；末松 2013・2015）[2]。「学校の質を保証するためのスクールリーダーの責任が増し続けていることから，近年，多くの国において，スクールリーダーシップは教育政策立案者の中心的課題の1つになってきている」（Huber, 2004, xvii頁）。

(2) 国際的な視点の意義

OECDが校長らの資格・養成・研修の国際動向を調査報告してきたほか（Pont *et al.*, 2008），国際共同研究が進んできた（Lumby *et al.*, 2008）。近年は，カナダ，ニュージーランド，南アフリカなどの英語圏における研究が増えてきたものの，スクールリーダーシップ研究は，米国，英国，オーストラリアの研究者によるものが優位を占めており，アジアからの国際発信も十分とはいえない（Bush, 2014, 3頁）。このような状況を受けて，Lumby *et al.*（2009, 157-158頁）は，1980年代半ばごろからの米国におけるスクールリーダー研究や養成・研修のあり方が「自民族中心主義や孤立主義的である（ethnocentric and isolationist perspectives）」として問題視されてきたことを取り上げ，米国の物の見方が当然視され，文化的な影響が不問にされてきたことを批判している。自国に内向きになり，他国の動向に目を向けていないことから，「ナルシシズムへの挑戦（challenging narcissism）」が必要であり，米国を離れて各国に目を向けることが，米国のプログラムの改善にもつながると指摘している。さらに彼らは，「自らの文化への自覚を欠いているのは世界的な潮流でもある」（Lumby *et al.*, 2009, 158頁）と述べており，この点，日本も同じような課題をかかえつつあるといえる。

(3) 政治主導のリーダーシップ開発とどう向き合うか

2000年にイギリスで創設された「全英スクールリーダーシップ機構（National

College for School Leadership：NCSL)」は，国内に限らず，英連邦や英語圏の国，地域に大きな影響力を有してきたほか，国外調査，外国向けの研修提供という点においても国際的な活動を展開し，世界のスクールリーダーシップ論を先導してきた。

これらイギリスの動向は世界で最も包括的で洗練されたスクールリーダーシップ開発モデルであると評価されており，国家主導の画一的なリーダーシップ開発と研究は，野心的だがその問題も指摘されてきた（Bolam，2004，255頁）。

教育改革において，スクールリーダーの役割の重要性が高まった一方で，各国では，教育システムの水準保証に向けて，アカウンタビリティ政策，学校評価，ナショナルカリキュラム，テスト政策など，中央集権的な施策も増えてきた。それゆえ「世界の多くの国で，スクールリーダーの役割と機能は変化してきている」，「その結果，スクールリーダーは，全く新しい要求と課題に直面している」（Huber，2004，5頁）。

NCSLについては，イギリスの教育改革において「発展してきた政策革新の最新段階（the latest stage of an evolving policy innovation）」として扱われるべきと指摘されているように（Bolam，2004，251頁），「リーダーシップ開発」が教育改革において重視されはじめたこと自体は，先行する学校への権限委譲を図る改革に伴う現象の1つとして捉えることが必要になる。つまり，スクールリーダーの資格・養成・研修に関する施策の展開とそのシステム化を「政治主導のリーダーシップ開発」と相対化し，その課題を分析していく必要がある。

つまり，スクールリーダーの質保証を図る動向を「是」と捉えるだけでなく，教育改革に必然的に内在する矛盾や課題も伴うものと認識し，研究的な知見を産出していく必要がある。この点，スクールリーダー育成の当事者として専門領域的に前のめりで知識産出をしている教育経営学自体も厳しい自省が求められており，教育改革の負の影響を補強するだけでなく，学校や教育に有害な知を産出している事実がある。つまり，分権化推進を図る教育改革やスクールリーダー施策とそれらに関連する研究が学校を一層官僚化している実態がある（Hoyle & Wallace，2005，7頁）。刹那的で問題解決志向の機能主義的な研究知の理論的蓄積のなさは既に国際的にも指摘されてきたが（末松，2015b），本章ではこのようなスクールリーダー研究の問題状況も念頭におきながら，国際的な質保証の動向と課題を考察したい。

2. 教員からスクールリーダーの育成へ

(1) ティーチングから学校経営へ

なぜ，教育界でスクールリーダー育成が重視されてきたのだろうか。たとえば，イギリスの場合，小規模校などでは，校長就任後も授業を担当することがあることから，授業こそが校長職の主な仕事であると捉えられる傾向があった。「教員の筆頭（head *teachers*）として，校長の仕事のうち授業を重視することは，教授能力（teaching qualification）と教授経験（teaching experience）こそが，スクールリーダーシップの必要条件であるという考え方を表している。しかし，20 世紀後半から，校長職はその職に特化した養成を必要とする特別の職であるという認識が高まってきた」（Bush，2013b，455 頁；原文斜体に筆者下線）。Bush（同上）は，その背景として，① 1980 年代後半以降の校長役割の拡大，②学校環境の複雑化，③リーダーは，自ら研修に取り組むべきであるという認識の高まり，④リーダーシップは生まれつき備わっているものではないことから，場当たり的な経験ではない体系的な養成・研修によってよいリーダーが生まれるという，リーダーシップ開発の必要性や有効性への認識が高まってきたことをあげ，これらを受けて政府が主に NCSL を対象にリーダーシップ開発に予算をつけることが促されてきたと指摘している。

これらをふまえて，Bush（同上）は「スクールリーダーシップは，教えるという仕事（teaching）とは異なる役割であり，独自の特化された養成が必要である」（455 頁）と述べ，1980 年代初頭には，スクールリーダー養成のための全国基準や知識基盤を体系的にもっている国はなかったが，「21 世紀においては，イングランドを含む多くの国が，学校改善のための可能性を認識したことから，これらを優先事項としてきた」（463 頁）と論じている[3)]。

(2) スクールリーダー概念の拡大

国際比較研究を進めてきたHuber (2004, 5頁) は,「スクールリーダーシップ (school leadership) について明確に定義された特定の『役割』はなく, せいぜい, 多くの異なる面を種々寄せ集めたもの (a coloured patchwork of many different aspects) と表現できる程度である」と指摘している。[4)]

「スクールリーダー (school leader)」は, 1983～86年にOECD-CERIが推進したISIPによる新たな概念であり, 校長, 教頭のほかに主任や指導主事らが含まれているが (日本教育経営学会・学校改善研究委員会, 1990), この時点では, スクールリーダーのうち, 校長への関心が強かったといえる。その後, 2008年にOECDは,「スクールリーダーシップ (school leadership)」について, 1人の個人が組織全体に主たる責任を負う「校長職というあり方 (principalship)」とは異なるとして, 組織経営の権限を1人にとどめるのではなく, 学校内外のさまざまな者に分散されるとするより広い概念であると定義した。[5)]

また, よい校長がいても, 学校が成功しているとは限らず, 他方で, よい校長がいなくても学校がうまく経営されていることもあることから, 長年, その理由の解明が国際的に試みられてきた。具体的には, 1980年代後半以降から展開した一連の学校改善研究 (school improvement research) と学校効果性研究 (school effectiveness research) がそれに位置づく。従来の学校研究が「個々の学校 (the school)」や「個々の教員 (the individual teacher)」を主な研究対象としてきたのに対して, 1980年代後半において, 1つの学校や, 同一教科の複数学校間比較において, 教科部会の運営にかなりの差があることが発見された。その成果をふまえた1990年代の学校改善研究によって, 高水準の学校では, 組織全体, 教科領域, 教室のそれぞれで改善努力がみられることが明らかにされ, 組織内のさまざまなレベルに焦点を当てる必要性が強調された (末松, 2016)。以上の展開のもと, 近年では, スクールリーダーシップを論じる際には, ミドルリーダーシップ (middle leadership) も含まれるようになった (小島ら, 2012)。[6)]

⑶ 課題としての力量形成環境

スクールリーダーシップが注目される一方で，依然として各リーダーのための資格・研修のない国も多く，Bush (2005, 3頁) は，「特定の養成がなくとも，良い教師が効果的なマネジャーやリーダーになることができるという前提」が依然として根強いことがその背景にあると指摘している。また，Bush (2013a, 253頁) は，教員養成との比較から，校長の養成・研修の課題を次のように述べている。「校長職は非常に厳しい役割を担うものと認識されつつある。そして，校長職の役割は，ほとんどの者が職業キャリアを開始する教員としての教室での経験 (classroom context) とは異なる。教員養成の必要性は広く認識され，取り組まれているものの，校長に特化した養成は，限られた国でしか見られない (たとえば，カナダ，フランス，シンガポール，南アフリカ，米国など)。ほとんどの政府は，校長職就任前後に特定の研修を受けることを求めてはいない」。そして，彼は，力量不足のスクールリーダーを任用することは，学校と任用者への損害が大きいことがよくあり，効果的な養成・研修がみられてきてはいるものの，多くの国が依然として，教授能力 (teaching qualification) と教授経験 (teaching experience) しか，校長職に求めていないことを問題視している。

Bush (2005) は，ミドルリーダーについてもリーダーシップ開発の機会が限られているとして，次のように課題を論じ，力量形成環境の整備の重要性を論じている。

> 「ミドルマネジャーやミドルリーダーが学校改善の鍵になると認識されてきている。校長やシニアスタッフへのプレッシャーが強まるにつれて，事実上，ミドルマネジャーは学校における教育上のリーダー (instructional leaders) となるだろう。彼らの多くは非常に経験豊富で，優秀な教室の実践家 (classroom practitioners) であるものの，公的なリーダーシップ開発の機会をほとんどの者が得ていない」(8頁)。「スクールリーダーシップの複雑さが高まり，分散型リーダーシップ (distributed leadership) が重要になるにつれて，ミドルリーダーやリーダーシップ・チームのための全国プログラムの開発が，多くの国で重要課題になるように思える」(9頁)。

3. リーダーシップ開発のシステム化―専門職基準・資格の課題

(1) システムとしての体系性

Hallinger (2003, 17-18頁) は，業務遂行能力を高めるための研修の受講数を校長が増やしていくだけでなく，支援システムも重要になるとして，教育方法に加えて，専門職基準の検討なども必要になると指摘している。つまり，個人の研修を量的に拡充するだけではなく，システムとしての体系性が大切になることを述べている。さらに，教育方法や専門職基準，プログラムの分析方法を，個々に緻密化しても十分ではなく，リーダーシップ開発の主導権のあり方もその成否を大きく左右するため，それらの分析も欠かせない (Simkins, 2012)。具体的には，校長の専門職基準・資格の開発・運用がどのようになっているか。たとえば，その主体や責任者について，政府や関係当局が主導する場合や，大学と地方の提携，自治体，専門職団体が主導する場合がある。これらについて「政治的－専門的パワー (political vs. professional power)」と「中央集権的－分権的リーダーシップ開発 (centralized vs. decentralized leadership development)」の観点による分析が主にヨーロッパを対象になされてきた (Møller & Schratz, 2008)。

(2) リーダーシップ開発における知の性質―過度の実践傾斜

イギリスでは，政府による「校長全国職能資格 (National Professional Qualification for Headship : NPQH)」の導入や2000年のNCSLの創設以降，国家主導でリーダーシップ開発が展開されてきたが，多くの課題も生じてきた (末松，2015a)。

従来，大学，専門職団体，地方当局など多様な関係者が研修の供給を担ってきたことから，NCSLによるものには多様性がないことや，政策に都合の悪い内容が排除されている点，規模が優先され，修士号取得者が少ないことも問題視されてきた。スクールリーダー対象の理論・研究中心の修士・博士課程はあるものの，学術的知識や科学的理論よりも，現場での実践的な研修による職務遂行能力の向上が1990年代以降に重視されるようになってきた。

「ますます，現職校長や元校長がリーダーシップ開発プログラムの開発・指導・運用にかかわるようになっており，『技能 (craft)』知が重視されている」

(Bush, 2013b, 463頁) が，論文課題なしで修了でき，審査基準も甘い点や，座学でなく現職や元校長を講師に多用し，講師の現場経験をもとに受講者の実践に焦点化する点がNPQHの特徴である。

職務遂行のための実務的な力量形成に特化し，理論や研究を軽視する点で，米国など他国でリーダーシップ開発に求められるものよりも知的レベルが明らかに低いとも指摘されている。受講者の多くがリーダーシップ開発に有効であると満足しているものの，大学院で修了後も含めて期待される継続的な研究や文献購読につながらないという意味で質と深度が犠牲にされ，知的な成長が限られている点や，複雑さが増す学校経営環境には還元主義的なリーダーシップ観が強すぎるという点も問題視されてきた。さらに，プログラムの実施だけでなく開発や評価に実践家が極端に関与する実践家主導モデルの限界も指摘されている。

また，実践的課題と即時的ニーズを重視するリーダーシップ開発は，職務に必要な役割取得には有効であるが，抽象的，理論的な思考を重視しない点で未来志向の役割開発にはならないとも指摘されている。つまり，即時的なニーズに応じるリーダーシップ開発は「職業的社会化 (organizational socialization)」としては有効ではあるが，未来志向の「専門的社会化 (professional socialization)」の側面が弱いことが問題視されてきた。

(3) 主導権の偏り—中央集権化による統制の問題

Bush (2013b) は，NCSLのあり方について，リーダーシップ開発の統制という問題を指摘している。また，Simkins (2012) は，リーダーシップ開発の中央集権化が進む過程を検討しているが，1980年代以降，リーダーシップ開発は政策遂行に向けて徐々に統制され，とくにNCSLが創設された2000年以降は，リーダーシップ開発の領域で中央集権化が進み，地方当局，大学，学校の権限が弱まってきたと論じている。Bush(同上) は，リーダーシップ開発について，指向される知のあり方や目的に応じて，①理解のための知 (knowledge for understanding)，②行為のための知 (knowledge for action)，③実践の改善 (improvement of practice)，④省察モードの開発 (development of a reflexive mode) の4つに分類している。

1980年代までにおいては，従来，大学で主に提供されてきたのは，「財務」「人間関係」など各経営事項に関する内容に基づく（content-led）プログラムにより，①の「理解のための知」の修得がめざされてきた（Bush，2013b，456頁）。しかし，「NPQHは受講者に校長職への適正（suitability for this position）を確立するために開発されたものである」ことから，「何を知り，理解しているかよりも，リーダーが何をできるかということに常に関心がある。リーダーシップの理論や研究よりも，リーダーシップの実践は，より重要と認識されている。NPQHという名が示すように，それは，職業資格（professional qualification）であり，アカデミック・コースではない」（Bush，同上，458頁）。

4．システム化を超えて―多様性と高度化

スクールリーダーのための専門職基準や研修の開発・実施の主体や責任者は多様であるべきである。政治主導による全国的な専門職基準・資格を通じた一元的なシステム化を図ったイギリスでは，1997年に導入された校長資格は15年を経て，校長水準を一定程度に高める役割を果たしてきた。しかし，その後，資格認定・水準の厳格化・高度化へと向かっていく。一定水準を確保する段階を経て，学校群など，よりローカルなレベルのシステム運営が指向され，このことによって，さらに複雑な舞台が生まれ，模索が続いている（末松，2017）。政治主導に偏りすぎたイギリスは多様性を失い，学校文脈を無視して画一化を生んだとして，2010年代に入ってから，従来の中央集権的な教育改革の見直しが行われ，学校間支援（school to school support）を通じた学校群による改善が指向されている。これらは「自己改善型学校システム（self-improving school system）」と呼ばれており，優秀校に他校支援や研修の先導的役割を与えるものである。たとえば，ミドルリーダーが自校を超えて教室改革を行うことも期待され，学校を超えたミドルリーダーのあり方がシステムリーダーシップとして模索されはじめた。

日本でも2008年の教職大学院の開設や教育政策によるスクールリーダー育

成指標など，リーダーシップ開発のシステム化の渦中で過渡期にあるが，国際的な視点で多様性を許容する高度化を視野に入れたい。（末松裕基）

注

1) 日本でも，2001年の日本教育経営学会主催の特別公開シンポジウム「スクールリーダーのための専門大学院を構想する」の開催や2009年の日本教育経営学会による校長の専門職基準の公表をはじめ，スクールリーダーの資格・養成・研修の必要性やあり方が議論されてきた。
2) 2001年パリ開催の「万人の能力への投資（Investing in Competencies for All）」，2004年ダブリン開催の「万人の学習の質の向上（Raising the Quality of Learning for All）」というOECD教育大臣会議では，急速に変化する社会のニーズに教育システムが対応するためには，スクールリーダーシップの役割が重要になることが強調され，2006年には，22の国，地域によりOECDの「スクールリーダーシップ改善（Improving School Leadership：ISL）プロジェクト」が開始された。2000年代のEUにおいても，標準的な教育システムをできるだけ避ける一方で，スクールリーダーシップについては独立した問題であるとして，各国の文脈に配慮しながら，国を超えたシステムが「スクールリーダーシップのヨーロッパ化（Europeanisation of school leadership）」として模索されてきた。2007年には，「PISAからLISAへ（“From PISA to LISA”）」と表現されるなど，スクールリーダーシップの生徒の学業到達度への影響について，ヨーロッパ7カ国が国際比較による評価を開始している。なお，LISAとは“Leadership Improvement for Student Achievement”の略で，プロジェクトにはEU機関の資金が用いられている。
3) Hallinger（2003，4頁）は，「1980年には，校長や他のスクールリーダーの就任前及び就任後の研修は，世界的に見ても体系性のあるものはなく，任意で，まばらに提供されていたと言ってよいだろう」と指摘している。当時は，政策や政府の方針などを伝達する研修がほとんどであり，「そのようなあり方は，学校管理職（school administrators）の役割が，世界的にどのように認識されていたかをおよそ反映している」としている（4頁）。そして，校長の役割は，①経営者，②教員，③学校レベルの政府代表者，という各側面をもっていた一方で，「校長のリーダーシップの役割が強調されることはほとんどもしくは全くなかった」が，この20年ほどでそれが大きく変わり，「今日，スクールリーダーシップ開発（school leadership development）は世界的な事業となっている」と述べている（原文斜体に筆者下線，以下同様）。
4) Lumby *et al.*（2009，157頁）も，スクールリーダーシップは「非常に論争的な概念である」と述べている。
5) 「校長職というあり方（*principalship*）の概念は，1人の個人が組織全体に対する主たる責任を負う学校教育の産業モデル（industrial model of schooling）に根差している。リーダーシップ（*leadership*）は，組織を導く権限が1人の個人にのみ存在するのではなく，学校内外のさまざまな人に分有されうるとする，より広い概念である」（Pont *et al.*,

2008，18 頁 = 27 頁一部改訳）。それゆえ，「スクールリーダーシップには，校長，副校長，教頭，リーダーシップ・チーム，学校理事会，リーダーシップにかかわる学校職員のような，さまざまな役割と機能を担う者を包含することができる」(同上)。

6) それは年齢や職制のみで捉えられるものではなく，「校長やシニアマネジメント・チームのレベルより下に位置付き，教職員チームや学校の仕事のために何らかの経営責任を負う教員全てのことを表している」と定義されている（小島ら，2012)。2008 年に OECD は「リーダーシップ研修やリーダーシップ開発について，ミドルマネジメントを対象としたものに拡大するためにも（中略）全国的な枠組みによってリーダーシップ・チームという考えを強化する必要がある」(Pont *et al.*，同上，11 頁 =16 頁一部改訳）としてスクールリーダーシップの概念を広げミドルリーダーのための政策や研修体制の整備の必要性を指摘している。

文献・参考資料

小島弘道・熊谷愼之輔・末松裕基『学校づくりとスクールミドル』学文社，2012 年

末松裕基「イギリスにおけるスクールリーダーシップ開発の動向―校長の専門職基準・資格を中心に―」『日本教育経営学会紀要』第 55 号，第一法規，2013 年，151-164 頁

――「イギリス校長職基準・資格におけるコンピテンシーの位置付け」日本教育経営学会実践推進委員会編『次世代スクールリーダーのための「校長の専門職基準」』花書院，2015 年 a，176-193 頁

――「スクールリーダーシップ研究の国際水準―イギリス分権改革におけるシステム化の課題に着目して」『東京学芸大学紀要・総合教育科学系Ⅰ』第 66 集，2015 年 b，115-133 頁

――「欧米の学級経営―イギリスを中心に」末松裕基・林寛平編著『未来をつかむ学級経営―学級のリアル・ロマン・キボウ』学文社，2016 年，162-175 頁

――「イギリスの学校管理職養成」篠原清昭編著『世界の学校管理職養成―校長を養成する方法』ジダイ社，2017 年，121-138 頁

日本教育経営学会・学校改善研究委員会編『学校改善に関する理論的・実証的研究』ぎょうせい，1990 年

Bolam, R., Reflections on the NCSL from a Historical Perspective, *Educational Management Administration & Leadership*, Vol. 32, No. 3, 2004, pp. 251-267

Bush, T., Preparation for School Leadership in the 21st Century：International Perspectives, Paper Presented at the First HEAD Research Conference, Oslo, 2005, pp. 1-15

――, Leadership Development for School Principals：Specialised Preparation or Post-Hoc Repair?, *Educational Management Administration & Leadership*, Vol. 41, No. 3, 2013a, pp. 253-255

――, Preparing Headteachers in England：Professional Certification, Not Academic Learning, *Educational Management Administration & Leadership*, Vol. 41, No. 4, 2013b, pp. 453-465

——, School Leadership in Europe : Growing the Field, *Educational Management Administration & Leadership*, Vol. 42, No. 4S, 2014, pp. 3-4

Hallinger, P. (ed.), *Reshaping the Landscape of School Leadership Development : A Global Perspective*, Swets & Zeitlinger Publishers, 2003

Hoyle, E. & Wallace, M., *Educational Leadership : Ambiguity, Professionals & Managerialism*, SAGE Publications Ltd. 2005

Huber, S., *Preparing School Leaders for the 21st Century : An International Comparison of Development Programs in 15 Countries*, Routledge Falmer, 2004

Lumby, J., Walker, A., Bryant, M., Bush, T. & Björk, L., Research on Leadership Preparation in a Global Context, in Young, M., Crow, G., Murphy, J. & Ogawa, R. (eds.), *Handbook of Research on the Education of School Leaders*, Routledge, 2009, pp. 157-194

Møller, J. & Schratz, M., Leadership Development in Europe, in Lumby, J. Crow, G. & Pashiardis, P. (eds.), *International Handbook on the Preparation and Development of School Leaders*, Routledge, 2008, pp. 341-366

Pont, B., Nusche, D. & Moorman, H., *Improving School Leadership, Volume 1 : Policy and Practice*, 2008（有本昌弘監訳『スクールリーダーシップ―教職改革のための政策と実践』明石書店，2009 年）

Simkins, T., Understanding School Leadership and Management Development in England : Retrospect and Prospect, *Educational Management Administration & Leadership*, Vol. 40, No. 5, 2012, pp. 621-640

Walker, A. & Hallinger, P., International Perspectives on Leader Development: Definition and Design, *Educational Management Administration & Leadership*, Vol. 41, No. 4, 2013, pp. 401-404

第17章　スクールリーダー教育と教職大学院

1．スクールリーダーの資質と人材

(1) 法の定義するスクールリーダー

この章におけるスクールリーダーについて，まず定義を行いたい。トップリーダーである校長はもちろん，副校長，教頭の管理職，ミドルリーダーとしての主幹教諭や指導教諭，および校務分掌における主任に命課された教諭などのミドルリーダーもスクールリーダーといえるが，この章では管理職である校長，副校長，教頭について論じることとしたい。

学校教育法第7条では，学校における必置の職として，校長と教員を定義し，同法第37条でそれぞれの職の定義を行っている。それぞれの職の定義は以下のように規定されている。

校　　長：校務をつかさどり，所属職員を監督する。
副 校 長：校長を助け，命を受けて校務をつかさどる。
教　　頭：校長（副校長を置く小学校にあっては，校長及び副校長）を助け，校務を整理し，及び必要に応じ児童の教育をつかさどる。
　　　　　校長及び副校長の職務を代理し，代行する。
主幹教諭：校長及び副校長及び教頭を助け，命を受けて校務の一部を整理する。
指導教諭：教諭その他の職員に対し必要な指導及び助言を行う。
教　　諭：児童の教育をつかさどる。

また，学校教育法施行規則第44条において，各主任の職務を，連絡調整および指導助言にあたる。

以上のことから，学校における職務の重要性は，“校務をつかさどる→校務を整理する→指導助言にあたる→教育をつかさどる”と捉えることができる。「教育をつかさどる」職務は教諭の基本的な職務であるので，主任の職務である指導助言と，主幹教諭の職務である校務の整理までがミドルリーダーと捉えることができる。その上位の職務内容である，校務をつかさどる職務をスクールリーダーと定義することができる。教頭は，校務を整理する職務ではあるが，校務をつかさどる校長および副校長の職務を代理，代行する職務があることからスクールリーダーであると捉えることができる。

それでは，スクールリーダーがつかさどるべき校務とはどのようなものか，このことについては，1959（昭和34）年文部省主催の公立小中学校長研修講座で，「学校運営上必要ないっさいの仕事」と定義され，主な内容として，“学校教育内容に関すること，教職員の人事管理，児童・生徒の管理，施設・設備の保全管理，その他学校の運営に関すること”とされている。また，つかさどることについては，管理することと同義とされている。

(2) スクールリーダーに必要な資質・能力

国立教育政策研究所が2014（平成26）年に報告した「学校管理職育成の現状と今後の大学院の活用の可能性に関する調査報告書」（研究代表者：大杉昭英）によると，管理職に求められる資質・能力を表17.1のように整理している。

同報告書では，危機管理，地域連携，マネジメント，人材育成，そのほかにおいてとくに重視する資質・能力および重視する順番が変化してきていることも報告されている。

また，対象は教育長であるが，兵庫教育大学が2014（平成26）年に報告した「教育行政職幹部職員の能力育成モデルカリキュラムの開発」（研究代表者：日渡円）では，教育長の行動タイプを，特定の課題に対し，対策を練る過程において，情報収集や分析などを行い，新たな施策を進めようとする行動である「対

表17.1　管理職に求められる資質・能力

求められる資質・能力	小カテゴリー
教育に関連する能力	①教育に関する識見・情熱，②教師育成力，③生徒を指導する力，④教師専門家としての調整能力
地域連携に関連する能力	①地域分析・立案，②コミュニケーション・情報発信，③教育の活性化，④地域の活性化，⑤学校間連携
管理に関する能力	①危機管理，②教職員のメンタルヘルス，③教育（課程）管理，④教職員管理，⑤組織管理
経営に関する能力	①マネジメント，②リーダーシップ，③ビジョン浸透力，④ビジョン実行力，⑤ビジョン構築力
汎用能力	①人間性，②心身の健康，③課題設定・組織力，④解決・実行力，⑤対応・交渉力

課題行動」と，教育行政を展開するうえで，事務局などへの働きかけを行ったり，組織内外の調整を図ったりしながら施策を進めようとする行動である「対人行動」の2つの視点から捉え，教育長の行動タイプを，A変革・統率タイプ，B変革・調整タイプ，C維持・調整タイプ，D維持・統率タイプの4タイプに分類した。それぞれのタイプの割合は図17.1のとおりである。

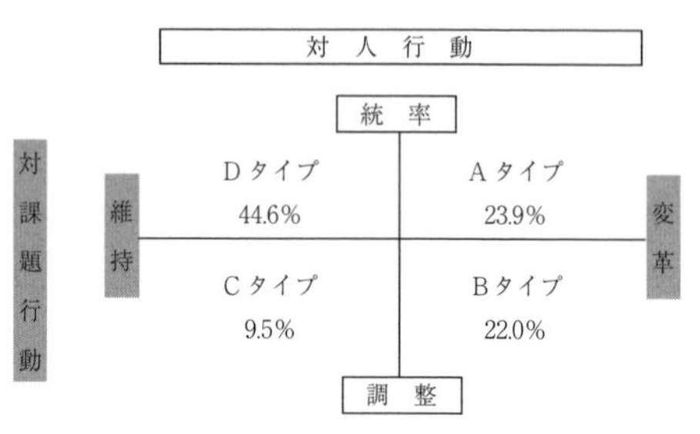

図17.1　教育長の行動タイプ

また，それぞれのタイプが必要と考えている知識と能力には差があり，知識については，32の知識から5つの知識を選択させた結果，全体で重要視する知識は，学校経営，教員人事，国の教育政策，教育予算，特別支援教育，教育委員会制度であったが，Aタイプが必要と思っている知識はそのほかのタイプと明らかに異なっていた。

能力についても，12群60種類の能力から5つの能力を選択させた結果，全体で重要視する能力は，構想，判断，分析，対人影響，支援・指導，チーム形成であったが，必要とする能力数において，Aタイプは17の能力を必要であると考えているのに対し，Cタイプは9能力を必要と考えており，タイプにより大きな差があることが報告されている。

この2つの報告から，スクールリーダーに必要な資質・能力は，その者のタイプや時代または地域によっても異なることがわかる。

(3) スクールリーダーの人材

この項では視点を変えて，スクールリーダーは教員全体のなかでどのような割合を占めているのかについて考察したい。考察上，兵庫県の学校数，教職員数，教職員の男女比，校長・教頭数，校長・教頭の男女比について，2016（平成28）年度の学校基本調査のデータを算定の例として考察を進めてみたい。上記データ以外については理論上の数値である。

兵庫県公立の小学校数などは，2016（平成28）年度の学校基本調査によると，公立の小学校数は本校757校，本務教員数1万8087人，本務教員の男女比は41：59，校長の男女比は86：14，教頭の男女比は83：17，校長・教頭合計の男女比は84.5：15.5となる。1年ごとに採用される教員の理論上の平均数は，1万8087人を教員の構成年齢（22～60歳の38年）で割ると476人となる。

教員に占める校長の割合は，1万8087人÷757人＝24となり，24人中1人が校長である。教頭を含めた管理職の割合はこの2倍で，12人中1人となる。学校のなかで考えると，校長や教頭にはなりにくい印象があるが，教員に占める割合で考えると，校長や教頭には比較的なりやすいといえる。いい方を変えると，教員の世界では，管理職になる人材は決して潤沢ではない。

これに，男女比を加味するとその状況は一変する。本務教員の男女比は41：59なので，男性では，（1万8087人×41%）÷（757人×86%）＝11となり，11人中1人が校長である。さらに，校長昇格のための級別資格基準の経験年数要件注記[1)]を15年と仮定すると，校長昇格可能年齢は新規採用の22歳に15年の経験年数を加えた37歳以上となるので，（1万8087人×41%×（23÷38））÷（757人×86%）＝4.5となり，37歳以上では4～5人中1人が校長である。教頭を含めた管理職合計では2～3人中1人が校長・教頭となる。

これが女性では，（1万8087人×59%）÷（757人×14%）＝101となり，101人中1人が校長である。教頭を含めた管理職合計では50人中1人が校長・教頭である。これに校長昇格のための級別資格経験年数要件を加味すると，同じように，（1万8087人×59%×（23÷38））÷（757人×14%）＝61となり，37歳以上では61人中1人が校長である。教頭を含めた管理職合計では30人中1人が校長・教頭となる。

教員が60歳までに校長になる確率は，校長年齢を50～60歳までの10年齢と仮定すると，男性では，1年に採用される男性教員数は467人×41%＝195なので，（195人×10年）÷（757人×86%）＝3となり，同期採用の3人に1人は校長になることになる。同じように女性は，（281人×10年）÷（757人×14%）＝27となり，27人に1人が校長となる。実際の教員の新規採用数は年によって異なるので，採用数の多い年齢層が退職したあとの採用数の少ない年齢層では，現在の管理職の男女比を続けるかぎり，男性すべてを管理職にしても管理職の数を満たすことはできない。

以上のシミュレーションは，あくまで兵庫県の学校数，教員数，男女比などをもとに理論上考えられるものであるが，ほかの都道府県でも同様である。そのことは，国全体でも考えても同じである。兵庫県は24人に1人が校長だったが，概数ではあるが，国全体の小中学校の教員数70万人に対し約3万の小中学校があるので，校長の比率は70万÷3万＝23であり，23人に1人が校長ということである。現在の教員の年齢構成で多くを占める50歳代後半の層が大量退職時代を迎えたとき，この現象はさらに顕著なものとなり，管理職候補不足はおろか，学校のスタイルが変わる可能性がある。時代とともに教育が変わるように，スクールリーダーの資質・能力も変化するのである。教育力の維持向上は，教員養成を含めた新規採用のあり方やリーダー養成，管理職採用のあり方を抜本的に変える時代を迎えている。

2. スクールリーダーの教育に向けて

(1) スクールリーダー養成の必要性

日本教育経営学会では，1990年代以降，大学院における学校管理職養成の仕組みの必要性を提言し研究を進めてきた。また，2009（平成21）年には，「校長の専門職基準〔2009年版〕―求められる校長像とその力量―」を作成しこの分野をリードしてきた。2004年には岡山大学大学院教育学研究科に「教育組織マネジメント専攻」が，2005年には兵庫教育大学大学院教育学研究科に「スクールリーダーコース」が設置され，以後，複数の大学に学校管理職養成コースが設置されはじめた。この経緯などについては，先述の「学校管理職育成の現状と今後の大学院の活用の可能性に関する調査報告書」で詳しく述べられている。

2012（平成24）年8月28日中央教育審議会（以下，中教審）答申「教職生活の全体を通じた教員の資質能力の総合的な向上方策」では，教員養成制度の高度化とともに，管理職段階の研修などの改善方策や教育委員会，大学らの関係機関の連携・協働について踏み込んだ答申を行った。このことについては，「教員養成高度化に向けた学部後課程における教員養成制度，カリキュラムの比較研究」（2017 年 3 月，研究代表者：堀内孜）において，「教員養成制度高度化改革を進める上で，その必要性が極めて大きいにも関わらず，これまでに十分検討されてこなかった大学院修士課程または学士課程以降の教員養成」とあるように，教員養成の修士化はもちろんのこと，教員の上位職である，管理職らの養成や教育は必然的に大学院が担うこととなる。前述の中教審答申でも，管理職や教育行政職員の育成システム構築として，教職大学院などを活用し，管理職，教育行政職員に求められる「資質能力」をもとに育成プログラムを開発するとしている。さらに，教育委員会と大学らの関係機関の連携・協働の具体例として下記の内容を例示している。

・管理職や教員に求められる資質能力を協働で明らかにすること。
・実践的指導力を育成する教員養成カリキュラムを協働で開発すること。
・教員養成段階の学習評価基準を協働で開発すること。
・教育実習や学校現場体験の効果的な実施方法を検討すること。
・大学と教育委員会，特に教職大学院と都道府県の教育センターとの一体的な体制を構築すること。
・研修プログラムを協働で開発すること。
・校内研修プログラムを協働で開発し支援体制を構築すること。

この答申や文部科学省の方針を受けて教員養成課程を有する大学や教育大学では教職大学院に学校経営コースや学校マネジメントコースなどの，いわゆるスクールリーダー養成コースを設置する動きが活発になってきた。

(2) スクールリーダー教育は誰のものか

教員の大学院などでの学び直しは，文部科学省の定数改善策の一環としての研修等定数が担保となり一定数で推移している。研修等定数を確保した教育委員会が教員を教職大学院に派遣することが主流となっているからである。このことは裏返せば，教育委員会が獲得した研修等定数の規模がスクールリーダー教育の量的な部分を左右しているということである。また，派遣に積極的な教育委員会とあまり積極的でない教育委員会では大きな差が出てきていることも事実である。差が出ることの一番の原因は，教育委員会の地元に協働すべき教職大学院がない都道府県があるからである。教職大学院が地元にない都道府県への支援は今後の重要課題である。

教職大学院は2017年度以降増加してきたが，教職大学院の定員規模は前述の研修等定数による予算を，それぞれの地域の教育委員会がいかに確保するかに左右される。教育委員会と大学の協働の重要なテーマが，皮肉にも教職大学院の定員規模となっている部分もある。スクールリーダーの育成や養成という重要なテーマが，大学の経営と結びつくことにより，本来の趣旨が失われたり薄くなったりすることが危惧される。教員の学び直しが，教育委員会に派遣されての学び直しから，自主的・主体的に学び直しをする雰囲気の醸成が重要である。また，それを身近なものとして感じられる，学び直しのできる仕組みの構築が急がれる。

(3) スクールリーダーの教育に向けた課題 1

スクールリーダーの教育については，教育委員会と大学の協働による育成ステムの構築を急がなければならないのはもちろんのことであるが，その協働の内容が課題でもある。先述の「学校管理職育成の現状と今後の大学院の活用の可能性に関する調査報告書」では，連携のレベルを次の4段階としている。

■**レベル1**：教育研究所・センター主催の学校管理職育成のための研修に当該大学の教員等が派遣依頼等の手続きにより，個人として講師やアドバイザーとしてよく（毎年継続して研修講師を務めたり，年に数回研修講師を務めたりする場合）参加する

■**レベル2**：教育研究所・センター主催の学校管理職育成のための研修を大学に委託したり，協定や組織からの推薦等に基づき講師やアドバイザーを派遣してもらったりする

■**レベル3**：大学との間で，教育研究所・センター主催の学校管理職育成のための研修や大学教育（大学院含む）について協議や調整を行う（例えば，センター

主催講座に教職大学院生の参加を許可したり，中堅教員研修で教職大学院生の研究や学習成果を活用したりすること）

■**レベル4**：学校管理職育成のための研修又は大学教育プログラム等を大学と協働開発する

このレベルごとの連携の割合は，レベル1（80.2%），レベル2（5.2%），レベル3（7.3%），レベル4（3.1%）となっており，依然として，教育委員会側の求める連携レベルが，大学教員との個人的関係の域を脱していない。教育委員会はスクールリーダーに必要な資質・能力を自前だけで考える傾向がある。スクールリーダーに必要な資質・能力をどのように考えるかが，協働の最も重要な部分であるはずである。

(4) スクールリーダーの教育に向けた課題 2

法の求めるスクールリーダーの職務の定義を，「校務をつかさどることと所属職員を監督すること」と仮定するなら，スクールリーダーの資質・能力の共通する内容は，「校務をつかさどる」ことから導き出さなければならない。この共通で基本的な資質・能力に加えて地域ごとの特色があるはずである。

現在，全国に設置された教職大学院で，スクールリーダーを養成するコースのプログラムも，この共通した基本的な資質・能力を協働して同定し，同定された資質・能力を育成するテキストの開発を行うべきである。そのうえに，各大学でそれぞれの地域に応じた特色あるスクールリーダーの資質・能力養成プログラムを開発しなければならないのではないだろうか。

(5) 海外におけるスクールリーダー養成

諸外国におけるスクールリーダー養成についての調査研究については枚挙にいとまがない。本章においてはあまりページを割くことはできないが，先行の調査研究で多く取り上げられている，アメリカ，イギリス（スコットランド），フィンランドなどにおいて共通していることは，スクールリーダー養成はその資格基準と対を成しているということである。明確な資格基準があり，そのために養成方法が確立しているということである。もちろん，大学院における養成がスタンダードとなっているが，さらに共通していることは，各国において，スクールリーダーの責任と権限が拡大すると同時に，資格基準，養成を見直しているということである。

イギリス（スコットランド）においては，政府より委任を受けた教員研修機構が1997年に校長の専門職基準を開発し，校長の専門職資格付与プログラムをスタートさせている。その後，全英スクールリーダーシップ開発機構が創設され，校長の専門職資格付与プログラムを一括運営していく。

以後，いくどかの専門職基準の改定およびプログラムの改訂が行われ，2012年には校長の専門職資格付与プログラムの義務化は廃止されたが，現在も大きな影響力をもっている。

アメリカにおいては，当然州によって制度は異なるものの，教員免許と教職経験をもつ者が，大学院でスクールリーダーとなるための養成を受けるということはほぼ共通している。しかし，近年，学校に経営という概念が重要視されるようになり，その養成方法は大きく改革された。その原因はイギリスと同様に，学校における予算・人事の権限の拡大である。

(6) わが国におけるスクールリーダー養成の進まない障害

わが国おいて，スクールリーダーの資格基準および養成が進まないことの原因は大きく２つ考えられる。

１つは，スクールリーダーの資質の責任と権限が拡大されていないことである。組織経営の大きな要素は，人・もの・金といわれるが，わが国においては，これら，予算や人事において学校への裁量権拡大が一向に進まないのである。言い換えれば，これらの権限をもつ行政が手放さないのである。人事・給与権については，その権限をもつ都道府県教育委員会は，度重なる法改正で学校現場への裁量権限が拡大されてきているのに積極的に進めようとしない問題がある。

予算についても同様に，その権限をもつ市町村教育委員会が学校の裁量権限の拡大を一向に進めようとしない。能力がないから裁量権限を拡大しないのか，必要なら能力をつけて裁量権限を拡大すべきなのか，このことは，スクールリーダー養成の根幹にかかわることである。無益なニワトリと卵の論争が続いている。

あと1つは，資格基準にかかわる問題である。わが国の公務員制度の根幹は「年功制」である，ということである。公務員制度の基本制度である給与制度のなかに，給与の級の基準を決定する「職員の初任給，昇格，昇給等の基準に関する規則」というのがある。人事院の規則の流れを踏襲した，都道府県の制定している規則である。級とは職務の資格を示すものであるが，たとえば，4級は「校長の職」，3級は「副校長の職」と表現しているだけであり，そこに必要な能力を明文化していないのである。この制度以外に職員の資格基準を明示した制度がないので，どうしても「校長の職」という文言だけではどうにでも解釈できるという欠点がある。さらに，4級に昇格するには，3級在職年数も一定年数必要とするなど，制度からの問題も多い。（日渡 円）

注

1）級別資格基準とは，昇格時における給料表の昇格前の級の最低経験年数をいい。任命権者ごとに人事委員会規則などで定めている。

文献・参考資料

国立教育政策研究所（代表者：大杉昭英）「学校管理職育成の現状と今後の大学院活用の可能性に関する調査報告書」2014年

中央教育審議会答申「教職生活の全体を通じた教員の資質能力の総合的な向上方策について」2012年

兵庫教育大学（代表者：日渡円）「教育行政職幹部職員の能力育成モデルカリキュラムの開発」2014年

兵庫県「2016（平成28）年度学校基本調査」

堀内孜（研究代表者）「教員養成高度化に向けた学部後課程における教員養成制度，カリキュラムの比較研究報告書」2014～2016年度科学研究費補助金（基盤研究B－海外学術調査）報告書，2017年

索　引

―――――さ行―――――

た行

な行

執筆者

堀内　孜	千里金蘭大学	1章1節
石井拓児	名古屋大学	1章2節
本図愛実	宮城教育大学	2章1節
米沢　崇	広島大学大学院	2章2節
武井哲郎	立命館大学	2章3節
天笠　茂	千葉大学	3章
古賀一博	広島大学	4章1節
高木　亮	就実大学	4章2節
北神正行	国士舘大学	5章1節
諏訪英広	兵庫教育大学大学院	5章2節
加藤崇英	茨城大学大学院	5章3節
佐藤晴雄	日本大学	6章
丹間康仁	帝京大学	7章
葉養正明	文教大学	8章
屋敷和佳	国立教育政策研究所	9章
玉井康之	北海道教育大学	10章
小野田正利	大阪大学大学院	11章
南部初世	名古屋大学	12章
織田泰幸	三重大学大学院	13章
福本みちよ	東京学芸大学	14章
金川舞貴子	岡山大学大学院	15章
末松裕基	東京学芸大学	16章
日渡　円	兵庫教育大学	17章

（執筆順，所属は2018年4月）

【第2巻編集委員】

天笠　茂（千葉大学教育学部特任教授）
略歴：筑波大学大学院，千葉大学教授を経て，2016年より現職。
主著：『スクールリーダーとしての主任』（単著，東洋館出版社，1998），『学校経営の戦略と手法』（単著，ぎょうせい，2006），『カリキュラムを基盤にした学校経営』（単著，ぎょうせい，2013），『学校と専門家が協働する―カリキュラム開発への臨床的アプローチ』（単著，第一法規，2016）など。

玉井　康之（北海道教育大学副学長）
略歴：北海道教育大学釧路校キャンパス長を経て現職。
主著：『実践　地域を探求する学習活動の方法 ― 社会に開かれた教育課程を創る』（共著，東洋館出版社，2016），『子どもの"総合的な能力"の育成と生きる力』（編著，北樹出版，2017），『地域コミュニティと教育―地域づくりと学校づくり』（共著，放送大学教育振興会，2018）など。

南部　初世（名古屋大学大学院教育発達科学研究科教授）
略歴：京都大学大学院，京都大学助手，嵯峨美術短期大学講師を経て，1999年から名古屋大学に勤務。
主著：「『教育経営』概念再構築の課題―『教育行政』概念との関連性に着目して」『日本教育経営学会紀要』第50号（2008），「地域経営における教育委員会の位置づけ―愛知県高浜市を事例として」『日本教育行政学会年報』第32号（2006），「ドイツにおける『目標協定（Zielvereinbarung）』制度―学校と学校監督の新たな関係」『教育制度学研究』第19号（2012）など。

［講座 現代の教育経営 2］
現代の教育課題と教育経営

2018年6月9日　第1版第1刷発行

編　集　日本教育経営学会

発行者　田中　千津子
発行所　株式会社 学 文 社
〒153-0064　東京都目黒区下目黒3-6-1
電話　03（3715）1501 ㈹
FAX　03（3715）2012
http://www.gakubunsha.com

印刷　新灯印刷

ISBN 978-4-7620-2812-0